比亚迪真相

魏昕　廖小东 ◎ 著

重庆出版集团　重庆出版社

图书在版编目（CIP）数据

比亚迪真相 / 魏昕，廖小东著. —重庆：重庆出版社，2010.8

ISBN 978-7-229-02778-0

Ⅰ. ①比… Ⅱ. ①魏… ②廖… Ⅲ. ①王传福–传记 Ⅳ. ①K825.38

中国版本图书馆 CIP 数据核字（2010）第 136165 号

比亚迪真相
BIYADI ZHENXIANG

魏　昕　廖小东　著

出 版 人：罗小卫
策　　划：魏　昕
责任编辑：陶志宏　袁　宁
责任校对：李小君
封面设计：颜森设计工作室

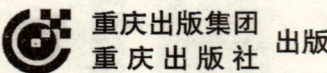

重庆出版集团
重庆出版社　出版

重庆长江二路 205 号　邮政编码：400016　http://www.cqph.com
三河市祥达印装厂印刷
重庆出版集团图书发行有限公司发行
E - MAIL：fxchu@cqph.xom　邮购电话：023 - 68809452
全国新华书店经销

开本：710mm×1000mm　1/16　印张：18　字数：213 千字
2010 年 8 月第 1 版　2010 年 8 月第 1 次印刷
ISBN 978-7-229-02778-0
定价：33.00 元

如有印装质量问题，请向本集团图书发行有限公司调换：023 - 68706683

版权所有　　侵权必究

写在前面——制造"中国首富"

中国30余年的改革开放之路，虽然一路风雨兼行，但却高歌频奏。单是把近年来涌现出来的商界精英排下队，便能让世人眼花缭乱，难分其谁了。

如今，受崇商、重商的社会大氛围诱惑，有志于搏击商潮的国人正越来越多，他们纷纷下海，为了自己的商业梦想竞相折腰。只不过，商海浮沉，大浪淘沙，谁能成为最后的赢者，只有时间走过，我们才会看到最后展露笑颜的人。即使如此，那些命运是喜或悲的下海人，都给我们的时代留下了精彩，都为这个社会的发展作出了独有的贡献。

这或许就是历史造就人，人创造历史的缘由吧！

而最近创造了中国商业历史神话的一个人，更是像谜一样引来了无数国人的目光，甚至包括了世界"股神"之称的投资大家巴菲特。此人即是王传福。

今天的王传福，无论是用"商业英雄"，还是"中国首富"来定义，都是贴切的。如今，他一手创办的比亚迪已拥有十几万员工，他们的产品越来越受国人喜爱，并强劲地走向了世界。然而，这只是王传福庞大商业帝国的开始，在他的构想中，未来的十几年里，他的商业帝国将会拥有30万~40万的职工队伍，企业整体规模将非今日可比了。

2009年11月5日，福布斯中国富豪榜出炉，王传福以396亿元身家坐上了中国首富宝座，在中国的财富史上厚重地写下了自己的名字。

王传福受到了整个社会的广泛关注。人们除了惊奇他的成功和创造出来的财富之外，追问最多的还是他成为首富的过程，或是所谓的内幕。要知道，就在三十年前，王传福还只是一个穷得叮当响的小子，一无靠山，二无背景，读高中的时候家里甚至连10块钱都拿不出来。

如此背景之下的王传福和他走过的成功路，又怎能不给人们留下无限想象的空间呢？

有人说，顺势而生，高于一切。任何卓越的人，都是把握了时代发展的趋势，在混乱无序中寻找到了出口，寻找到了发展的机会，然后做大做强。这样的人，或许能像比尔·盖茨一样成为亿万富豪，或许就在这个过程中因为资金耗尽而死去，但是，重要的是他完成了人生的使命，站在时代的前沿推进了一种变革，进而推动了一个国家和社会的进步与发展。

更何况，王传福和他的比亚迪不仅走向了成功，而且正在成为中国产经界一个新的标杆。从赤贫如洗到中国首富，王传福的思考方式与成功要素对于中国青年来说，其借鉴意义颇为明显，且富有实践性。这期间，无论是王传福走过的艰难坎坷，还是那鲜花铺就的红地毯，都一一昭示了他人生的激励作用。了解这个过程，既是对民众好奇心的一种满足，更是当下有志于创业的人们不可多得的一部成功教科书。

为了更好地把握本书的"标杆"效应，在写作过程中，便有意地把写作对象放在了时代的背景之下，这与以往的财经人物传记有所区别。而在实际生活中，人们对未来很大程度上也是不可知的。本书中的主人公所经历过的苦思、局促或迷惑，自然也都是对未来的揣摩与把握。有的问题今天看来虽然很简单，但在当时的社会环境下处理起来却往往让人难以着手。而书中展现出来的王传福和比亚迪，却用实实在在的成功模式告诉了大家——我们应当如何通过现在去把握未来。

"反者，道之动也。"2500年前，大思想家老子在概括天地万物的规律时用了这句哲语。如今，当泱泱大国重新进入了一个盛世，我们所处的时代必将会赐予我们更多的商业英雄，有的肯定还会超越王传福和他的比亚迪。

这其中，或许就有手捧本书的你！

作者
2010年5月

BIYADI 目录
BIYADI ZHENXIANG

写在前面——制造"中国首富"　1

第一章　苦难——读懂天赐的财富　1

德国著名的哲学家尼采说:"极度的痛苦才是精神的最后解放者,唯有此种痛苦,才强迫我们大彻大悟。"苦难磨砺一个人的灵魂,让人的心灵变得强大。作为一个管理者,面对着各种不同的问题,如果没有经历苦难,没有强大的心灵,就很容易被击倒。

王传福之所以在成年后愈挫愈勇,拥有一颗强大而狂傲的心灵,与他幼年时在苦水里浸泡有着紧密的关系。正是在这个过程中,他体会到了世态炎凉、人情冷暖;正因为如此,他成年后遇到的苦也就不成为苦了,这是一个辩证的关系。

1. 又一个"中国式"的幼年　2
2. "独木桥"的幸存者　5
3. "自我"毁灭后的再生　9
4. 长在"国字号"实验室　12

第二章　徽商——为了机遇而生　19

《江南通志·舆地志》中这样描述徽州商人:"以货殖为恒产,善识低昂时取予,以故贾之所入,视旁郡倍厚。"善识低昂时取予即指徽商具有敏锐地把握商机的能力。徽商一旦发现商机,马上就有行动。王传福初创比亚迪时即鲜明地表现出了徽商的这一本性。

难怪胡适会说，徽商进入一个村子后，会开店铺，然后逐步扩张，最后把村子变成一个城镇。比亚迪更有过之而无不及。

1. 体制外的第二次抉择　20
2. 用"人品"巧借第一桶金　22
3. "比亚迪"：一个玩意儿的诞生　25

第三章 成本的胜利　31

麦克尔·波特在其竞争理论中说：一个企业要在市场竞争中取得优胜地位，有三种战略可供选择——最低成本、差异化营销、市场集中。其中，成本又被置于首位，足可见其在商场中的重要意义。

在今天的商战中，企业围绕着成本创新，又产生了不少模式，如 DELL 的直销模式，三星电子的"规模经济"，LG 六个标准差的方法，丰田"合理性"生产方式等，都属于成本创新。而财力窘迫的王传福更是在相关理论的基础上，紧贴自己实际，创造出了独特的"人力流水线"方法，为初生的比亚迪注入了奇异的成长激素。

1. 奇怪的"人力流水线"　32
2. 靠人力的"高新科技公司"　35
3. 初期的野蛮生长　39

第四章 从危机走向蓝海　45

经济运行中有一种规律性的危机——金融危机。最近一次的危机就发生在 2008 年，目前仍未根本解除。如果说这种危机如同大海中的风暴，那么企业便是风暴中的船。每当此一危机降临之时，优秀的企业领袖就能化危机为契机，故强者存留，弱者即被淘汰。

刚过初期成长的比亚迪，很快就面临了一次席卷整个亚太地区的金融风暴潮。作为比亚迪的舵手，王传福靠着自己的智慧带着比亚迪驶离了风暴区，甚至将危机变成了令国际对手也吃惊不已的发展良机。正如他事后所说："企业经营就像开车，你是拿方向盘的人，开车的时候必须用自己的眼睛看准前方，不能把自己的眼睛蒙上听从别人的指挥，否则不仅速度慢而且还很危险。"

1. 1997年：比亚迪之生或死　46
2. 三年不鸣谋大局　50
3. 思想决定行为高度　54
4. 委屈的日本之旅　58

第五章　被迫的"抗日战争"　63

　　战争是解决资源分配、利益分配最原始的方式，也是最彻底的手段。商战就是战争的一种。从管理的角度上看，一个企业发展大了，就必然会威胁其他企业的市场地位，必然会存在着与其他企业争夺市场利益的问题。

　　所以，当比亚迪在全球市场攻城略地的时候，日系厂商越来越感受到了挑衅，而比亚迪也开始受到了日系厂商的反击……

1. "大客户"的争夺战　64
2. 锂电惊恐日企群　67
3. 日本技术"纸老虎"　70
4. 跨国日企的"死穴"　73
5. 挑破"专利"的神话　78

第六章 资本场上跑马圈地　83

资本市场对于现代企业来说，就像鱼有求于水。而就其表层来说，上市即可以增强企业的竞争力，可以让企业融得巨额资金用于再发展，可以使企业获得比同行更大的知名度，直至迅速地拉开他人与自己的成长距离。

所以，比亚迪做大之后，王传福越来越能体会上市这个梦想对于比亚迪的实质意义了。他随即也开始了积极谋划，要让比亚迪在资本市场上高调亮相……

1. 比亚迪的资本红场　84
2. "聚—散—聚"式股权再造　87
3. 王氏的全球"路演"　91
4. 初入中国富豪榜　96

第七章 汽车：一个人的决定　103

企业的成败取决于企业家目光的长远，当比亚迪在电池行业走到了世界的前沿，摸到了行业的天花板时，王传福仿佛感觉到了比亚迪走到了世界的尽头。为了不让比亚迪在世界的尽头停留，王传福开始寻找一个新的世界。这是一个陌生的世界，这是一个让所有人意外，让基金经理暴怒的世界。

当全世界都站在你的对立面时，你还有胆量走下去吗？

王传福有……

1. 资本场上犯众怒　104
2. "王总永远是正确的"　108
3. 只有偏执狂才能生存　112

第八章 拿别人钥匙开自己的车 119

从制造的角度来看，王传福要想进军汽车业，必须有一个生产基地，拥有这个基地，就成功了一半。于是，王传福瞄准了秦川汽车，他觉得这是最快也是最稳妥的进入方式。

然而，在旁人看来，一个外行进入汽车行业已经够疯狂的了，更疯狂的事是王传福巨资吞并秦川汽车，简直是头脑发热，神志不清了。在这场让所有人都心惊肉跳的并购案中，比亚迪书写的到底会是什么呢……

1. 秦川：跑不起来的军工车 120
2. "汽车可不是有钱就玩得动的" 124
3. 绝对是一个危险的游戏 129

第九章 从"秦川"到"比亚迪" 135

一滴油无法溶于水，但是，如果放入一块海绵，则可以把水吸干。并购的最大难题是如何融合，不少企业并购的时候还轰轰烈烈，怀着勃勃野心，但由于不会处理并购后的融合问题，导致全盘皆输。难怪管理学家说，融合远远难于并购。

那么，比亚迪和"秦川汽车"又将面临怎样的实际命运呢？

1. "我就不信搞不懂汽车" 136
2. 王传福：两手都要硬 139
3. "路径依赖"的彻底倒掉 144

第十章 在刀尖上跳舞 151

1300年前，大诗人李白在长安面对着巍峨的秦川题写了一首《蜀道难》，感叹道："蜀道之难，难于上青天，使人听此凋朱颜。"

王传福面对着问题重重的秦川汽车，似乎也颇有同感了。

面对业内的质疑之声，面对媒体的批评之语，王传福领着自己的团队开始了大无畏的垂直整合。这又是一次出乎众人意料的冒险，没有人理解比亚迪，只有王传福领着比亚迪孤独地前行着……

1. 如此"大汽车城"计划　152
2. 被嘲笑的"三星模式"　156
3. 逆全球大势而行　160

第十一章

"比亚迪"终上T型台　167

奥斯汀曾经说过：这世界除了心理上的失败，实际上并不存在什么失败，只要不是一败涂地，你一定会取得胜利的。换句话说，任何事情的成功都非一日之功，其间还必须经历磨砺与失败。一个企业的发展更是如此。

作为汽车业门外汉的王传福和比亚迪，尽管拥有了所谓的伟大的汽车梦想，但他们与成功的距离却一度那么遥远，不仅交了不少学费，有时付出的代价还很昂贵。只不过，心理上的个性与执著，最终还是让王传福和比亚迪诠释了奥斯汀的上述成功之说……

1. 有两个汽车疯子　168
2. "比亚迪"首车之死　173
3. "F3"横空出世　177

第十二章

惊艳的"富比之争"　183

洪应明的《菜根谭》中讲："欲做精金美玉的人品，定从烈火中煅来；思立掀天揭地的事功，须向薄冰上履过。"从企业管理的角度上看，一个没有经历风雨的企业不是坚强的企业；同样，一个没有在薄冰上履过的企业也不是一个小心谨慎的企业。所以，立志于全球"第一"的比亚迪，又怎么可能避开它自身的薄冰之旅呢？

这期间，首开进攻之箭的便是全球代工之王——富士康。用舆论界的话说：当这个巨头向比亚迪发出攻击的时候，比亚迪如履薄冰。冰层之薄，可以清晰地看到下面的深渊。

1. "富士康"的真身份　184
2. 想吃"OEM"的比亚迪　187
3. 中国商业秘密第一案　191
4. 决战业霸"富士康"　196

第十三章

股神的赞歌　203

对于现代企业来说，资本就如同人体里的血液。而能受到资本青睐的企业，必然是具备成长价值，所从事的事业有着巨大发展空间的经济体。

世界首富巴菲特更以其独特的价值投资理念独步全球，几十年来的资本运作经历，也为他本人赢得了"世界股神"的美誉。除了上述的必备因素之外，巴菲特也同时看重一个企业领导人的人品与胸怀。2008年9月，在全球金融危机最深重的日子里，"股神"巴菲特令人惊异地向比亚迪伸出了资本橄榄枝。

自此，当世界首富与中国首富紧紧连在一起的时候，又会发生些什么呢？

1. 资本投手巴菲特　204
2. "爱迪生和韦尔奇的混合体"　207
3. "带一堆女孩回来"　212

第十四章 如此张狂为哪般 217

人们常说，时代能够造就人也可以毁灭人。同样的道理，如今的市场既可以成就伟大的企业，也可以瞬间毁灭无数的企业。

就本书的对象来说，比亚迪的发展是顺应了时代的要求，做电池、做汽车都踩准了时代的节拍；而在能源紧张的当下，比亚迪又开创了自己的电动车时代。所以，当王传福向全球推出第一款双模汽车的时候，他已经可以自豪地向世人宣告：

"电动车的时代到了！比亚迪的时代也到了！"

1. 宁波再吃"中纬"内幕 218
2. "双模车"是个什么玩意儿 221
3. 未雨绸缪再收"美的" 227
4. 首富"绿色人类"之梦 230

第十五章 中西通吃的"道法" 235

《千年商道》一书在总结徽州商帮的特点时说："徽商能从商人群体中崛起，其中的一个关键是将儒家精神融入到商业活动中。"

回过头来细细品味比亚迪的前半段创业历程，将现代管理精细化可谓达到了极致，但依然可以清晰地看到，王传福明显地继承了徽商将儒家精神融入商业活动中的特点。不仅如此，作为生于中国，长于中国的王传福，他的管理方式也具有浓厚的中国味——刚柔相济，儒表法里，阴阳结合。

或许，这种适合中国国情的管理之道，才是比亚迪传奇的核心之谜，更是未来比亚迪实现中西通吃的核动力！

1. 刚柔兼并的"双体系" 236
2. "非复印式"的事业部制 244

3. 有多少"中国式"创新 248
4. 德鲁克：创造性模仿 257
5. 奇怪的"袋鼠理论" 260

"2008CCTV年度创新奖"演讲：我的中国梦 王传福 1

附录——王传福人生大事记 2

后记——无名山丘起为峰 1

BIYADI

BIYADI ZHENXIANG

第一章

苦难——读懂天赐的财富

　　德国著名的哲学家尼采说:"极度的痛苦才是精神的最后解放者,唯有此种痛苦,才强迫我们大彻大悟。"苦难磨砺一个人的灵魂,让人的心灵变得强大。作为一个管理者,面对着各种不同的问题,如果没有经历苦难,没有强大的心灵,就很容易被击倒。

　　王传福之所以在成年后愈挫愈勇,拥有一颗强大而狂傲的心灵,与他幼年时在苦水里浸泡有着紧密的关系。正是在这个过程中,他体会到了世态炎凉、人情冷暖;正因为如此,他成年后遇到的苦也就不成为苦了,这是一个辩证的关系。

1. 又一个"中国式"的幼年

1966年2月15日,按中国的农历计算,为正月二十七,春寒料峭。

在安徽省无为县的一条乡间小道上,走着一个衣着单薄的中年农民,他姓王,人称王木匠。他的身上背着刨、锉、凿等工具,正匆匆地往家里赶,虽然面色蜡黄,冷得缩手缩脚,但神情还是很高兴的。

入春之后,无为县下过几场春雨,将原本就崎岖不平的泥路淋得更加泥泞。人走在上面,一扭一扭的,像是在跳大舞,一不小心就会摔个仰面朝天。

王木匠小心翼翼地走着路,偶尔遇到熟悉的人搭话,他也只是急匆匆地说上两句,然后匆忙告别。要是在从前,热情的他肯定会拉上人家说上一阵子。看到王木匠急匆匆的步伐,周围的乡亲们都猜到了,他媳妇快生了。

事情果然如大家所猜想的一样,王木匠的媳妇马上就要临盆了,正在邻村做木匠活的王木匠是听到隔壁邻居的传话才匆匆往回赶的。此刻,他最想的就是走快一点,快一点赶到家里,亲耳听到孩子的第一声啼哭。

等他赶到家门口的时候,家里已经忙开了:接生婆在房间里帮助妻子,里面隐隐约约传来妻子的叫喊声,而接生婆带来的小助手则忙忙碌碌地走进走出,一会儿拿毛巾、一会儿端脸盆……

回到家中的王木匠也不好意思进里屋去帮忙,只能站在屋外焦急地等候,他的其他几个子女也兴高采烈地在屋子里转。

终于,在忙碌了一阵之后,王木匠亲耳听到了孩子的第一声啼哭,屋里立刻传来了接生婆的欢呼,"老王,老王,是个男孩,是个男孩"。站在门口的王木匠听了,大喜。等接生婆把孩子包好,走出门口的时候,王木

第一章
苦难——读懂天赐的财富

匠立刻冲了过去，把孩子紧紧地抱在自己怀里，脸上洋溢着喜悦的神色。王木匠抱着的这个小男孩，就是王传福。

王木匠之所以给小男孩取名王传福，是希望他能给家里带来福气。王传福在家排老七，有五个姐姐，一个哥哥。家里人口多，父亲靠着祖传的木匠手艺，帮着乡亲们打家具、做嫁妆，挣点微薄的收入来维持一家人的生计。

王传福出生的那一年，正是"文化大革命"开始之年，疯狂而荒诞的大幕刚刚拉开。王传福在成年后的一些疯狂而冒险的做法，与幼年时的社会环境不能说没有关系。大多数心理学家都认同，人的性格养成一是来自于遗传，二是来自于幼年阶段社会环境的教化。当然，这是后话。

日子就这样平静地过着，几年后，王传福多了一个妹妹。王木匠每天早出晚归，而他的妻子则在家里照看着孩子们，连带着养了一群鸡鸭鹅。日子虽然过得非常清苦，但是一家人却也热热闹闹，其乐融融。

可是，这种平静的日子并没有持续很长时间，因为王木匠终年做木匠活，每天都得弓着腰，使劲地锯木头、刨木板、凿榫头，一天下来，筋疲力尽；再加上"文革"的疯狂让整个中国开始缺衣少食，要养活七八个子女，王木匠夫妇俩不得不少吃俭用，一分钱掰成两分钱花。缺少营养和劳累的生活让王木匠的身体一日不如一日，疾病缠身。在王传福十三岁那年，王木匠终于敌不过病魔的摧残，撒手西去，留下了妻子和八个儿女。

父亲离世，家里失去了顶梁柱，没有了主要的经济来源，生活变得更加拮据起来。为了生存下去，王传福的母亲不得不忍痛作出一个"去女留男"的决定：把五个大女儿嫁人、把小女儿寄养在别人家里，家里就留下王传福和他的哥哥王传方。

看着姐姐妹妹们迫于贫困一个个地走了，王传福心如刀绞，却又无可奈何，他幼小的肩膀还无法承担家庭的重任，只能把一颗发狠的心埋在心里。于是，对贫穷的痛恨以及对财富的追求仿佛就在瞬间成为了他整个人生的核心动力。

吃饭的人少了，家里的开销少了，但是原本热闹而充满亲情的家里也开始变得冷清了。痛在心里的母亲每日埋头干活，不说一句话，表现出来的是一个女性的坚韧与顽强。此时的王传福与哥哥已经渐渐懂事，懂得母亲的痛苦，看到母亲不说话，兄弟俩也很少开口，只是默默地帮助母亲干活。

王传福的父亲不但是一个技艺出色的木匠，还是一个党员，并曾担任村子里的大队书记。他为人正直，乐于助人，比较开明，也有思想。虽然"文革"时期一度盛行"读书无用论"，但是王木匠却不这样看，深受儒家思想熏陶的他还是认为"万般皆下品，唯有读书高"。为了摆脱"木匠的孩子只能刨木头"的命运，王木匠还在世的时候，就把王传福兄弟俩送进了村子里的小学念书。自身的聪明加上后天的努力，王传福兄弟俩的成绩在学校里都是名列前茅。

父亲离世后，鉴于家里的情况，王传方提出休学，迫于无奈母亲同意了。这样，王传方便辍学回家了。后来，看到家里还是拮据，王传福也萌生了退学的念头，可是他一说出自己的想法，就被母亲狠狠地教训了一顿："家里就剩你一个人读书了，我不能对不起你父亲。"王传福听了母亲的话，眼泪直流。他知道，哥哥的退学、母亲的教训都是为了自己，家里把所有的希望都寄托在了自己的身上，一定得好好读书，唯有如此才对得起母亲，才能对得起死去的父亲。

自此，王传福把所有的精力都投入到了学习上。在努力学习的同时，也养成了他不太爱玩，不太喜欢与人交际，腼腆害羞的性格。

又过了两三年，直到王传福上初三。

初三马上毕业的时候，一天，王传福的邻居急匆匆地到学校里找到他，说："你妈妈不好了，你赶紧回去吧。"王传福心里大惊，二话不说，马上往家里赶。母亲的身体不好，他是知道的，他也一直担心着母亲。

当忐忑不安的王传福来到母亲床前的时候，哥哥王传方和姐姐妹妹们都站在母亲的床前了，哭得像个泪人。王传福一看就明白了，扑通一声跪在床前。此时，为他们兄弟俩，为整个家庭耗尽了所有心血的母亲已经非常虚弱了，母亲看到王传福的脸，苦涩地一笑，带着无尽的留恋与悲伤闭上了眼睛……

家人的呼天唤地，王传福眼角一直打转的泪珠终于滚落了下来，此时他只想痛哭一场，把所有悲伤与痛苦发泄出来，至于以后的路该怎么走下去，他没有想，也想不出来。

就这样，王传福失去了双亲，父母留给他们的只有四间茅草房。

如果这是影视剧中的剧情，人们会埋怨编剧太狠心。可是这不是剧情，而是王传福的现实人生。从此，王传福的人生一切都要靠自己把握了，正像他自己说的"我什么事情都要自己去支配，什么事情都要自己去管"。

如此少年生活，很容易让人想起孟子的话——"故天将降大任于斯人也，必先苦其心志，劳其筋骨，饿其体肤，空乏其身，行拂乱其所为，所以动心忍性，曾益其所不能。"

王传福的哥哥王传方带着自己的兄弟姐妹草草地安葬了母亲之后，开始坐在一起商讨以后的生活。虽然此时的王传方已经长大，可是要想挑起整个家庭的重任，他的肩膀还是显得有些稚嫩。到底该怎么生存？摆在他们兄弟面前的无疑是一个茫然的未知数。

2. "独木桥"的幸存者

母亲去世的时候，王传福正值一年一度的初中升高中考试，由于不得不在家里办葬事，他缺考了两门课程，失去了上中专的机会。

20世纪80年代的时候，上中专是很多优秀学生的选择，尤其是贫困优等生的选择。当时，选择上中专有很多好处，一是国家管分配，分配出的学生属国家干部编制；二是可以提前就业，不用家里操心；三是学费便宜，能减轻家里的负担。正因为有很多的好处，当时报考中专的学生趋之若鹜，录取条件十分严格，往往是县区成绩前几十名的学生才能被录取。因王传福成绩优异，家人与老师便希望他能考取中专，早点拿个铁饭碗。

然而，挚爱的母亲去世，中专梦也破灭了，这对于少年时的王传福来说，又是一次深深的打击，甚至一度让王传福心灰意懒，干什么都提不起劲。

暑假的时候，王传福一面帮哥哥做事，一边思考着自己未来的道路，他不想读书只想早点进入社会了。一次他跟王传方说："哥，要不我回来干活挣钱好了，早点挣钱，给你娶个嫂子。"

王传方听了王传福的话虽然心里很感动，但还是面色一板，说："我退学是为了什么？妈死前说的话你不记得了？你的任务就是读书。读好了书有出息了，就是对哥哥的最大报答。"

挨批的王传福默不作声，同时在内心深处也体会到了什么叫长兄为父。不久，王传福得到消息，他被无为县二中录取了。

九月来临的时候，王传福在哥哥的催促下，不得不拿着席子、被子，带着箱子，来到无为二中报名读书。

俗话说，否极泰来。冬天过去了，春天总会来到；噩运过去了，好运就总会来临。这一年，因为哥哥王传方优秀的人品，他得到了一个名叫张菊秀的女孩喜欢。农村的婚事总是办得快，在姐姐妹妹的帮助下，王传方很快就与张菊秀结婚了，婚礼很朴素，具有浓浓的乡土味。

张菊秀的身上具有安徽农村姑娘的朴实勤劳，她还有一个可贵的品质，即心胸宽厚，宁愿苦自己，也不愿苦别人。新娘子进门的第一天就开始面对着生活的困境，为了三个人的衣食住行担心，为几毛钱的柴米油盐发愁，但是，她并没有为此抱怨。早在结婚之前，张菊秀就知道了王传方一家的情况，她总是这样想，既然生活如此，就坦然面对，慢慢改变吧。

王传福读高中的时候，非常用功，成绩也很好。按照一般的学校设置，县里的高中在招初中升高中的学生时，是按考试分数的高低录取的，成绩好的进一中，录完了再录二中，最后录三中或放入职业技术学校。像他这种因为缺考而进入二中的优等生，比较罕见，无为二中便把他当成能考大学的重点学生来培养。王传福也不负厚望，从高一开始就显示出了自己的实力，成绩不但领先而且稳定。

每到周六，王传福便回家去帮哥嫂干活，去学校的时候，提几罐干菜和一袋大米，而嫂嫂还会给他10块钱生活费。南方多雨且温暖潮湿，遇到雨季，菜很容易就坏了，王传福就可以去学校的食堂买点菜，凑合着吃。天天在学校的食堂吃，当时的穷学生王传福还没有这个条件。

一次，哥哥嫂嫂的钱因为遇到了点事都用光了，家里连10元钱都没有了。为了不委屈王传福，张菊秀便到村子里去借，从村子的东头走到村子的西头，磨破了嘴皮子，才借了不到5元的散票子。

张菊秀回来后，不好意思地对王传福说："嫂子没本事没能力，只给你借了五块钱。传福，你拿着吧，省着点用。"

看着嫂子手中那一摊皱巴巴的票子，王传福被嫂子母亲般的慈爱感动了，眼泪直打转，同时又恨自己不能快快长大，早日改变这种屈辱的窘境。"嫂子，没事，我省省点就是了。"说罢，王传福从嫂子手里接过钱，提起行李就走。

这一幕深深地刺激了少年王传福，以至多年以后提起这段往事依然心酸不已。王传福的这一段往事容易让人想起同是安徽人的明朝开国皇帝朱元璋。朱元璋少年时候也是父母双亡，迫于家贫，不得不出家当和尚，后来庙里待不下去了，又四处乞讨，风餐露宿，历尽艰辛，可谓饱尝了人间的辛酸苦辣。朱元璋御制《皇陵碑》时，回忆这段经历就对群臣讲道：

"早起看谁家烟囱冒烟，就赶紧去讨口饭吃，天黑了跟跟跄跄地找个古寺暂栖身。"又说，"身如蓬逐风而不止，心滚滚乎沸汤。"

如同朱元璋一样，贫穷的生活不但没有磨去王传福对生活的信心，反而激起了他与生活相搏的斗志，萌生了誓要成为人上人的思想。

从此，王传福拼了命地学习，希望通过学习这条道路，为自己的未来打开一扇大门。后来的事实证明，学习确实改变了他的命运，并给他的家族带来了光荣。这自然也是后话。

1983年，王传福读到了高三，同年七月，他心情激动地迈入了考场参加高考。当时的大学实施精英教育，并没有扩招，入学率在10%左右，这也意味着一个班级如果是50人，那么能考入大学的只有5个人。这便是当时中国学生"千军万马挤独木桥"的真实写照。很幸运，这个七月对王传福来说并不黑色，他一考而中，以优异的成绩被当时的中南矿冶学院冶金物理化学系录取。

显然，那个年代能考上大学是一件很荣耀的事，考上的学生也被誉为天之骄子。拿到录取通知书后，王传福终于长舒了一口气，他给家人争光了。

在王传福考上大学的这一年春天，中国改革开放的总设计师邓小平在一次谈话中指出，要允许一部分人先富起来。此后，这句话在各种不同的场合又多次出现，并成为邓小平著名的政治格言之一。当时正在奋力读书的王传福并不清楚这句话对他有多大的影响，他做梦也没有想到，此后，自己就是先富起来那一部分人中的一个。

这年的九月，在王传福准备去湖南长沙读书的前夕，哥哥把王传福叫来，还有嫂子在旁边，这是很少有的现象。哥哥语重心长地说："你考上了大学，做哥哥的感觉特别高兴，你嫂子也特别高兴。以后，你是个有知识有文化的人了，哥和嫂子得送你一点东西，也表表我们的心意。"

王传福一听就乐了，笑着说："哥，你跟我还客气啥呢，不用了，你不用送我什么。"

王传方脸一板,说:"要,一定要的。这回你哥和你嫂子一定得表个心意。"说完从兜里拿出一个看上去崭新的上海牌手表,王传福一看就急了:"这个我不能要,这是你和嫂子结婚的东西,当时什么也没有买,就买了一个表当结婚礼物了。"

王传方不乐意了:"你看你,怎么这样啊,哥说给你就给你了,像我这样的庄稼汉,天天土里来土里去的,留着也没有什么用,给你正合适了。"

王传福急了,赤着脸说:"哥,这我真不能要,你说你自己都不舍得戴,怎么能给我呢。"

嫂子也过来了,说:"传福,你就别客气了,拿着吧,你哥买了这表也没有用过几天,都搁箱子里好几年了。"

王传方再把脸一板,憨直地说:"这事我跟你嫂子说好了,哥说给你就给你了,就这样了。你考上大学就不听哥的话了?这事得听哥的。"说完把手表硬塞给王传福,王传福不得不接了。

之后,嫂子张菊秀又领他到卧室里去,床上放着新做的被子和衣服,整整齐齐地叠着。

这一夜,面对着窗外皎洁的月光,王传福再次发誓,以后一定要报答哥哥与嫂嫂的养育之恩。

3. "自我"毁灭后的再生

九月初,王传福在哥哥的陪同下,乘着汽车来到了美丽的中南矿冶学院。

中南矿冶学院位于岳麓山下,湘江河畔。1952年3月,在中南军政委员会的指导下成立,由武汉大学、中山大学、北京工业学院、广西大学、湖南大学、南昌大学等六所院校的地质、矿冶系组合在一起，组建了中南矿冶学院。学院是我国第一所以有色金属为主的矿冶类高校，有地质、采矿、选矿、有色金属冶金等专业。1960年，中南矿冶学院进入全国重点大学行列。1985年，中南矿冶学院更名为中南工业大学，标志着学校实现了由单科性工学院向综合性工业大学的转变。

建校五十多年来，中南矿冶学院继承了湘楚文化中"经世致用"的思想，本着严谨求实的学风，为社会培养了一大批人才。如著名的经济学家陈志武1979年考入中南矿冶学院，现在是耶鲁大学管理学院终身教授。在目前中国有色金属企业的管理层中，更是随处可见中南矿冶学院毕业的人。一个有趣的细节是，中南矿冶学院还是一个造富机器，在2008年中国百位富豪榜上，中南矿冶大学毕业的与清华大学毕业的人数相当。这也充分说明了中南矿冶学院培养出的人才质量。

刚进大学的时候，由于还不熟悉环境，又是农村来的孩子，没见过什么世面，与班上的同学相比，自己也没有什么优势，因此王传福比较安分，甚至在处理一些事情的时候还有一些羞涩。此时，他主要的精力还是用在学业上，准备努力学习，好好地完成自己的本科学业，并争取在科学上有所成就。

王传方陪王传福报完名后就回家去了，可是回家后他却像丢了魂似的，老觉得不踏实。妻子张菊秀问他："你弟一走，你就没魂似的？这是怎么了？"

王传方说："我就那么一个弟弟，骨血亲人，我老担心他不会照顾自己。"

张菊秀说："都这么大一个人了，你还担心什么啊，过几年都该给他找媳妇了。"

话虽然这样说，但王传方还是念着王传福，可见兄弟情深到何种地步。后来，王传方作出一个决定，到长沙去陪着弟弟读大学，还可以把自己的小生意做大一点，可谓一举两得。他的这个决定自然遭到了张菊秀的反对，但是拗不过丈夫的想法，张菊秀最后还是同意了。

过了一段时间后，王传方收拾好行李，来到了长沙，在一个小小的街道上租了一个小店，做起了小生意，一边挣钱支付弟弟的开支，一边照顾弟弟王传福的生活。20世纪80年代，改革开放刚刚开始，物资短缺，属于卖方市场，王传方的小生意做得倒也风生水起，忙不过来的时候，王传福便会抽空来帮助哥哥打理生意。可以说，时代的变化开始给这对苦难兄弟改变命运的机会了，而他们很好地把握了每一个机会。王传福初涉商海也是从帮助哥哥做小本生意开始，在这里他学会了如何捕捉商机。这种感觉上的敏锐对于商人来说是很重要的，它为王传福后来的比亚迪诞生埋下了伏笔。

根据王传福在大学时的资料来看，他在学校里并不是表现最好的学生，但是，老师们都承认，这个学生很聪明，也很勤奋读书，肯钻研问题。

大二的时候，王传福突然意识到了自己身上的缺点，由于过于注重学业而变得有点书呆子气，自己跟人的交往存在着一些问题。为了解决这些问题，他决定入党，并进入系团总支，为自己毕业参加工作积累一些政治上的条件。很快，他就付诸行动，向党支部递交了自己的入党申请书，由于王传福学习用功，表现也还好，很快他就加入了中国共产党这个大组织。

为了解决与人融合的问题，王传福竟然主动参加了学校里的大学舞会，这出乎很多同学的意料。在同学们的眼中，王传福就是标准的书呆子，可以一天都泡在实验室里不出来。从王传福的这个决定可以看出，他是一个可以和自己较劲的人，可以努力改变自己的性格，让自己变成一个受他人欢迎的人，让自己变成一个有亲和力的人。

当然，除了改变自己之外，王传福选择跳舞还跟时代风潮有着关系。当时，国门大开，新风潮从西方涌入，舞会作为一种青年男女交往的运动，受到了广泛的欢迎。尤其是20世纪80年代初电影《霹雳舞》的流行，使得霹雳舞在中国大学校园处处开花。当霹雳舞盛极一时的时候，每个大学都有许许多多的男生在练舞，恨不得把教室、操场都当做舞厅。还有一点不可忽视，当时在大学里能跳舞的学生通常是女生们的暗恋对象，因为女生们觉得这样的人是属于那种很能"混"的类型，这意味着此人走出校门进入社会后能"混"得很成功。

王传福是一个工于技术的人，连跳舞也是如此。自加入舞会后，他就非常勤奋地和同学们练舞，没有多久，他就成了学校里公认的"舞林高手"，也有同学称他为"中南舞王"，他跳舞的时候可以累得其他同学气都喘不过来，而他则汗都不出一滴。

很快，王传福在大学里不是因为学习好出名，而是因为跳舞好。如果按女生的逻辑来看，王传福后来"混"成首富与成为舞林高手确实有着某种不可思议的逻辑关系。

客观地说，从塑造性格的角度看，王传福练舞确实有效地改变了他内向、羞涩、不善交际的本来性格。更重要的是练舞让他变得开朗起来，他开始找回了因幼年家贫失去的自信，这种自信为他以后的霸气与冒险精神提供了基础。因为对于一个商人来说，没有自信简直是不可想象的。

这期间，王传福认识了一个叫杨龙忠的同学，并与他成为好朋友，两个人经常在一起玩，结下了深厚友谊。杨龙忠毕业后，曾到江西铜业与广东丰顺县农械厂等单位任职，后来应王传福所邀，成为了比亚迪副总，主管客户开发和产品营销，为比亚迪的崛起立下了赫赫战功。这也是后话了。

4. 长在"国字号"实验室

大学四年级的时候，王传福开始考虑自己的后路，是毕业后进入单位

第一章
苦难——读懂天赐的财富

工作，还是继续深造，考研究生？就他当时的情况来说，如果毕业进入单位的话，就可以减轻哥哥的负担；如果继续深造，则可以实现自己当科学家的梦想。

王传福把自己的想法跟哥哥说了，哥哥也弄不清楚，不好决定，于是对他说："你想怎么样都行，哥哥都支持你。"

最后，经过权衡，王传福还是决定考研。决定了之后，王传福又重新回到高考前的状态，疯狂学习。两耳不闻窗外事，一心研读专业书。

一番努力拼搏，王传福顺利考上了中国科学院北京有色金属研究总院的硕士研究生。

北京有色金属研究总院创办于1952年11月。当时，重工业部作出《关于改组综合工业实验所筹备处的决定》，将原重工业部综合工业实验所筹备处改组为钢铁、有色、化工三个实验所，正式成立了有色金属工业实验所。1983年4月，中国有色金属工业总公司成立后，隶属总公司管理，并更名为北京有色金属研究总院。有色金属研究总院是我国第一个全国性的有色金属科学研究机构，是有色领域的权威机构，王传福从中南矿冶考入这里，很符合之前所学的专业。

王传福的导师名叫李国勋，是一个乐于助人、知识深厚的老教授。1960年，他毕业于前苏联列宁格勒工学院冶金系。回到祖国后，他先在东北大学教了两年书，然后调入北京有色金属研究总院，一直从事冶金和材料的物理化学和电化学以及化学电源等方面的应用基础研究工作。

当时，李国勋正在进行一项国家级的课题研究，名为"熔盐电解铝新型惰性阳极"，王传福成为李国勋的弟子后，马上加盟了他的课题研究小组。导师交给课题研究小组的任务是：通过实验获得电解铝自动加料时铝电解质中氧化铝浓度的精确数据。

王传福所在的课题研究小组开始了大量的实验，无论是夏日炎炎，还是冰雪漫天，课题研究小组都必须在1000℃高温装置环境下进行实验。冬去春来，他们进行了数千次的实验，最后终于出色地完成了导师交给的任务，不但得到了精确的数据，还形成了一套科学的测试方法。这项实验的研究成果出来后，在业界影响颇大，其数据与测试方法最后被译为各种文字在世界传播。

王传福考入研究生的这一年，中国第一次出现了"企业家"这个词。之前，中国社会把企业领导称为厂长或经理。这个细小的改变标志着企业领导人开始得到了社会的尊重。同一年，著名的管理学大师彼得·德鲁克出版了划时代的著作《创新与企业家精神》，第一次将创新视为企业成长的核心与动力。如今回过头去看，正是时代氛围的改变和创新精神注入了企业领导的思想之中，也才诞生了今天的王传福与比亚迪。当然，那时的王传福还只是一个喜欢科学的研究生，对这事的影响尚不清楚。

王传福读硕士生的时候，与其他的学生相比，显得更加稳重务实，对科学的探索怀着强烈的兴趣与不倦的钻研精神。自从踏入有色金属研究总院后，王传福就希望通过自己的努力成为一名科学家，这为他以后成为"技术狂人"埋下了种子。王传福的导师李国勋对他很器重，曾回忆道："他对专业知识抱着追究到底的精神，每次研究都弄到半夜；学习成绩很好，是很聪明的人。"北京有色金属研究院的董俊卿教授回忆当时的王传福时说："大家进行学术问题讨论时，王传福的观点不少，而且往往有出语惊人的新见解，尤其是课题进展中遇到难题困扰时。"

进入北京学习的王传福依然得到了哥哥王传方的照顾。王传方从长沙搬到了北京，依然是做小生意，依然是默默地劳作，挣钱支持弟弟的学业。都说伟大的男人后面站着一个女人，纵观王传福的人生，他成功的后面站着一个哥哥。如今，王传方掌管着比亚迪的后勤部门，依然是为王传福服务的。

三年的时光，匆匆即逝，1990年王传福完成了研究生学业，快要毕业了。正当王传福为人生前途而担忧的时候，导师李国勋找到了他："小王，晚上或明天你来一趟我家里吧。"

第一章
苦难——读懂天赐的财富

第二天，王传福怀着忐忑不安的心情来到了李国勋的家里。导师的家里很安静，也很幽雅，屋内全是书，散发着书香，但书里面的内容全是讲如何跟钢铁铜铝等各种硬邦邦的东西打交道的。

李国勋一见王传福，乐呵呵地说："坐吧，喝口茶。"

李国勋给王传福泡的茶热气袅袅，发出清香，长期做实验，弄得王传福对气味比较敏感了。他喝了口茶，对李国勋说："老师，找我有什么事要吩咐吗？"

李国勋心想，果然是学理工科的，说话不拐弯，直奔主题，于是说："今天叫你来，是想问问你毕业后有什么打算。"

王传福说："嗯，我现在也在想这事，但没有什么打算，正着急呢！老师给我指点一下？"

李国勋收起了笑容，像研究课题一样严肃起来，说："我看你人品不错，对科学研究怀有浓厚的兴趣，更重要的是你对科学有悟性，你愿不愿意留下来和我一起工作，继续从事电池方面的研究？"

王传福一听，这正是他求之不得的事情呀，能跟导师一起从事科学研究最好不过了，可以将一生的奋斗奉献在电池事业上。他二话不说，当场答应了导师的要求。

几天后，李国勋向院里的人事部门提出推荐，要求王传福留院工作，院方很尊重李国勋的意见，便安排王传福在北京有色金属研究总院301室工作。301室全称为"矿物资源与冶金材料研究所"，致力于电极材料、光学镀膜材料制备等方向的研究。

进入301室工作，王传福开始主持碱性镍镉镍氢二次充电电池的课题研究。这是一个代表着新方向的课题，其中，镍氢电池更为先进，除了记忆功能不如镍镉电池外，它比镍镉电池有更大的容量，更多的反复充电次数。尤其是日后电子产品的丰富，这种电池更是显示出了巨大的商业价值。

接下课题后，王传福开始了刻苦的研究，终于突破了电池电极的利用效率和电池容量的技术瓶颈。之后，他又在电解质惰性阳极的优选研究中不断探索，取得了突破性的进展。实验完成后，他写了两篇研究报告——《稀土金属钕做电解阳极》和《影响金属陶瓷结构的氧化钇（Y_2O_3）》，发表之后引起业界的重视。

  王传福在做课题研究的时候，偶然发现一个有趣的现象：一次，他从一块不透明的蓝宝石里提取电极原料，结果发现如果在宝石中浸入不同的金属离子，宝石不但可以变得透明鲜亮，而且还可以变幻出迷人的五彩光芒。这是一个很有商业应用价值的发现。王传福对此产生了浓厚的兴趣，经过不断实验，他完善了这种用熔盐电解方法进行宝石改色的工艺，最后把这些方法编成一本书，起名为《宝石手册》。此书在宝石界产生了重要的影响，王传福的相关经验最后也发表在了英国权威的《宝石杂志》上。

  王传福被分配到301室做研究的时候，时值1990年中国掀起声势浩大的"出国潮"。当时，很多大学精英、学院教授、研究人员都希望能到国外去留学，甚至在后来出现为留学而留学的现象，出国是为了给自己"镀金"。

  之所以选择出国留学，是因为早期的留学归国人员在国内的表现确实胜人一筹，不少人为国家的建设立下了赫赫功劳。据统计，在中国科学院629名院士中，归国留学人员占到了81%；中国工程院423名院士中，留学人员也占到了54%。而在载人航天工程、气温超导等领域取得重大突破的工作人员中，更是随处可见"海归"们的身影。

  所以，当时的出国之风同样刮进了北京有色金属研究总院，院里不少人削尖脑袋想到国外去，能公费的争取公费，不能公费的自费也去，一时间单位人心浮动，天天讨论出国问题。一些到了国外的同事与朋友也劝王传福留学，连导师李国勋也曾支持他去海外留学。出人意料的是，王传福拒绝了，对劝他出国的人说："留洋学习是为了学习先进的技术，但这也要看领域，有的领域外国的技术并没有多么先进"，"留学固然好，但是回来的人少，搞科研还是为了报国"。由于他的固守己见，不再有人劝他出国了，他也就安安稳稳地待在了301室。

两年之后，王传福工作表现不错，得到了院方的认可，被提拔为研究院301室副主任，属处级干部。这一年，王传福刚刚26岁，为全院最年轻的处长。此后，他被提升为主任、高级工程师、副教授，还带过一段时间的研究生。

BIYADI

BIYADI ZHENXIANG

第二章

徽商——为了机遇而生

《江南通志·舆地志》中这样描述徽州商人："以货殖为恒产，善识低昂时取予，以故贾之所入，视旁郡倍厚。"善识低昂时取予即指徽商具有敏锐地把握商机的能力。徽商一旦发现商机，马上就有行动。王传福初创比亚迪时即鲜明地表现出了徽商的这一本性。

难怪胡适会说，徽商进入一个村子后，会开店铺，然后逐步扩张，最后把村子变成一个城镇。比亚迪更有过之而无不及。

1. 体制外的第二次抉择

1993年，为了利用包头的稀土资源搞新产品开发，北京有色金属研究总院与内蒙古有关方面合资成立了一家公司，名为深圳比格电池有限公司，比格电池有限公司设在深圳市莲塘工业区。

公司成立后，需要派一个人去深圳那边主持工作，总院考虑到王传福既是处长，又是年轻人，更重要的是他的专业与电池有关，从大学本科起就钻研电池，于是决定派他去深圳比格电池有限公司任总经理。对于王传福的人生来说，这是相当重要的一步，如果不走出这一步，他发现不了后来的商机。很多时候，传奇的产生就是一些偶然机会聚合而成的。

1993年的深圳，正处于异乎寻常的亢奋之中。一年前，88岁的邓小平亲临深圳，发表了著名的"南巡讲话"，数月后，中央确定了建立"社会主义市场经济"体制的目标。这深深地鼓舞了国人，让全国掀起了改革开放的新热潮，尤其是处于改革开放一线的深圳，创业的冲动让整个城市仿佛都处于热血沸腾之中。

初入深圳的王传福成天就被这股浪潮冲击着，再加上他本身就是一个创新精神很强的人，一进入深圳，颇有相见恨晚之感。在比格公司，王传福开始起劲地工作，公司也获得了很大的发展。

当时，移动电话开始流行，这种俗称"大哥大"的手机动辄数万元。王传福注意到，大哥大里面的那块充电电池售价竟然达到了千元，里面的利润空间非常大。经过调查与分析，王传福认为随着市场的成熟，移动电话必定会从奢侈消费走向大众普及，生产可再充电电池大有可为。于是，王传福有意让比格电池有限公司进军可充电电池这一个领域，并在心中暗暗谋划。

过了一段时间后，一个让王传福惊喜的消息出现了，他在一份国际电池行业动态中看到,世界电池制造大国日本宣布放弃镍镉电池的生产制造!王传福马上意识到,这样一来,将引发镍镉电池生产基地的国际大转移,这是中国电池企业前所未有、千载难逢的大机会。

一贯沉稳的王传福沉不住气了。他看了报道后,一拍桌子,站起来说:"进军镍镉电池!"

王传福把自己的想法与有关人员沟通了一下,没有想到,自己在比格公司的发展战略上竟然没有自主权,推不动自己的主张。这个问题引发了王传福的思考,他开始思考国有企业的体制问题。如果真的确立了这个项目,会发生很多自己想不到的事。比如有可能在项目最紧要关头,出了一点问题,自己被罢免了;有可能项目做好了,财源滚滚的时候,自己被一纸调令调走了。这样一来,自己就无法牢牢地掌控全局了。

那么,应该怎么办呢?辞职下海吗?如果这样,连工作都没有了,万一创业失败了怎么办?总院对自己的厚爱又将如何面对?家里的哥哥姐姐又会怎么说?同事又会怎么看?种种问题逐一在王传福的脑海中闪过,他熬过了一个又一个难眠之夜。

经过反复的考虑,王传福最终还是决定放手一搏,巨大的市场诱惑、徽商的冒险精神、自小而来的拼搏精神开始在他的思想中占据上风,驱使着他作出了辞职的决定。

王传福把自己辞职的想法跟哥哥说了后,王传方眼睛都瞪圆了,说:"什么?你想辞职?为什么干得好好的,单位待你好好的,就想辞职了呢?"

于是,王传福开始把自己的想法说给哥哥听,可王传方听了并不理解。几十年来的生活经验与社会阅历告诉他,待在国家机关,成为一名国家干部是最稳定的事,旱涝保收,无忧无虑。可是,弟弟又是一个学问多、视野广的人,他作出这样的决定肯定也有自己的考虑。而多年的相处更是告诉王传方,弟弟是一个做事慎重的人,一定是迫不得已才会作出辞职的决定。

王传方讷讷地说:"好不容易弄一个铁饭碗,怎么说丢就丢了呢?"

王传福说:"没事,我辞职后一定可以把这事做起来,到时我领一辈子工资也顶不上一年的收益。"

经过反复解释,哥哥将信将疑地认可了王传福的话。

1994年,经过反复考虑的王传福终于坐不住了,觉得再不抓紧机会就会眼睁睁地看着它流走。他花了一天的时间,把自己关在房间里写了一份辞职报告。当他向单位提交辞职报告的时候,单位领导感觉很吃惊。按理说,年轻的王传福混到目前这个位置已是非常不错了,为什么想走呢?出于挽留人才的需要,组织上让他好好考虑考虑。然而开弓没有回头箭,王传福是一个作出决定便很固执执行的人。组织上见劝说无效,也就准许了他辞职下海。

王传福下海的时候,正是"干部下海潮"风头正劲的时候。1992年"南巡讲话"之后,国务院修改和废止了400多份约束国人经商的文件,大批官员和知识分子开始投身私营工商界。据人事部统计,仅1992年,国内辞官下海者即达12万人,不辞官却投身商海的更是超过了千万人。

刚下海的王传福感觉自己仿佛脱离了束缚,非常轻松,但对自己能否成功又有点担心,毕竟他面临着资金、设备等各方面严峻而现实的考验。

所以,辞职后的王传福干的第一件事就是寻找创业资金。为此,他做了一个很好的商业项目计划书,当然,他把前景描述得无限美好。看着自己的计划书,王传福想象着一个电池王国在深圳的土地上轰然耸起,而这个王国的名字就叫"比亚迪"。

2. 用"人品"巧借第一桶金

创业资金从哪里来?

真的面临这个问题的时候,王传福头大如箩。虽然约了几个人,初步组建了自己的创业团队，但是全部人的钱加起来也没有多少。当时的中国市场并不成熟，没有风险投资这一说，到国外找风投融资对于其时的王传福来说更不靠谱。

为了迅速融资，王传福想到了银行贷款。他跟自己的创业伙伴吴经胜商量事情的时候，吴经胜问："你觉得我们要贷多少钱才合适？日本的一条电池生产线几千万元，我们怎么说也得上千万吧？"

王传福说："如果我们能贷来300万元就好了。"

听了王传福的话，吴经胜心里也在打鼓，心想，如果要搞生产线的话，真不知道300万元要怎么搞才能生产出电池来。

然而，向银行贷款不仅手续复杂，而且潜规则多，一向搞研究的王传福对这些门道没研究，总是碰壁，银行遇挫让他觉得有点灰心了。

在寻找资金的时候，王传福遇到了当时主投传统产业的汇亚基金负责人王干芝。王干芝听了王传福的陈述后，觉得他的这个项目确实是大有可为。然后，王干芝带走了王传福的项目计划书，临走的时候对王传福说："我很看好你这个项目，但是我要把这个项目向汇亚基金的投资委员会汇报，他们通过了，这个项目才真的通过了，你就可以获得资金开始创业。"

王传福紧紧地握着王干芝的手说："那就拜托你了，等你的好消息。"

此后一段时间，焦急不安的王传福等候着王干芝的消息，最终还是等来了一个坏消息：由于融资额度问题，王传福的项目虽然得到了王干芝的认可，但没有获得汇亚投资委员会的最终认可。

第一次融资就这样泡汤了，这让王传福深受打击，从此，他再也没有见过创业投资者。而比亚迪做大了以后，王传福曾再次遇到了王干芝。王干芝对汇亚当年没有通过项目深感遗憾，同时对其他的投资公司能入驻比亚迪眼红不已，因为后来的比亚迪已成了基金争抢的香饽饽。

银行遇挫，融资失败，王传福情绪非常不好，连打道回府的心都有了。想来想去，他决定去找找自己的表哥吕向阳。

比亚迪真相
BIYADI ZHENXIANG

吕向阳也是一个商界奇才，曾经在人民银行安徽分行工作。1993年的时候，他辞职下海，创办了融捷公司，利用在银行积累的人际关系，从事地产与纺织品贸易的经营，在极短的时间内，吕向阳的财富就实现了暴发式增长。

当走投无路的王传福找到了吕向阳，表兄弟的关系使他说话也就没有了那么多顾虑，直接表明了来意。吕向阳坐在宽大的沙发上，笑了笑说："表弟啊，你怎么敢干这事呢？商场上的事可不是你们搞研究的人玩的，里面的水深着呢。"

王传福说："我这是做一件大事，再不做，外国人就会把我们的市场占了，到时没有任何发展机会了。"

吕向阳沉思了一下，说："你要借多少钱啊？"

"两三百万吧。"

这笔钱对于当时的吕向阳来说，也不是小数了。他对王传福说："你还是做国家干部吧，操那份心干吗，职业稳定，前程远大。你要知道，你现在作出的这个决定万一是错的呢？我借给你的钱万一全亏进去了呢？你就是下辈子也还不清了。"

想不到王传福霍地站了起来，激动地说："表哥，我现在已经辞职了，现在是有钱也得干，没钱也得干。我研究电池十来年了，这次日本放弃生产镍镉电池，对中国来说就是一个大机会，我一定要抓住这个机会。你可以不相信我的人品，但你一定要相信我的眼光，相信我在这一行研究了那么多年，这是一个正确的选择，现在面临一个千载难逢的机会，不可错失！千万不可错失！"

王传福铿锵有力的话让吕向阳心有所动，久经商海的他在王传福身上看到了自己以前辞去银行工作，下海创业的劲头。此时的吕向阳恰恰是更相信王传福的人品，而不是眼光。他知道这个表弟一向踏实，能做出这样的冒险行为，说明他是经过了反复考虑的。

于是，吕向阳说："传福，我先考虑一下，虽然我手头上有点钱，但是这对我来说也不是一笔小数目,要冷静地想想。"

随后,兄弟俩又交流了几次,吕向阳仔细地问了项目的情况。经过反复考虑,吕向阳最终下定了决心:"我仔细考虑了一下,决定借给你250万,你好好干吧。"

王传福闻言大喜,经过不懈的努力,命运终于向他打开了一扇大门。

自此,王传福的创业正式拉开了序幕。

当然,吕向阳对王传福的投资,虽有点亲情的成分,但也是以追逐利润为目标的。最终,他的这笔投资获得了数倍于250万元的回报。对于精明的吕向阳来说,更重要的一点是通过这次对王传福的投资,他看到了高科技公司存在着的巨大潜力。于是他的融捷公司其后也开始了战略转型,由传统产业经营逐渐过渡到以专业投资为主,变成了融捷投资管理公司。这个转变无疑是成功的,到2001年,融捷集团产值已达30亿元人民币,吕向阳也跻身于全国百富榜中。所以,吕向阳果断投资王传福一事在企业界成为一段佳话,因为这笔投资,吕向阳成就了王传福,王传福也成就了吕向阳。

1995年2月10日,潮湿温暖的东南风吹开了深圳街道上的鲜花,吹绿了树木,新的蓬蓬勃勃的春天悄然来到了。王传福与20个创业伙伴,在深圳莲塘租用了一个简陋的厂房,比亚迪怀胎十月后,正式诞生了。

只是,比亚迪在莲塘待的时间很短,不久,他们就迁到了深圳的布吉。

3. "比亚迪":一个玩意儿的诞生

深圳的布吉镇素有"广东第一镇"之称,它位于深圳北大门,是深圳最具城市化水平的城镇,以"绿色、科技、都市"为特色,现在是深圳有名的高新产业区。

王传福在布吉安营扎寨后，开始招兵买马。当时的深圳市场已经很成熟了，人才资源丰富，来自天南地北的青年都来这里淘金，王传福很快就招到了20个年轻的人。这其中就有后来成为比亚迪副总裁的孙一藻。

1990年，孙一藻毕业于江西广播电视大学，毕业后在江西铜业上班，这是一家有名的国企。国企的生活一般都比较安稳，缺少更多的激情，这对渴望充满激情生活的孙一藻来说，是无法忍受的。由于一时又没有找到什么好的出路，他不得不窝在单位里过着昏昏庸庸的日子，这一待就是四年。

1994年10月，王传福刚想创业的时候，打电话给孙一藻："一藻，我和几个朋友想出来创业，现在，资金问题是解决了，你看有没有兴趣到深圳来一起干。"然后，王传福给他介绍电池行业的前景，介绍了自己的打算。末了，王传福又说，"我们很需要一个对设备与机械有一定经验的人，我们觉得你很合适。你好好考虑考虑吧。"

孙一藻听了王传福的话后，心里又高兴又担忧，高兴的是终于有机会出去了，开创一片新天地；担忧的是万一创业失败了，自己再回到原单位上班，那丢人可丢大了。至于王传福的人品与能力，孙一藻并不担心，之前他们接触过，孙一藻心里有底。思考了几天，孙一藻决定放手一搏，下海闯出一片天地来。

很快，他就给王传福回电话说："我想好了，我们就一起干吧！"

当王传福选定深圳布吉为工厂基地的时候，孙一藻很快就办妥了辞职手续，来到了深圳布吉，加入了比亚迪的阵营。一进入比亚迪，他就被委以筹备镍电池生产设备的重任，同时还要负责材料采购、设备制造和管理等任务。

刚创业的时候，王传福还认识了他事业中的另一个重要合作伙伴——夏佐全，他是仅次于吕向阳的投资人，后来成为比亚迪的第三大股东。

夏佐全是湖北人，1983年在湖北保险公司负责财务管理工作，1992年开始从事证券投资业务，并先后创办了晨鸣信息有限公司、武汉创景科技有限公司。夏佐全是中国证券业比较早的从业人员，对于资本的运作比较理解，可以说是中国较早具有风投意识的人。

在王传福谋划创业的时候，一次他和夏佐全一起聊天。谈着谈着，王传福就说到了自己的创业计划，并说到了二次充电电池的巨大市场前景。王传福对于市场的观点引起了夏佐全的强烈兴趣，他不断地要求王传福"接着说，接着说"。直到后来两个人越谈越有兴致，竟彻夜长谈了两个晚上。那时的王传福也顾不上什么商业机密了，把自己的全部想法和盘托出，告诉了夏佐全。

共同的理想使得两个人走在了一起，不谋而合的意念吸引开始产生了化学反应。听了王传福的分析之后，夏佐全陷入了深深的思考之中，他开始收集资料，研究电池市场的前景。他在做决策，要不要投资给王传福的比亚迪公司？经过一段时间的调查与了解，夏佐全作出了人生中的一个重大决定，巨资投向比亚迪！

当夏佐全笑着把支票交给王传福的时候，他根本没有想到，这笔投资会在若干年后带给了他如此巨大的回报。

20个人的比亚迪，在当时的深圳与千千万万的新兴小企业一样，柔弱但充满活力，简单而又富于激情。

创业是艰苦的，当时大家的吃、住、工作都挤在一起。刚创业的时候，人员缺乏，王传福与管理人员大多数时候都在公司里，即使晚上也是如此，困了就趴在办公室里休息一会儿，打个盹之后继续工作。有的时候晚上睡觉则一字儿排开，鼾声此起彼伏。到了夏天，南方的气候闷热异常，工厂里像是一个蒸笼，散发出热气，难于入睡。可大家都没有怨言，经常是通宵达旦地加班，为比亚迪的发展努力着。

王传福的爱人李绍华生女儿的时候，正是比亚迪电池开发的关键时期，王传福甚至没有时间陪着妻子待在产房，也没有时间看到女儿的诞生，直到女儿出生后好几天，他才匆匆忙忙地赶到医院看了看自己的宝贝女儿，享受了短暂的天伦之乐。

创办比亚迪不久，王传福就把自己对未来的规划开始形成明确的计划，他希望自己的公司就像一辆刚刚启动的火车，沿着计划的铁轨稳健而高速前进。

事实证明，王传福的眼光非常精准，比亚迪投产后很快就开始了赢利，进入了良性循环之中。半年后，比亚迪就开始壮大了，从最早的20人变成了300人，扩大了整整15倍，比亚迪副总裁吴经胜就是这个时候进入比亚迪的。那个时候，吴经胜已经看到了王传福对于未来的规划——企图利用中国巨大的人力资源异军突起，这让吴经胜心中十分震撼，觉得比亚迪是一个有大理想的企业，值得留下来看一看。

而王传福跟吴经胜谈完话之后，只说了一句结束语："你就留下来一起干吧！不必有顾虑。"于是，吴经胜就留下来了，直到现在。

1995年9月，因产能扩大，比亚迪从布吉迁住龙岗政华第六科技工业城。公司扩大后，王传福更忙了，经常工作到凌晨一两点钟。一个周末的深夜，品质部的管理人员肖平良发现一个问题，电池正极材料附着不到新买的镍网上，如果不马上解决会影响到产品的质量，可是，这又不是自己能解决的问题。

想了一会儿，肖平良试着打电话给王传福的办公室，看老板在不在。电话响了两下后就被接了，里面传来王传福略微低沉的声音，"你说，有什么事？"

肖平良没有想到王总在办公室，惊讶之余，把事情告诉了王传福。王传福觉得事情重大，听了汇报后，说："我马上到品质部来。"

很快，肖平良就看到戴着一副略为夸张的大眼镜的王传福快步走进了品质部。了解清楚情况后，王传福当场就开始了讲课，从电池的构造到镍网的性能与作用，整整讲了有一个多小时，直到把原理以及改进方式讲清楚才走。而肖平良也没有想到，一个作坊式的老板竟然对行业技术这么精通,不由得肃然起敬。自此,他也坚定了留在比亚迪的信心。

1998年,随着手机、相机等电子器件的普及,电池行业的竞争开始加剧,呈现出白热化的趋势。王传福看到,谁能把成本降下来,谁就能突出重围进入蓝海。经过考虑,他决定用钢带替换一直沿用的镍网,减少成本。于是,他成立了技术攻关小组,任命肖平良为组长。

小组成立后,王传福对肖平良说:"你现在是一个专家了,我要求你们在尽可能短的时间内拿出解决方案,越快越好。"

肖平良点点头,说:"你放心,两到三个月时间一定出来。"

肖平良接到任务后,带领技术攻关小组全力以赴,两个月内拿出了方案,并很快应用到了生产线上,取得了成功。新工艺把开口化成工艺变成封口化成工艺,这次技改在比亚迪电池发展史上是一个里程碑,为比亚迪突出重围奠定了重要基础。

BIYADI

BIYADI ZHENXIANG

第三章

成本的胜利

麦克尔·波特在其竞争理论中说：一个企业要在市场竞争中取得优胜地位，有三种战略可供选择——最低成本、差异化营销、市场集中。其中，成本又被置于首位，足可见其在商场中的重要意义。

在今天的商战中，企业围绕着成本创新，又产生了不少模式，如 DELL 的直销模式，三星电子的"规模经济"，LG 六个标准差的方法，丰田"合理性"生产方式等，都属于成本创新。而财力窘迫的王传福更是在相关理论的基础上，紧贴自己实际，创造出了独特的"人力流水线"方法，为初生的比亚迪注入了奇异的成长激素。

1. 奇怪的"人力流水线"

20世纪90年代中期，充电电池已经兴起，主要有镍镉电池与镍氢电池，且市场的规模还在不断扩大。应该说，最早吃到这块蛋糕的是日本的三洋、索尼等日系厂商。

1992年，日本三洋公司每月生产的镍氢电池达到了200万只。而整个日系厂商更是控制了全球90%以上的电池市场。为了保持自己在技术上的优势，维系垄断地位，日本政府甚至禁止出口充电电池技术和设备，以图形成技术上的壁垒，阻止欲图进军电池领域的他国厂商。

在中国国内，电池市场则呈现出了游兵散勇的状态，虽然国内做电池的工厂很多，但是大都小打小闹，没有什么大的想法，很多都是想在电池浪潮中捞一笔就走。当时，深圳也有很多手机电池生产小厂，他们多采用组装的方式，即从日本或国外买来电芯，然后进行简单的加工生产，基本上没有什么竞争力。

电芯是电池的心脏，这是最有技术含量的部位。一般来说，电池是由电芯、保护板、安全阀、铝壳或铁壳、外部壳体等组成的。其中，电芯是储存电量的主体；保护板是保护电芯的装置；安全阀则可以保持电芯内部压力、防爆，安全阀一旦打开，电池就作废了；铝壳或铁壳是装电芯用的；外部壳体则起着包装的作用。

刚成立的比亚迪选择的业务方向就是二次充电电池的委托加工（OEM）市场。但是与一般厂商不同的是，做技术出身的王传福一开始就把目光投向了电芯的生产，因为这是电池中技术含量最高，利润最丰厚的部件。

电池专业出身的王传福不怕日本人的技术壁垒，正如他后来所说的

"一切技术都是纸老虎"。在他的眼里，意味着技术壁垒一捅就破。

打破技术壁垒的封锁，意味着自己掌握了主动权，具有了独立的能力，就不会被别人所挤压。从小就失去双亲的王传福把自己性格上的独立气质开始注入年轻的比亚迪血液里。后来，王传福的这种独立基因不断生长，繁衍，强化，成了比亚迪与众不同的企业文化核心。

当时的日本镍镉电池生产线需要几千万元的投资，而王传福向吕向阳借来的区区两三百万，还不够买一条生产线上的某个部件。虽然日本宣布将不再生产镍镉电池，但是即使购买日本淘汰的生产线也还是不行。因为王传福不想受制于人。

那么，如何捅破这层窗户纸呢？

王传福找来了负责镍电池生产设备开发的孙一藻，用技术人员惯有的冷静语调说："一藻啊，镍镉电池是一定要上马的，当前面临不少困难，购买设备的话，钱不够，咱们商量商量怎么办？"

孙一藻看着略显憔悴的王传福，说："我觉得可以采用整合的方式，自己生产一部分，交给别人生产一部分，然后我们一起来组装。"

王传福摇摇手，说："这个方法不可取，一定要自主生产。"

"那就把生产的环节分解，一个小组负责一个部分。"

这句话让王传福一振：是啊，可以拆解开来，不过不要一个小组负责一个部分，而是一个人负责一个部分，采用人力加设备的模式进行。

王传福笑了起来，说："你这个方法很有意思，化整为零，再化零为整，主要利用人力资源便宜的优势。"

孙一藻说："对啊，中国的人力资源便宜，这是一个优势，外国人不具备的优势，何不把它用好？"

王传福点点头，开始算算成本账，这一算让他心里大喜。正如他后来所说："一套进口设备20万美元，按60个月折旧计算，一个月是2万元，如果这笔钱用来雇佣工人，2万元可以请多少个人，十几个人还顶不上一个机械手吗？"

比亚迪真相
BIYADI ZHENXIANG

事实上，如果按1995年《广东省企业职工最低工资标准》计算，2万元一个月可以请将近一百个员工。当时广东省企业最低工资标准划分为五类：一类为每月320元；二类为每月280元；三类为每月250元；四类为每月220元；五类为每月190元。

通过成本核算后，王传福看到了巨大的商机，决定实施人海战术，用人力的方式来进行电池加工。他把电池的制作分解成几个环节，一些关键的设备，则由自己来制造，然后组成一个人力的流水线，就这样组装出整个电池。这条人力的流水线，从原料到生产全部由自己完成，而且成本比市场上要低很多。自此，"人手加设备等于机械手"的模式便初步确定下来了。

很快，这条人力流水线就建起来了，日产镍镉电池4000个。

人力流水线建成后，王传福核算了一下成本，只花了100多万元人民币。这样算下来，比亚迪生产的电池成本要比日本的电池便宜40%，展现出了巨大的成本优势。

这一次流程创新的成功让王传福尝到了甜头，他命令孙一藻要时时刻刻有创新意识，无论哪一个环节都要考虑有没有改进的地方。

接到王传福的指令之后，孙一藻感觉到了压力重重。起初他觉得创新很简单，比如做个混料机，无非是把马达、控制电源和变速箱进行组合。但他很快就发现，自己必须尽快成为一个电池行家才能懂得如何创新，朝什么方向创新，因为电池的特性决定了各种设备必须加以创新、改进，否则改进的设备固然廉价，但毫无用途，更产生不了价值。

流程创新带动了比亚迪装备制造的创新，并向材料创新、工艺创新等核心创新领域纵深推进。比如在生产镍镉电池时，比亚迪需要用到大量昂贵的镍片。在整个镍镉电池成本中，镍片成本占据大半份额。如果能找到取代镍片的方法，无疑可以大幅节减成本。为此，比亚迪不断研发和实验，终于找到代替镍片的办法——通过改造电池溶液的化学成分，镀镍片也可以代替镍片使用而不被腐蚀。仅此一项改进，比亚迪就砍掉了单项原料成本的90%，大大提高了比亚迪在电池行业中的竞争能力。

还有一次，王传福看到制造镍镉电池所需要的材料钴，采用国外的价格昂贵，但如果采用国内的又达不到技术要求。为了更好地整合产业链，比亚迪与深圳的一家工厂合作，王传福要求技术人员利用自己的优势帮助这家公司搞技术创新，提高国产钴的品质。经过一段时间的攻关，品质果然上去了，达到了标准。这一材料的替换又使得比亚迪相关产品的成本降低了40%。

自此，比亚迪燎起了自主创新的星星之火，各式形形色色的、叫不出名字的，但能解决实际问题的特殊设备层出不穷。即使到了今天，比亚迪各个工厂里仍大批使用着那些非标准的、半自动化创新设备。

随后，创新已然成为比亚迪的一种企业文化，持续不断地推动着比亚迪脱颖而出，不断地超越其他的电池厂商。

2. 靠人力的"高新科技公司"

就是凭着"小米加步枪"的战术，王传福带领自己的团队——解决了技术障碍，开始大干起来。虽然镍镉电池与镍氢电池相比，属于全球电池业中较为落后的产品，但是在新兴的中国大市场中，依然是一个有着巨大前景的产业。而比亚迪的生产车间也开始轰轰隆隆地运转起来了，虽然简朴，甚至有点脏兮兮，但是朝气勃勃。

与日本相比，比亚迪的厂房可以用"简陋"二字形容。日本的电池生产厂家，有宽大的厂房，光亮的全自动流水线，工人们走进生产车间之前，先要沐浴，吹干之后穿上净化服走进车间，然后操作着先进的自动化设备。日本厂商的很多工序都要靠着机械手来完成，整条生产线人员往往不会超过20人。而王传福觉得那是浪费，抬高了成本，况且根据目前的实情，自己也做不到这一点。

　　反观比亚迪的厂房则是另一种景象。在比亚迪的厂房里，有很多的流水线，每一条流水线长约六十多米，密密麻麻地坐着四五十名员工，他们统一穿着蓝色的工装服，手脚麻利地做着机械性的工作。他们的手里有比亚迪自主设计的各种规格的工具，帮助他们准确地完成点焊、检测、贴标签的工作。工人都实行按件计酬的制度，每完成一个合格的电池制作环节就可以多得一份钱，所以工人们的速度非常快，看上去眼花缭乱。

　　这样的场面俨然是劳动密集型加工场，王传福把"知识密集型的产业"变成了"劳动密集型的产业"，以至于被业界戏称为"劳动密集型的高新科技公司"。

　　然而，王传福的这一适合中国国情的变革，大大削减了成本，成为比亚迪叱咤市场风云的上方宝剑。通过营销部门的努力，以及代理商的推荐，比亚迪在电池低端市场步步为营，攻城略地。1995年，比亚迪的镍镉电池卖出了3000万块。作为成立仅一年的新公司，这样的成就是骄人的。比亚迪全年的业绩也得到了投资方吕向阳与夏佐全的肯定，这为他们后来增资扩容奠定了基础。

　　产销两旺的局面让王传福深受鼓舞，也让刚刚启动的比亚迪开始呈现出加速前进的状态。但是，急剧扩张的产能也凸现了比亚迪的人才瓶颈。由于比亚迪刚开始招的多是文化程度较低的员工，缺乏中高层管理人才的劣势开始显现，仅靠王传福与孙一藻等人，管理上已然力不从心了。

　　一次，王传福给夏佐全打电话的时候，说起了管理上的事。夏佐全建议他到大学里去招一些人，并说"公司大了，就得招聘一些高级人才，管理才能跟得上"。

　　王传福说："是啊，现在管理上还没有形成自己的体系，确实需要招一些水平高一点的人进公司。干脆到北大清华去招人。"

　　王传福的话让夏佐全一振，觉得他的思维真是不一样，胆大敢为。要知道当时的比亚迪刚成立才一年多，根基尚且不稳，会有北大的学生来应聘吗？其次，1995年的中国不像现在，大学生毕业后工作还有分配，社会风气崇尚进国家机关或者国有企业，对于民营企业还抱有偏见，认为是不好的大学生才会进入民营企业工作。直到1999年后，高校扩大招生规模，取消了大学生分配政策，就业越来越难，进著名民营企业、进外企才在大学校园里成为一种时尚。

听了王传福的话，夏佐全笑了笑说："那你要做好坐冷板凳的准备了。"

王传福也知道进北大招人的难，笑笑说："不怕！网下去了，总会有鱼上来的。"

果不其然，比亚迪第一次进大学招聘的情况并不好，局面直到1998年时才有所改观。

1998年，比亚迪开始大规模地在大学校园里招聘，王传福亲自带着人力资源部的人来到了北大，打出了"比亚迪诚招天下英才"的口号。

北大是国内著名学府，汇集了全国各地的精英，绝大多数北大的学生不担心能不能就业的问题，而是担心到哪里就业的问题。比亚迪进入北大后，虽然参加了北大的校园招聘会，但是因为北大的人并不熟悉这个来自南国的民营企业，加上那时的比亚迪也还只是芸芸众企中的一个不起眼角色，所以应者寥寥。

趁不忙的时候，王传福则去拜访他的导师和北京的旧同事，让人力资源部的人先守着。两三天过去了，才有几个学生投简历过来，人力资源部的人坐得屁股都发冷了。一看王传福回来，不好意思地说："王总，北大的学生眼界还是高啊，投简历的不多。"

王传福笑笑，说："没有关系。这样吧，把那些应聘的人叫过来，我请他们吃一次饭。"

第二天，人力资源部的人便去通知应聘的学生，并安排好饭局。接到通知的学生挺奇怪的，从来没有这样应聘过，一边吃饭一边面试。但是，有饭吃，大家还是过来了。

比亚迪真相
BIYADI ZHENXIANG

当夜华灯初上的时候，在北大附近的一家酒馆里，饭桌上摆满了菜肴，王传福举起酒杯，对前来应聘的人说："今天，咱们相聚一堂，交个朋友，很高兴与你们这些北大的精英认识，也希望你们能加盟比亚迪。"

开场白说完以后，王传福介绍了一下自己的公司。为了给学生增加亲切感，他还介绍了自己在北京学习与工作的经历。

比亚迪的发展与王传福的经历引起了一个叫夏治冰的人的兴趣，他问王传福："你准备把比亚迪发展成什么样的企业呢？"

"比亚迪的发展现在很迅速，要发展到什么样的程度，目前难于预料，但是有一点很明确，我们不断地树立目标，完成超越，前一两年我们的目标是超越香港的超霸，现在已经快了，接下来我们要超越三洋、索尼，那是日本著名的企业。"

夏治冰说："三洋我知道，那可是一家大公司。三洋电机很有名。"

聊开了之后，夏治冰认为王传福是一个外表冷静但是内心充满激情的人，敢想敢干，充满着冒险精神。王传福的这种精神对于大学生们来说是比较有吸引力的，尤其是对于男大学生。夏治冰考虑再三，觉得跟着王传福会很有前途，于是决定加盟比亚迪。

这顿饭局之后，比亚迪只收获了一个人，就是夏治冰。那一年，他从北京大学金融专业毕业。

夏治冰进入比亚迪的第一个任务是为锂电池事业部寻找 20 万元的贷款，通过自己的辛苦努力，他成功了，并很快获得了晋升。

夏治冰是幸运的，仅仅四年后，随着比亚迪的高速发展和在香港上市，他成为公司里"百万富翁"中的一员。2004 年，28 岁的夏治冰成为中国最年轻的销售公司总经理之一，现在则已成为比亚迪副总裁，管理着全球最大的锂电池制造企业。

1998 年以后，应届毕业生开始以每年翻几番的数量进入比亚迪。到 2006 年，毕业生的招聘数量已达到了 4000 人，这时鲜有人能达到夏治冰的程度了。真可谓风险大机遇大，求职似乎也是一样。

对于人才的使用与管理，王传福说过这样的一句话："在比亚迪，人是每一个关键节点、每一种战略打法的最终执行者。对工人，高压、高薪的结合可以对效率起到立竿见影的作用，但对于知识结构高、价值观和自尊心都很强的工程师，这一套是行不通的。只有通过建立文化认同感，让他们追随你的理念。"

1998年这一年，比亚迪已拥有了三千多名员工，由于采用劳动密集型的方式来经营，人员变动频繁，需要大量的员工，人力资源便成为困扰比亚迪的一大难题。这时，刘焕明便进驻到了比亚迪人力资源部。此后的时间里，他为解决比亚迪的人力资源问题立下了汗马功劳，并一手构建了比亚迪人力资源管理体系。如今，刘焕明已掌位于比亚迪人力资源总监的位置。

3. 初期的野蛮生长

1995年下半年，比亚迪获得了一个机会，把自己的产品送给中国台湾最大的无绳电话制造商大霸试用。

大霸是当时台湾著名的企业，上市公司，以生产通信产品为主，为多家国际巨头代工，如朗讯、摩托罗拉、爱立信等企业，已生产了8000万多部有线、无线通信终端设备。大霸公司领导人叫莫浩然，也是一个富有传奇色彩的人，他有一套名为"寒带树木哲学"的理论。该理论的主要观点是：寒带树木成长缓慢，却可以存活百年以上。所以，不要在乎发展有多快，而是要求得稳健，每年都实现增长；每天按部就班，总有一天可以做到世界第一。

只是，后来的事实证明，莫浩然忘记了这个理论，他变得急于求成，操纵自己公司的股价，弄得大霸的股价上蹿下跳，最后东窗事发，被捕入狱，大霸集团也是一落千丈，日渐式微。

1995年的大霸正如日中天，当不起眼的比亚迪把产品送给大霸质检部门的时候，他们的检测结果大出意料，比亚迪的不仅品质优秀，而且价格低廉。大霸的采购部门琢磨了半天都想不明白，为什么比亚迪的产品产品性能这么好，还比日本三洋要便宜许多？琢磨归琢磨，生意归生意，只要采用比亚迪的产品能增加自己的利润，何乐而不为呢？于是，1995年底，大霸就毫不犹豫地把订单给了比亚迪。如此一来，比亚迪全厂的人都振奋了，这个大订单不仅可以保证工厂的生产正常有计划地开展，更是改变了比亚迪以前靠小订单生活的窘境。

大霸给比亚迪的订单是为美国朗讯做电池。朗讯是全球电信巨头，主要经营各种通信设备，如电话、手机、网络等。"阿尔卡特"手机就是他们的产品。朗讯具有雄厚的研发实力，背后是全球鼎鼎有名的贝尔实验室，这个实验室的科学家曾获得2009年诺贝尔物理学奖。能够为朗讯做电池，成为他们的间接供应商，这也表明比亚迪的产品质量上了一个新的台阶。

随着比亚迪的产能进一步扩大，不得不急招了一批人进厂里工作。1996年、1997年这两年，比亚迪都在扩张中度过，招聘新人，培训新员工，厂房调整，设备调整等等烦琐的事件让王传福忙得连轴转。比亚迪的电池产量则呈现出直线上升趋势，1997年生产的镍镉电池销售总量已经达到了1.7亿块，排名上蹿至世界第四位。

看着事业一日胜似一日，虽然辛苦，但王传福每天都神采焕发。信心大增的他，在分析了电池发展形势和企业的发展形势后，认为自己已经在镍镉电池站稳了脚跟，要进军镍氢电池了。

在此，有必要了解一下镍氢电池与镍镉电池的区别。这两种电池相比较，镍氢电池更环保也更耐用。

虽说镍镉电池具有良好的大电流放电特性、充放电能力强、维护简单，但是，镍镉电池却有个最致命的缺点，在充放电过程中如果处理不当，会出现严重的"记忆效应"，使得使用寿命大大缩短。所谓"记忆效应"，就是电池在充电前电量没有被完全放尽，久而久之会引起电池容量的降低。用户在使用镍镉电池的时候，因为镍镉电池的记忆效应比镍氢电池严重，所以必须在完全没电时才可进行充电，以确保电池的使用寿命。

此外，镉是有毒的，因而镍镉电池不利于生态环境的保护。正是这众多的缺点，使得镍镉电池已基本被淘汰出数码设备电池的应用范围。

而镍氢电池在记忆效应与毒性上则好得多。不再使用有毒的镉，可以消除重金属元素对环境带来的污染问题。据测定，镍氢电池的能量密度比镍镉电池大，其容量约为镍镉电池的数倍；另外，它具有同镍镉电池一样的1.2伏电压，及自身放电特性，可在一小时内再充电，内阻较低，一般可进行500次以上的充放电循环。镍氢电池还有一个优点：大大减小了镍镉电池中存在的"记忆效应"，这使镍氢电池可以更方便地使用。

此外，镍镉电池的循环使用寿命在300～700次左右，镍氢电池的可充电次数一般为400～1000次。这对于电池用户来说，也是一个很大的优势。

从上面的数据与分析上来看，镍氢电池迟早是镍镉电池的替代产品，技术上的优势迟早会把镍镉电池打入冷宫。

所以，王传福生产镍氢电池的决定得到了比亚迪管理层与客户的欢迎。自此，比亚迪两种电池齐头并进，生意越做越大，一切都呈现出蒸蒸日上的势头。

这期间，中国经济呈现出冰火两重天的景象，一边是国有企业积弊颇深，亏损企业以年均14.2%的速度增加；另一边是民营企业经历了从萌芽到生长的阶段，开始进入爆发期。

这一期间，一些剑走偏锋的民营企业表现可以用疯狂来形容，如秦池酒厂以3.2亿元人民币力夺中央电视台的广告"标王"。面对媒体"怎么报出了3.2亿元的数字"疑问，当时的秦池老总姬长孔说，这是他手机号码的数字。然后，他在北京梅地亚宾馆骄傲地向台下的企业家们说："今

比亚迪真相
BIYADI ZHENXIANG

年，我们每天要向中央电视台开进一辆奔驰，争取每天开出一辆加长林肯。"而广告深入全国各地的三株口服液则向全国宣布，1996年的增长速度要达到400%，销售额要达到100亿元。

不仅如此，疯狂火热的商业环境也烧得部分政府部门失去了冷静，提出要重点扶持宝钢、海尔、华北制药、江南造船、长虹、北大方正这六家企业，让它们进入世界500强。自此，进入500强就似乎成为了中国企业家的一个情结。有评论说，在那个疯狂的时代，数字已经变成企业家的梦幻符号，而不是用来反映客观真实，颇有"大跃进"时人有多大胆、地有多大产的豪情。

疯狂的1996年也让王传福受到了某种感染。其实，王传福本来就是一个怀着大理想的人，在这种时代情绪的影响下，思考企业如何做得更大，如何保持长期高速增长的态势，就像他后来所说的"比亚迪习惯了100%的增长速度"一样。没有这个增长速度反而觉得那是不可思议的事。

如果要做大做强，就必须保持技术上的先进性；要保持技术上的先进性，就得像朗讯、微软一样，建立自己的研究院，把本专业最好的人才汇集在研究院，掌握各种不同的信息，建立快速的反应机制。王传福深深地知道这一点，他想来想去，由谁来组建自己的研究院呢？

他想到了自己的同学李维。李维是王传福就读中南矿冶学院本科时的同班同学，而且同一个宿舍，李维从中南矿冶学院毕业后，考入了该校的冶金系，先是硕士后是博士，博士毕业后，进入兰州大学当了一名大学老师。

王传福给李维打电话，寒暄了一下后，介绍了自己的想法，说："李维，你在大学也难于把自己的所学转化为实际的产品，转化为生产力。不如到我这里来做研究院，由你来领导。"

李维说："我是以研究材料见长的啊，对电池还不是很懂。这方面你比较厉害。"

王传福说："这方面你是很快的，我们都在一个宿舍待过，我知道你的能力与水平，你做事的风格我也清楚。"

李维哈哈一笑，说："这个事我得考虑清楚，不能马虎。"

王传福呵呵一笑，说："你就帮老同学一把，现在的国际市场竞争，要学会用全新的思考方法思考问题，角力不如角智，比价格不如拼技术。比亚迪的发展需要你和我一起努力。"

李维还是说："这个还是要考虑考虑。"

王传福深知技术人员都是很理性的，说："你考虑考虑吧。反正我的人品性格你也清楚，就不多说了，你考虑清楚了给我回个话。"

"好，我好好思考一下。"

过了几天，王传福又给李维打了一个电话，两个人交流了一下，这次坚定了李维下海的决心。李维知道，读大学的时候王传福这个人就不喜热闹，但勤于思考，又喜欢沉下心来做事。可以确信的一点是，比亚迪这个平台可以将技术直接转化为市场效益。这对于一个研究人员来说算是最重要的事了，也是技术开发人员的价值所在。

对于王传福来说，公司骨干都知根知底，做事就会彼此信任。高层的稳定可以使比亚迪延续自己的发展思路，避免人为的障碍，从而实现大发展，大跨越。

李维接受了王传福的邀请，来到了比亚迪组建研究院。后来，研究院随着比亚迪一起成长，越来越大。现在的比亚迪有中央研究院、通信电子研究院以及汽车工程研究院，有上万名工程师云集于此，专门负责生产设备及生产工艺的研发，拥有可以从硬件、软件以及测试等方面提供产品设计和项目管理的专业队伍，拥有多种产品的完全自主开发经验与数据积累，并逐步形成了具有自身特色和国际水平的技术开发平台。

研发人员为比亚迪提供了强大的技术支撑，其强大的研发实力是比亚迪迅速发展的根本，保证了比亚迪起步比别人晚，却跑得比别人快的目的。

如今的比亚迪的工程师可以自豪地对外宣称："我们从不对核心技术感到害怕。别人有，我敢做，别人没有，我敢想。比亚迪每个部门遇到问题，我们都会说，你解决不了，不是因为没有能力，而是因为你缺少勇气。"

BIYADI

BIYADI ZHENXIANG

第四章

从危机走向蓝海

经济运行中有一种规律性的危机——金融危机。最近一次的危机就发生在2008年，目前仍未根本解除。如果说这种危机如同大海中的风暴，那么企业便是风暴中的船。每当此一危机降临之时，优秀的企业领袖就能化危机为契机，故强者存留，弱者即被淘汰。

刚过初期成长的比亚迪，很快就面临了一次席卷整个亚太地区的金融风暴潮。作为比亚迪的舵手，王传福靠着自己的智慧带着比亚迪驶离了风暴区，甚至将危机变成了令国际对手也吃惊不已的发展良机。正如他事后所说："企业经营就像开车，你是拿方向盘的人，开车的时候必须用自己的眼睛看准前方，不能把自己的眼睛蒙上听从别人的指挥，否则不仅速度慢而且还很危险。"

1. 1997年：比亚迪之生或死

弹指一挥间，转眼就到了1997年，比亚迪三岁多了。王传福想起创业的艰难，似乎就在昨天，看着这个呱呱长大的孩子，年销售额已超过了亿元，他无比幸福。然而，像所有人一样，他也没有想到一场风暴正在降临，直至席卷整个亚洲。

这一年，对于中国人来说是痛苦与光荣交织的年份。此年的2月19日，伟大的政治家、改革开放的总设计师邓小平永远合上了双眼，无数国人陷入一片悲痛之中。王传福便是其中的一位。任何人与任何企业都是时代的产物，这是逃不了的宿命。而事实上，如果没有邓小平开创的改革开放政策，没有国家对民营企业的支持，肯定诞生不了比亚迪。

同年2月，美国金融大鳄索罗斯瞄准了经济过热的东南亚。经过分析，索罗斯的量子基金悄悄地陈兵泰国，经过短暂的布局后，开始抛售泰铢，瞬间即搅得泰铢上蹿下跳，步步下滑。泰国政府紧急动用了50亿美元资金阻击汇市，但是仍挡不住汹涌的抛盘，汇市加速下滑，整个夏季，炎热的泰国汇市却一片冰凉。到了7月2日，顶不住的泰国政府不得不放开汇率自由浮动，结果一天之内泰铢便暴跌20%，银行破产，工厂倒闭，泰国的经济一落千丈，而索罗斯则大获全胜。

相对于水深火热之中的泰国，中国仿佛正处于盛世美景之中。

1997年7月1日，香港回归，中国所有的媒体都围绕着回归这个主题来做文章。从没有经过经济危机的中国对于泰国的危机似乎没有放在心上，当时新华社的《参考消息》也只用了一两百字的短消息介绍了一下，更像是例行公事而已。

但是，泰国的危机很快就引发了多米诺骨牌效应，亚洲各国相继陷入

第四章
从危机走向蓝海

了危机之中。初战获胜的索罗斯乘机兴风作浪，一个国家接一个地进行攻击。泰国之后，他便横扫了菲律宾、印度尼西亚、马来西亚，之后，又兵临香港，企图掀起更大恶浪。然而，已经回归中国的香港政府果敢出击，索罗斯最终重挫而归。

尽管如此，大规模的金融风暴还是不可避免地爆发了，整个亚洲都处于这场风暴的旋涡之中。

比如亚洲四小龙之一的韩国。同年11月17日，韩元开始产生危机，对美元的汇率跌至低谷。韩元贬值冲击了韩国经济，不少企业都受到重创。过去10年来一直持续扩张的三星也被这股经济寒流击倒了，不仅仓库里堆积了总值20亿美元的电子产品，同时还深陷债务泥潭，负债最高时达到了惊人的180亿美元，几乎是公司净资产的三倍。这个1995年一度创下22亿美元利润纪录的三星电子，甚至被逼到了破产的边缘。同样，曾是中国企业界标杆企业的韩国大宇集团也遭遇重挫，借贷资金超过了200亿美元，弄得韩国银行看到大宇就心惊胆战，最终大宇因债台高筑不支，不得不在1999年破产了。

中国人在欢庆完香港回归后一看，目瞪口呆，怎么一夜之间世界就变了个样？周边国家一个个仿佛被战火烧过似的，满目疮痍？

尽管多个原因让中国躲过了那次洗劫，但是，唇亡齿寒，周边的国家都不行了，中国自然也受拖累，经济形势陡然陷入了低迷的困境。如同盛夏天里突降大雪，整个中国企业界似乎都处于哇凉哇凉的状态，酿成了人们所说的中国企业"崩塌之年"。

最早出问题的就是前文提到的雄心勃勃的秦池。1997年1月，《经济参考报》报道了秦池酒厂"白酒勾兑"的丑闻，秦池为了完成年销售15亿吨的任务，到四川收购劣质白酒进行销售。报道一出，秦池的销售便应声直下。年中的金融风暴发生后，秦池更是雪上加霜，年底的销售额下跌到了6亿元，已经连开支都不够支付了。

同样，三株的情况也好不到哪儿去。高速发展让它的管理一片混乱，

比亚迪真相
BIYADI ZHENXIANG

　　15万销售大军像蝗虫一样游走全国，四处乱飞。1997年上半年，三株遇到了十几桩"虚假广告"起诉案，销量大幅滑坡。年底，爆出震惊全国的事件，三株的产品"三株口服液"被常德法院认定为不合格产品，消息出来后重挫了三株。此时随着经济形势的恶化，三株开始走向了全面崩溃。

　　与此同时，巨人集团、太阳神、瀛海威、亚细亚等著名企业都走上了穷途末路，中国企业界人人自危，所有企业家都在思考如何面对这场危机，如何在危机中突出重围，赢得先机。

　　这一年，还是小企业的华为老总任正非也在危机中深谋远虑，正在制定后来影响深远的《华为基本法》。在《华为基本法》里，任正非提出三个带有哲学意味的命题：华为是谁？华为从哪里来？华为要到哪里去？1997年3月，经过八易其稿的103条《华为基本法》敲定，并印刷成册，这部凝聚着任正非商业智慧的小册子被视为中国企业的第一部管理大纲。

　　华为做大以后，任正非被中国的企业家视为偶像，王传福就是其中的一位崇拜者。华为与比亚迪相距不远，不过十几公里，同在一片蓝天下，王传福对于发展神速、狼性十足的华为技术有限公司，对于管理作风刚硬、具有先知气质的企业领袖任正非，心存敬畏，并借鉴了不少任正非的管理经验。从现在的比亚迪管理方式来看，有不少地方具有"任氏管理"的影子，最明显的一个例证就是军事化管理。

　　战场以成败论英雄，商场亦如此。大浪淘沙，一场金融风暴会筛选出谁优谁劣，谁强谁弱，对企业来说，风暴就像一场瘟疫，体质好的企业能存活下来，而体质弱的企业则不可避免地会一命归西。正如任正非所说："冬天的寒冷，也是社会净化的过程，大家想要躲掉这场社会的净化，是没有可能的！因为资源只有经过重新的配置，才可能解决市场过剩的冲突问题。度过这个最困难时期，转变将有利于我们，在迎接困难这方面，大家都要有共同清楚的认识，要一起来想办法。"

　　真正的英雄都善于从"危"中看到"机"，华为就是如此。1997年亚洲金融风暴的时候，恰恰就是华为发展最迅猛的时候。通过渠道创新，华为这一年的销售额达到了41亿元，同比增长60%。这个业绩在企业的崩塌之年尤显突出。

不过，由于受到危机影响，全球电池产品价格已暴跌20%到40%，日系厂商盈亏线持续紧张，比亚迪的增长势头也有趋缓的迹象，订单一度急剧减少。虽然根据当时的情况，比亚迪还可以保持高增长的态势，但是王传福已然意识到了必须居安思危，未雨绸缪，先做好防守很有必要。

那么，比亚迪应该如何抵御这场危机？用什么来抵抗这场危机？如何才能不让危机把幼小的比亚迪扼杀掉？又如何在这场危机中寻找到商机呢？王传福的大脑开始不停地思考着。无数个深夜里，他在自己略为凌乱的办公室走来走去，寻找解决与超越的办法。

这场危机还促使王传福思考更为深刻的问题。对于一个企业来说，创业难，守业难，知难不难。居安思危不仅适合于为人处世，同样适合企业管理。在任何时候，企业都要对经济全球化以及市场竞争的艰难性、残酷性做好充分的心理准备。这个世界的变化是很大的，唯一不变的就是变化。面对这样的变化，企业如果不能奋起，最终就是灭亡，而且灭亡的速度就在瞬间。

至于中国的中小企业，在生存与发展中要考虑哪些变化呢？王传福觉得应充分考虑环境的变化。考虑环境的变化要注意三点：一是看大环境，看全球经济的走势，中国经济的走势。比如当时所面临的正是亚洲金融风暴时期，因为风暴的影响，外国的订单下降，造成出口下滑，企业经营困难加大。二是看行业环境，行业发展到哪一步了，有什么新的迹象出现。三是看技术环境，技术往往是革命性的与颠覆性的，比如手机的出现就彻底把以前的BP机打趴在地了。

王传福先看环境变化再制订经营策略的思路，颇为符合日本著名企业家松下幸之助的"下雨打伞"理论。松下曾经说："下雨打伞就是经营。"这句话看似简单，却包含着深刻的经营哲学，其精髓合乎中国道家的"顺势而变"。松下幸之助的意思是凡是经营者，都必须根据天地之间的自然法理活动，这并不是什么深刻的道理，就如同下雨天打伞一样简单。下雨是天变了，所以得打伞。反之，天晴了，天也变了，所以得收伞。经营就是要不断适应环境变化，在不断变化的外部环境中，作出正确的判断，调整经营策略。

王传福觉得生存也好，变化也好，企业都要保持攻击性，以攻代守；攻击性的企业不断地调整自己，适应变化，抢占市场份额，只有这样才能取胜。

那么，王传福在1997年到底想出了什么经营绝招，去化解那场史无前例的亚洲金融危机所带来的企业风险呢？

2. 三年不鸣谋大局

面对愈演愈烈的金融风暴，面对红极一时的企业连续崩塌，王传福召集比亚迪管理层开会。会议一开始就很沉闷。南国的夏秋之交，正是气候复杂多变的时候，风雨不断，遮天黑地，沉闷的气息逼得人都喘不过气来。

王传福看着大家凝重的表情，笑了一下，说："怎么都不说话，不就是金融危机吗？怕什么，任何危机都有它的解决之道，危机过后就是契机，现在我们厂不是好好的吗？仍保持高速增长的态势。现在开会不是比亚迪出问题了，遇到危机了，而是召大家聚在一起，想想如何寻找战机，进一步把比亚迪做大。"

王传福几句话就把大家的心激活了。是啊，比亚迪现在不是好好的吗？怕什么！现在是寻找战机的时候。于是会议的气氛开始活跃起来。

孙一藻说："王总，我觉得我们可以了解一下以前一些大企业是怎么熬过金融危机的，他们的经营策略具有一定的参考意义。"

第四章
从危机走向蓝海

李维点点头:"对,比如日本松下、索尼、通用等公司,都是经过风暴历练的企业。不过,我觉得最有参考意义的是台湾的台塑企业,理由一是王永庆被企业界称为经营之神;二是他关于成本控制的'瘦鹅理论'与'冰淇淋理论'很符合比亚迪;三是台塑也是一个技术为主导的企业,而且也是一个从化工开始做大的企业。"

李维的话说得王传福一振,王永庆的大名听过,但是他的"瘦鹅理论"并不是很清楚。于是对李维说:"你详细说说他的这两个理论,看对比亚迪有什么参考作用。"

李维说:"二战时,世界经济不景气,在乡下做米和木材生意的王永庆发现,每户人家养的鸡、鸭、鹅因为没有粮食骨瘦如柴,卖不出去。同时,他还发现农民收割田里的菜后,把菜叶与菜根都丢在田里。王永庆动起了脑筋,把农民的瘦鹅都收购回来,然后把农人丢掉的菜叶与菜根捡起来喂鹅。几个月后,王永庆把养得肥肥胖胖的鹅再出售,结果即发了一笔小财。养鹅的经历给王永庆带来了一个重要启示:企业经营在不顺利时,要像瘦鹅一样能忍饥挨饿,只要企业垮不掉,一旦行业景气到来,企业就会像瘦鹅一样,迅速地成长壮大起来。'冰淇淋理论'是王永庆总结的一句话。卖冰淇淋必须从冬天开始,因为冬天顾客少,会逼迫你降低成本,改善服务。如果能在冬天的逆境中生存,就再也不会害怕夏天的竞争。如1978年的时候,世界爆发了第二次石油危机,美国石化企业纷纷倒闭、停工,王永庆决定趁美国经济不景气时出击,展开收购活动。不久,他在美国德克萨斯州兴建了大规模的石化工厂,并先后买下了两个石化工厂与8个加工厂,最后发财了。"

王传福听后,若有所思地说:"这两个理论核心归根结底是对成本的控制。对,成本是我们的优势,也是我们在市场上胜出的关键。我们应该把这个优势发挥出来。"

孙一藻说:"那我们就打一场成本之战,把日本的那些电池厂商彻底击败。"

吴经胜说:"除了成本控制,我觉得创新也是很重要的。成本的控制有一个底线,超过了这个底线大家都会受伤,还要有新的利润增长点,如果真打起了镍镉与镍氢的价格战,大家一起降价,那我们的日子也会不好过。要知道,日系厂商的资金实力是很雄厚的,不挣钱也可以扛好几年,而我们不行,虽然可以打价格战,但也要扛得住。"

不愧为知根知底的老员工,孙一藻与吴经胜的话都说到了王传福的心里,这正是他思考的问题,王传福心里甚感欣慰。

王传福对吴经胜说:"那么你觉得新的增长点在哪里,在锂电池吗?"

吴经胜笑了:"这正是我想要说的。对,就是锂电池!"

王传福笑笑:"咱们想到一块儿去了。"

然后,王传福转头对所有人说:"咱们办企业,首先要明白一点,你的市场是什么?你的客户在哪里?你的产品的竞争力是什么?这是一个企业人员,尤其是高层管理人员必须要思考的三个问题,如果这些问题解决不好,你的企业就不可能一日千里,蒸蒸日上。"

经过一番深入的讨论与分析,王传福的思路渐渐清晰起来,王传福觉得这一次要布大局,彻底击败日系厂商。最后,王传福总结道:"刚才听了大家的分析,很受益,让我的思路更加清晰了。现在金融危机的冲击正是最猛烈的时候,结合大环境的变化企业也得采取应对措施,才可立于不败之地。那么,危机之下,客户首先想到的是什么?很显然,降低自己产品的制造成本,增强产品的竞争力。那么,与其他的厂商相比,我们的优势恰恰就是成本这一点。所以,我们必须发动一场成本之战,这是击败日系厂商的重要战术,现在就是重要的战机。在发动商战之前,我们必须做好自己的成本控制,做好持久作战的准备,同时开辟新的增长点,即使镍镉、镍氢电池在价格战中变成了一项无利可图的生意,也可以有赢利点。我也觉得锂电池到了要上马的时候了,刻不容缓,先成立研究小组,然后再开始大刀阔斧地干。"

李维听了后,接着王传福的话说:"你这个是战略上的问题,战略上

第四章
从危机走向蓝海

这样我觉得挺好的,但是没有好的战术也是不行的,咱们还得讨论一下战术问题。"

对于会议中的不同声音,王传福很高兴听到,比亚迪开会的时候经常可以听见争论的声音,大家都知道,争论是为了做事,一个人不可能永远是对的。

之后,王传福全面阐述了自己的作战方案。他说:"就以比亚迪所在的二次充电电池市场来说,这是一个明显分为三级的市场。第一级为替换品市场,这里云集的是一些小品牌,没有自己的核心技术,自然没有丰厚的利润;第二级是品质要求更高的国内厂商,这些厂商要求有相对高的品质和相对低的价格;而第三级市场,才是最高级别的市场,像大霸、朗讯等国际巨头,但它们对供应商的品质、技术、研发能力有很高的要求,当然,它们也是最大利润所在。"

孙一藻接着说:"二次充电电池进入的门槛相对较低,其生产模式更是简单——从上游企业买来生产电池所需的配件,加工组装就成了。现在我们是一开始就切入第三级市场,还是从第一级市场循序渐进地达到第三级市场?"

王传福推了推自己鼻子上略为夸张的大眼镜:"这很简单,在你羽毛还未丰满的时候,你只能做一些符合你身份的事情,如果超越了,就是违背规律。"

王传福的言下之意是根据实际情况来灵活处理,镍镉电池一开始是从二级市场起步的,如果锂电池的研发很顺利,没有什么技术问题,就直接从三级开始,这对比亚迪来说是一个跨越,代表着研发实力的强大,并非仅仅是生产能力强大的问题了。

会议开了几个小时,直到天黑才散去。从会议室往窗外看去,外面风雨大作,黑暗如漆,暗示着未来的电池业一场大清洗在所难免。那么,在这场清洗中,比亚迪能否以弱胜强?能否在随后的商战中顺利胜出?这决定着比亚迪未来的命运。

此次会议结束后，王传福带着自己的管理团队马上开始了制订计划执行方案，比亚迪开始尝试自主研发锂离子电池了。为了更好地攻下锂电池这座山头，比亚迪拨出巨资，专门成立了深圳里比电池有限公司。这便是深圳锂电池有限公司的前身。

面对锂电池这个新兴的市场，王传福准备学学楚庄王，布下大局，暗中操练兵马，锤炼技术，做到三年不鸣，一鸣惊人。他要在锂电池领域先苦修三年，然后拼出一条属于自己的道路，攻下一片属于比亚迪的天。

3. 思想决定行为高度

锂电池是电池领域中具有革命性的产品，其性能非常优良。最早出现的锂电池来自于伟大的发明家爱迪生的实验室。

锂电池的材料主要以锂金属或锂合金为负极材料，使用非水电解质溶液的电池。锂电池的特点很明显，主要有以下几点：一是比能量高，无论是体积比能量，还是重量比能量，锂电池均比铅酸蓄电池高出三倍以上。由此决定了锂电池体积更小、重量更轻，其市场消费感觉也会更好。二是循环寿命长，锂电池的循环寿命一般在800次以上，有的锂电池甚至可以达到2000次左右，这大大降低了锂电池的使用成本，提高了消费者的使用便利程度。此外，锂电池还具有体积小，充电功率范围较宽，倍率放电性能好，不存在镍镉电池的记忆效应，不含铅、镉、汞等有毒物质，所以具有很好的市场开发价值。

然而，锂离子电池并非全是优点，也存在多个缺陷。如充电电路复杂，对电池内部保护电路的要求很高等；还有一个问题是资源紧缺，地壳中锂元素的比例约为0.0065%，世界上只有少数国家拥有可经济开发利用的锂资源。

第四章
从危机走向蓝海

更重要的问题是锂元素过于活跃，使用时不太安全，经常会在充电时出现燃烧、爆裂的情况。尤其对全密封铝壳封装的锂离子电池来说，在其安全保护的设计上存在一个极其致命的缺陷，解决这个缺陷对于商业开发来说是十分重要的，因为谁都不想身边带着一个小炸弹。

日本在锂电池开发上走在世界的前沿，最早把锂电池商业化。1990年索尼首次成功实行产业化以来，锂电池风暴席卷日本，日本开发的锂电池在世界市场上也攻城略地，并迅速推广开来，很快在手机、数码相机、手提电脑、矿灯等领域得到了广泛采用，成为各类电子产品的主力电源。经过几年的发展，锂电池已沦为日本人的天下，三洋、索尼、东芝、松下等制造商即占据着全球90%的市场份额。

现在，锂电池已开始应用于汽车领域，日本及海外汽车厂商已纷纷开始在乘用车上采用锂离子充电电池。在日本国内厂商中，丰田汽车、三菱汽车已经决定采用，而在欧美，德国奥迪、美国通用汽车也准备在2010年采用锂电池技术。

20世纪90年代中期的时候，锂电池专家乐观地预期锂电池将成为21世纪汽车的主要动力电源，并将在人造卫星、航空航天和储能方面得到应用。由此可见其未来的市场前景。

1997年，在金融风暴的不利环境下，比亚迪通过苦练内功、严控成本、夯实基础的方式，低成本优势开始发挥作用，生意不仅没有退步，反而取得了长足的发展。市场给了比亚迪相当丰厚的回报，它不但锁定了大霸这样的大客户，甚至飞利浦、松下、索尼、通用也先后向比亚迪发出了令人心动的大额采购订单。这一年的年底，比亚迪财报令人鼓舞，在王传福创业的第三个年头，比亚迪销售额超过了1亿元。

如此算来，三年间比亚迪每年都能达到100%的增长率，抢占了全球镍镉电池市场近40%的份额，已经当之无愧地成为了镍镉电池市场老大。当获知比亚迪的这些数据后，王传福很高兴，对员工说："只有真正地为客户着想，你才会赢得客户的订单，甚至是客户的尊敬！"

对于民营企业来说，能不能上亿元是一道坎，它往往是大企业家与中小企业家的分水岭。上去了，就会顺风顺水；上不去，就得忍受长时间做不大的煎熬。而自1997年开始，王传福就在"亿级"平台上与对手交战了。

1998年，比亚迪的成绩更加显著，世界上最大的电动玩具制造商、日本的NIKKO公司也将巨额的采购订单转给了比亚迪；全球赫赫有名的GE、uniden都已成为比亚迪的客户。为了更好地开展业务，比亚迪后来于1998年和2000年先后成立了欧洲分公司、美国分公司。

尽管业绩不错，但是王传福知道，自己能在镍镉电池市场上称雄，有很大的原因是日系厂商有计划撤离镍镉电池市场，所以松下等日系厂商才会把大订单交给比亚迪来做，让自己的企业可以从中套取一定的利润。不过，比亚迪决不能甘心受人宰割，要进军利润高的锂电池市场，彻底掀翻锂电池市场，击败日系厂商。

王传福也明白，锂电池市场是高手过招，这是真正触及日系痛处的竞争，弄不好会引来日系厂商的疯狂反扑。所以，只有自己的招比别人更快，力量比别人更强，内力比别人更足，才能击败竞争对手，获得企业发展需要的高额利润。比亚迪作为一家加工型企业，必须拥有自己的核心竞争力和自主的知识产权，必须打造一支斯巴达式的作战方阵，才能抵御日系厂商的挤压与打击，才能所向披靡。

经过一年的努力，1998年，比亚迪的锂电池生产工艺技术逐步成熟起来，差不多具有批量生产能力了。就在比亚迪暗中发力锂电池的时候，国内的锂电池领域暗潮涌动，不少厂商也开始兴风作浪，对锂电池这块肥肉虎视眈眈。种种迹象都在表明，山雨欲来风满楼，一场锂电池市场争夺战已然压境。

国内其他厂商与王传福的做法不同，他们在走日本人的老路，花数亿元将日本老的生产线买下来。对于这种依赖日本技术的企业，王传福不屑一顾，觉得这种没有独立性的企业不堪一击。多年以后，他在回顾当时的情况时说:"当时国内很多企业盲目追求现代化,往往不切实际地花大价钱引进国际领先水平的生产线,实际上并不可取。因为在引进生产线时,很多厂家根本不会将源代码向中国企业开放,引进技术的结果是受制于人,任何一个零件的替换都需要求助于日本,等于买了一堆废铁。"

感叹之余的王传福后来对这种现象又补了一句意味深长的话:"你思想的深度决定你的高度。"

比亚迪坚定地走独立之路。锂电池项目刚起步的时候,王传福把孙一藻找来,对他说:"一藻,锂电池成本控制一事,事关重大,在自己研发设备降低成本的同时,也要在工艺、原料和质量控制降低成本方面投入精力。因为用研发设备降低生产成本,固然是一种办法,但这只是一块硬币的一个面,而降低成本的另一面则是工艺的改进,通过改进工艺也可以大大降低比亚迪锂电池的生产成本。"

孙一藻点点头。王传福又说:"一是要有自己的自主权,这样命运就不会掌握在别人的手里,自我研发可以使比亚迪摆脱国内厂商受制于设备的窘境,可以自由提升生产规模,应对大客户的及时需求。二是我了解了一下,日本锂离子电池厂商从一开始就走高成本之路,受制于设备,无法采取有效的控制成本的措施。比亚迪的成本却可以控制下来,采取劳动密集型生产工序,进一步降低生产成本,提高竞争力和赢利能力。这方面我们可以比日本厂商低40%,这是日本厂商的一个致命软肋,也是我们以后能成功的武器。比亚迪的这种成本优势是日系竞争对手一时间无法企及的。"

孙一藻听了王传福的话,大为佩服,老板的眼光真是又远又准还很毒。

谈完话后,王传福把自己读大学时研究机械的老同学告诉了孙一藻,让他去组织人马,结合自身已有的优势,研发出锂离子电池生产线。

从王传福对形势的分析来看,在风起云涌的锂电池市场,不乏头脑发热者，但是这样的人往往惨败，王传福却保持了冷静的心态。知己之长，知彼之短，这为以后比亚迪上演精彩大戏埋下了伏笔。

4. 委屈的日本之旅

春去秋来，光阴似箭，2000年，经过三年多的实验室准备，比亚迪的锂电池技术成熟了，可以上马了。

千禧之年，整个地球都沉浸于对未来的美好向往之中。然而，就在这年的4月，美国纳斯达克股市突然掉头直下，网络股泡沫开始破灭，汹涌的抛盘蜂拥而来，纳斯达克综合指数半年内从5000多点跌到3000多点。全球经济再度陷入恐慌之中。

也就在这一年，中国经济却撇下了增长乏力的世界，开始走自己的独立之路了，亚洲区域在中国的推动下显示出了强劲的增长动力。这一年，王传福的比亚迪也开始走上了独立之路，开始凭自己生产具有自主产权的锂电池。

为了更快地生产锂电池，有些不是十分重要的设备王传福想到日本去订购。简单准备之后，他便带了200万元现金乘飞机前往日本。当飞机飞临在日本上空的时候，王传福俯视日本，感到惊异，为什么日本可以成为全球最大的经济体之一？这个小小的岛国被蓝色的海洋包围，似乎是一艘蕴藏着巨大能量的航空母舰，在世界的经济海洋里劈波斩浪。

当飞机降落到日本陆地上时，王传福看到，日本的现代化程度非常高，先进的设施随处可见。不仅如此，日本在发展的时候还非常注意保护环境。

安顿好之后，王传福和翻译一起来到了日本一家生产锂电池设备的公司，稍作交谈，他便来到设备陈列车间进行参观。带领他们参观的日本人

第四章 从危机走向蓝海

得知王传福是中国人后，虽然语气上很恭敬，但是神态上却多了些不屑。

王传福看出了日本人的傲慢，但是为了生意还是忍着自己的脾气。参观的时候，王传福指着一个设备问："这种设备要多少钱？"

翻译把王传福的话告诉了日本人，日本人听后伸出五个指头："500万美元。"

王传福心里快速计算了一下，当时的汇率是1∶8.28，即一美元可以兑换人民币8.28元。那么，500万美元相当于4100多万元人民币，自己带的200万元远远不够，还不够塞牙缝的。

王传福听了这个价格后，心里有点丧气，又试着问了一下锂电池生产线的价格，虽然不一定要买，但还是得问问，摸摸日本企业锂电池的开发成本。日本人听了王传福的问题后，伸出一个指头，翻译追问："一千万美金？"

日本人把那个伸出的手指摇了摇，说："不，是1亿美金。"

1亿美金的话相当于人民币8.28亿元人民币，王传福带的钱只够买流水线上的一个螺丝钉回去了，即使把比亚迪四五年来的赢利全加起来，也不够买一条流水线，日本人的漫天要价简直达到了荒诞无稽的地步。凭着自己从事技术的经验，王传福知道，这样的生产线根本不需要卖这么贵。

日本人看出了王传福的疑惑，傲慢地对王传福说："你们中国人是不可能做得出锂电池的。"

王传福听后气得心里发抖，但是又没有办法，只好沮丧地回到了宾馆。当夜，他看着灯火通明的日本城市，心里暗暗地发誓，克服一切困难也要把锂电池做出来，把日本厂商击败。多年以后，他在接受CCTV采访的时候说："当时锂电池是很高门槛的行业，第一个发明和制造的都是日本人，一条生产线日企要价一两亿美元。一亿美元对我们来说想都不敢想，但是我们又想做，结果只能自己奋发，摸索出自己的路。"

最后，王传福带着身上的200万元现钞又回到了深圳。回到深圳后，他马上组织攻关人员，结合自己三年来研究锂电池的经验，开始自己组装生产线。他们把镍镉电池生产线"拼凑"出一条锂电池生产线来：能兼容的就用镍电池生产设备，不能兼容的，就用人工和夹具来取代。如锂电池生产线要裁剪一块很大的极片，比亚迪买不起日本分切机，就用中国的裁纸刀，配上一块长宽相等的挡板作为夹具，进行人工剪裁。为取代昂贵的涂布机，比亚迪自己研制了该装备，第一代产品要分两道工序涂完双面，第二代就可以同时涂两面，到了第三代已经可以控制涂刷的具体位置了。

比亚迪的攻关人员了解了王传福在日本的伤心之旅后，憋着一股劲，一定要超越日系厂商。攻关人员不但对流水线的各个环节作了深入的研究，还对许多工艺进行了大胆创新，一些工艺甚至超过了日本人设计的流水线。如日本的锂电池生产线要求拥有无尘真空生产空间，进生产线的工人，都必须穿好净化服，才能走入宽敞明亮的真空车间。比亚迪却设计出一种无尘厢式生产线，工人只需戴上手套伸入无尘环境中，就可实现各项操作，不需要让整个厂房都处于一种真空无菌的状态，开创了常温下生产锂电池的先例。

经过数月的调整测试后，比亚迪的生产线可以开始生产了。这时，王传福与技术人员算了一笔账，比亚迪一条日产10万只手机锂电池的生产线，需用工人2000名，设备投资5000万元人民币。而日系全自动生产线所需工人200名，全部设备投资约1亿美元。那么，分摊到每块电池上的成本费用比亚迪是1元人民币左右，日系厂商的约在五六元。

纵观当时的市场状态，手机锂电池为日本厂商一统天下，它们占据了市场90%的份额，价格每块为8美元左右，日系厂商具有十倍的利润，暴利喂得日本厂商脑满肠肥，难怪他们要封锁锂电池的生产技术，难怪他们要把生产线的价格卖得那么高。

然而，令日本厂商没有想到的是，王传福充分发挥了中国人的聪明和人力优势，通过劳动密集型方式化解了日本人的技术壁垒，直接提升了比亚迪电池的价格竞争力。比亚迪自造的生产线最后把每块电池的成本降到了1元，凭着这样的优势，比亚迪完全可以在锂电池市场发动一场成本之战了。

这场成本之战是直面相对，没有退路的商战，最终谁将胜出呢？

BIYADI

BIYADI ZHENXIANG

第五章

被迫的"抗日战争"

  战争是解决资源分配、利益分配最原始的方式，也是最彻底的手段。商战就是战争的一种。从管理的角度上看，一个企业发展大了，就必然会威胁其他企业的市场地位，必然会存在着与其他企业争夺市场利益的问题。

  所以，当比亚迪在全球市场攻城略地的时候，日系厂商越来越感受到了挑衅，而比亚迪也开始受到了日系厂商的反击……

1. "大客户"的争夺战

2000年，比亚迪的锂电池生产线终于开始运转了，王传福决定开始争夺大客户，比亚迪要进入之前自己所说的三级市场，建立生产商与使用商之间的通道，绕开像大霸这样的中间层，增厚自己的产品利润。

道理虽然很容易懂得，但是做起来并不那么容易。

王传福要从别人的手里夺取大客户，挖别人的墙脚，光靠产品价格低还是不行的，还得产品质量过硬，各项技术指标、多级服务体系做到位才行。大客户一般都有严格的质量管理体系和工序体系，这就要求为其提供产品的企业也必须适应这些体系，从而能够相应提高供货企业自身的生产水平。比如摩托罗拉（MOTOROLA）的手机，检测项目就很繁多，有手机跌落测试、耐受力和寿命测试、高空跌落测试、按键寿命测试、扭曲测试、潮湿环境测试、高温测试、手机的水溅测试和弯曲测试等等。不仅如此，要求标准也非常高。如分析手机的裂缝情况时，工作人员为了看清一个裂缝会用5万倍的显微镜进行分析。最狠的是，他们居然还会用X射线来检查不同类型的缺陷。所以说，一个企业能够成为这类"大客户"的供应商，在业内肯定也会成为一流的企业，一般的小企业产品是很难入大公司法眼的。

其实，自1997年金融危机开始之时，王传福就开始琢磨如何拿下这些大客户。当他积累了一些人脉资源，比亚迪又经过三年的苦练内功，现在是到了要爆发的时候了，主动出击不可避免。于是，王传福向摩托罗拉公司抛出了绣球——比亚迪要成为摩托罗拉的锂电池供应商。王传福给摩托罗拉公司开出了诱人的条件，每块手机锂电池2.5美元。与当时日系厂商手机锂电池每块8美元相比，比亚迪的产品要便宜一半多。

第五章
被迫的"抗日战争"

摩托罗拉公司是全球通信界的巨头，世界财富百强企业之一，是全球芯片制造、电子通讯的领导者，与诺基亚并称为"手机双雄"。摩托罗拉接到王传福抛来的绣球后，仔细研究了一下比亚迪送来的产品样品，发现这个绣球出人意料的漂亮，不仅产品价格低廉，而且各项指标均达到了世界先进水平。

摩托罗拉的人没有想到，自第一块锂电池从比亚迪生产线上下来的时候，王传福就把产品销售对象锁定了摩托罗拉这样的大客户。王传福深知，大客户的意义在于能带来更多的大客户，这就是著名的"羊群效应"。为攻下这个前所未有的大客户，王传福亲任专门小组组长，带领技术部、品质部等部门协调作战，加班工作，进行最后的冲刺。

王传福对员工鼓气说："摩托罗拉这样的大客户不仅对手机配套产品有极高的品质要求，它更重视手机配套厂商有无技术发展潜力。对摩托罗拉这样的大客户，我们要做的就是满足它的一切需求，并且根据它的要求，不断地改变自己。当它的要求提完了，也是在合同上签字的时候了。所以，我们要打好这一仗，为锂电池的发展赢得个开门红。"

摩托罗拉的采购部门实在弄不清楚这些价廉物美的手机锂电池是怎么生产出来的，也不知道这个名不见经传的企业生产的东西可不可靠。但他们更是行内中人，大致清楚锂电池的生产成本，常规判断，这个价格是无法生产出锂电池来的。

于是，摩托罗拉的采购部门带着好奇的心态致电给王传福："王先生，恭喜您，您的产品通过了检测，但是，为了让我们的合作更愉快，我们要到您厂里去实地考察一下。"

王传福一口答应摩托罗拉的要求。挂了电话后，他高兴地难掩喜悦之色，对身边的夏治冰说："摩托罗拉对我们的产品产生了兴趣，我们打的性价比之战开始见成效了。"

得知比亚迪的产品通过了摩托罗拉的检测，夏治冰也很高兴。他对王传福说："锂电的突破，打破了日企一统天下的局面，破除了它们的垄断地位，包括索尼与东芝，现在，我们正把它们一步步逼到了墙角。"

几天后，摩托罗拉采购部门的负责人来到了深圳比亚迪公司。走进比亚迪生产车间后，摩托罗拉的人吃了一惊，甚至感觉到害怕，比亚迪的车间与日本的车间大相径庭。这里的车间有密集的人群，三个一群，五个一组，成千上万，他们用比亚迪自己设计的各种工具快速地生产锂电池。摩托罗拉的人当场质问："这样的人工操作不会出现质量问题吗？人工毕竟不像机械有着固定而精确的操作方式。"

陪在一旁的王传福说："不会的。我这里有一个数据，1999 年至 2000 年两个年度，比亚迪退货价值分别只占当年营业额的 3.98%、1.56%，越来越少。这么低的退货在电池企业中不多，因为我们对设备的精度要求非常高，质检非常严格，你们就放心吧。"

王传福介绍完后，叫旁边的技术人员拿起一个工具，然后在自制的设备上示范了一下，只见把东西放上去一推就固定在夹具上了，非常精确。

摩托罗拉的人又问："如果我们要更换产品形状，或者增加订货量的时候，你们是如何调整生产线的？要依赖别人吗？"

这句话问得恰是比亚迪的生产线的长项，比亚迪的人力流水线比全自动机械更灵活。王传福便对摩托罗拉的人说："调整生产是我们的长项，我们可以自行调整生产线，无须依赖别人。比如一套 1000 万块电池的生产设备，我们三个月就能做好，而一家日本企业从引进自动化设备到调试完毕，至少需要一年时间。"

看了演示与听了王传福的介绍后，摩托罗拉的采购负责人稍微放了点心，但是还心有疑虑。考察结束完后，负责人又说："我们会派一个人在你厂里住半年，了解你们厂里的产品质量能否长期保持稳定，希望你理解并支持我们的工作。"

王传福满口答应，这事对促进自己的产品质量大有好处，比亚迪就是要接受最严格的质量检测，接受挑战才会有成长。

2000年11月，比亚迪的努力终于迎来了回报，产品顺利通过了摩托罗拉审核，赢得了摩托罗拉首期20万只电池的订单。然而，对于摩托罗拉这个巨无霸来说，这些仅仅是个开端。到2002年底，王传福的比亚迪不仅取得了摩托罗拉全球约30%至40%的手机电池业务，他自己还和摩托罗拉首席执行官克里斯托夫成了要好的朋友。而克里斯托夫对于王传福也非常欣赏，常会对人伸出大拇指，称他是"制造中国传奇的小伙子"。

2. 锂电惊恐日企群

摩托罗拉这个大客户把订单交给比亚迪之后，"大客户效应"马上展现出来了。很快，全球另一电信巨头爱立信也把订单转给了比亚迪，而波导等国产手机厂商也开始选择比亚迪作为战略伙伴了。

更多的大客户开始转向比亚迪。诺基亚在看到对手摩托罗拉找到了价格更便宜、质量更好的锂电池供应商后，也着急了。因为成本影响市场份额，高手之间的竞争都是细节上的竞争，摩托罗拉的成本下来了，必然会对自己的市场形成威胁。于是，诺基亚开始试探性地向比亚迪递来小额订单。2001年，诺基亚与比亚迪的合作步伐开始加速，以每月100万只的速度加码。而在此之前，诺基亚与摩托罗拉正是三洋的两大重量级客户。

拿下诺基亚后，王传福下一步的矛头指向三洋的另一大客户——百得。百得是美国最大的电动工具生产商。在王传福的努力下，在大客户的示范作用下，比亚迪公司很快就攻克了百得，拿到了百得的订单。

很快，比亚迪一跃成为仅次于三洋的全球第二大电池供应商，拥有全球15%的市场份额，其他100家锂电池生产商不得不共同瓜分另外的85%

市场份额。至此，全球电池市场分配的"二八效应"开始显现出来。

有这样一个有趣的细节：尽管有摩托罗拉与爱立信等公司选择了比亚迪的电池产品，在有其他公司来访的时候，比亚迪并没有向客人吹嘘自己的产品是怎么的好，生产速度是如何的快，反而保持着低调，把自己的产品质量说得比实际情况差一点。王传福曾解释过为什么这么做，他说："我们在向客户作品质承诺时，往往故意将100分的产品说成90分，从不夸大自身的产品，这样，客户在拿到产品做测试时，往往会得到超出预期的效果，也就会对比亚迪的产品形成信赖。"

信赖是合作的基础，华人首富李嘉诚就曾对他的儿子说：当你什么都没有的时候，如果还有诚信，就能起来。

比亚迪的迅速崛起，其产品锂电池的低价策略，很快就引起了日本厂商的恐慌。他们派人到台湾的经销商去购买比亚迪的产品，拿回日本进行测试。一测试，日本人傻眼了，感觉是被比亚迪抽了个耳光，对比亚迪的锂电池产品由不屑变成了恐慌。因为比亚迪的产品质量毫不逊色，可价格只有日本产品的一半多，日本人是无论如何都不可能把价格降到这么低的。更何况这块市场又是巨大的，手机越来越普及，电池产品供不应求。因为就在当年，比亚迪仅靠锂电池一项，带来了近10亿元的纯利润。

怎么办？日本厂商陷入困局之中，他们对这个棘手的问题显得一筹莫展。

迫于无奈，日本厂商开始降价，试图拉近与比亚迪的比价，从8美元降到6美元、5美元、4美元，但是无论如何降价，日本厂商还是没有办法把自己的产品价格降到比亚迪的产品价位上。这其中，比亚迪最大的竞争对手三洋降到4.9美元便刹住了车，与比亚迪的2.3美元仍高出了2.6美元，等于买一个日本三洋的电池可以买两个比亚迪的电池。更令日本厂商沮丧的是他们了解到比亚迪的真实成本只有1.3美元后，便明白了比亚迪

第五章
被迫的"抗日战争"

即使保持现在的价格依然还有77%的利润空间。

在这场战役中，三洋与松下是受伤最重的公司。此前，它们是摩托罗拉的全球最大供应商，比亚迪取而代之后，三洋的自动生产线即面临产能不足的问题，而其他日本厂商则更是陷入到了全面亏损之中。

三洋与松下都是中国人很熟悉的日本品牌，可谓大名鼎鼎，在改革开放之初，它们的产品曾经风靡中国，成为一种时尚。

三洋电器是日本的一家大型企业集团，产品涉及显示器、手机、数码相机、机械、充电电池等众多领域。1979年设立三洋电机贸易株式会社北京办事处，开始正式进入中国市场。三洋电机株式会社创始人井植岁男在创业之初就将公司命名为三洋电机，并决定使用SANYO商标。三洋是指太平洋、大西洋、印度洋，包含了三洋欲以人类、技术、服务等三根支柱为依托，与通过三大洋相连的全世界人民共同发展的寓意。

松下电器也是一家跨国性公司，创建于1918年，创始人是被誉为"经营之神"的松下幸之助。创立之初，只是3人组成的小作坊，经过几代人的努力，如今已经成为世界著名的国际综合性电子技术企业集团，在全世界设有230多家公司，为世界制造业500强之一。

值得一提的是，2009年日本松下用4038亿日元并购了三洋公司，目的之一就是要把三洋混合动力汽车电池的技术揽入怀中，并希望成为混合动力车电池霸主。新合并的公司可以提供用于替代石油的能源生产及能源储存产品。巧合的是，2003年以后王传福也剑指电动汽车，并在2008年底率先推出世界上第一款双模电动汽车。或许，在未来的时间，在争夺世界电动汽车市场时，比亚迪与松下又将有一场商战爆发。

然而，2000年的时候，并不知道松下将与三洋合并，王传福看到以松下和三洋为代表的日本厂商在这场商战中所处的绝对劣势，他长舒了一口气，现在的比亚迪对"你们中国人是不可能做得出锂电池的"这句话，终于可以有一个交代了。

进入到2001年，比亚迪的生意更好了，全球市场所有二次充电电池的交货值达到 39.7 亿美元，交货量达 26.84 亿只。而比亚迪公司可以年产 3.9 亿只锂离子电池，锂电池市场份额迅速上升到世界第四位，实现销售额 13.65 亿元，纯利高达 2.56 亿元。除了锂电池，比亚迪的镍镉、镍氢电池也跃升为全球第二、第三位。

迅速增长的业绩让王传福更加相信这一点——只有技术创新才能给企业一个美好的未来。后来，比亚迪"技术为王，创新为本"的企业文化，似乎也与此次锂电池大战息息相关。

成功后的王传福曾说，生命有一种硬度，你若有不屈的灵魂，脚下就一定会有一片坚实的土地。王传福正是用自己的坚强踏出了锂电池这片坚实的土地。

3. 日本技术"纸老虎"

2002 年，比亚迪在全球电池市场中继续保持着高歌猛进的态势，步步紧逼的锋芒让日本厂商节节败退。这个时候，王传福头脑发热地放出了一句豪言："三年之内，我们将取代三洋，成为电池产业的全球老大。如果要在三年之后取代三洋成为全球老大，那么比亚迪的增速应该保持在 40% 以上，而目前比亚迪始终保持着近 70% 的增速。"

王传福的话很快就让三洋的人获悉了，这话听得他们脊背发凉，大为震惊。他们不得不真正思考如何对付这个快速成长，不断地从自己的饭碗里抢食的中国企业了。

日本是一个具有强烈"岛国意识"的国家。岛国一般资源缺乏，尤其是日本，地震频频，不像中国地大物博，沃野千里。居住于岛国的民族一般具有强烈的忧患意识、危机意识、拼搏精神和扩张欲望。他们深深地感

第五章
被迫的"抗日战争"

觉到"今天不努力，明天就无法生存"。所以，日本的企业一般也都具有强烈的岛国意识，在应对危机与竞争方面，具有强大的适应力。日本企业认为，在全球化的时代，要时刻保持高度的危机意识与忧患意识，要不断接受环境的挑战，并不断进行自我创新，四处征战，它们觉得这样才能长保平安。

改革开放以来，尤其是进入20世纪90年代以后，中国越来越多像比亚迪一样的企业迅速成长起来，日本企业在中国市场遇到的竞争越来越多。尤其是制造业，中国成为"世界工厂"之后，日本更是忧心忡忡，如同芒刺在背。日本著名财经杂志《日经BP》曾在封面上刊登过这样一幅漫画：一条象征"中国制造"的蛟龙凌空飞舞，一艘有"日本制造"标志的轮船即将倾覆，轮船上的人乘小船惊惶逃生。《日经BP》的文章中说："在日本市场已经很难找到有'日本制造（Made in Japan）'标志，且销售额呈两位数增长的商品了。"

日本的媒体也常常把现在中日制造业竞争与20世纪70年代日本制造业超越美国制造业作比较。日本企业从自己后来居上、超越美国的切身经验中，似乎得出一个结论：如果大批制造业从国内转移到国外，日本将重蹈美国当年之覆辙，向外转移生产将不可避免地培育竞争对手，并最终败于竞争对手。在这种强烈的危机意识影响之下，日本企业开始尽可能地减少核心技术向海外流出，并提出了"把附加值低的给亚洲，附加值高的留给日本"的口号。

具有强烈危机意识的三洋经过思考与权衡后，决定向比亚迪发动反击，并联合日企发动了阻击比亚迪的战争。

2002年9月23日，日本三洋公司在美国打响了阻击比亚迪的第一枪。三洋向加利福尼亚州的南区联邦地方法院起诉了比亚迪以及比亚迪美国公司，指控其侵害了三洋的专利权。诉讼的主要对象是面向手机和笔记本电脑的锂离子充电电池，涉及的专利包括"锂二次电池"及"确保保护性电路可靠性的电芯"两项专利。诉讼要求：禁止比亚迪向美国出口及在美国销售比亚迪公司的锂离子充电电池，并且赔偿损失。

比亚迪美国公司得知消息后，第一时间把事件告诉了深圳总部，王传福很快获悉了事情的来龙去脉，略微思考了一下，马上召集知识产权与法律部有关人员、公司高管、公司的法律顾问连夜开会，商量应战之策。

很快，人员就到齐了，王传福把事情的原委说了一下，大家就展开了讨论。讨论异常激烈，没有定论，王传福听得一头雾水。最后，王传福问不太吭声的知识产权与法律部的负责人黄章辉，黄章辉说："三洋这次起诉挺狡猾的，他们是依据三洋在美国注册的知识产权来起诉比亚迪这个进口商，如果比亚迪产品侵犯了美国的知识产权，有关产品就会被禁止进入到美国。"

"怎么禁止？"有人补充了一下。

"禁止主要表现在两个方面：一是美国国际贸易委员会会发出排除令，不允许侵权产品进入美国销售；另一方面，它还可以发出禁止令，规定已经出口到美国的产品不能销售。"

王传福听后说道："那美国国际贸易委员会就成为了一个工具，三洋就是想通过起诉阻止比亚迪进入美国市场。"

黄章辉点头。见他点头，王传福的表情凝重起来，说道："那这个事情还真麻烦，专利纠纷是国外厂商打压我们国内厂商经常使用的一个工具。不知道比亚迪能否过得了这一关。"

黄章辉说："专利纠纷本身是商业贸易中一个值得讨论的问题，专利诉讼也比较复杂，需要花费大量时间、成本，和解是比较常见的一种选择。电池生产方面的技术环节非常多，相互借鉴、利用的事情不鲜见，所以这类官司不好打，起诉方也弄不清楚。"

孙一藻回应道："比亚迪用的技术没有抄袭三洋的，但是，技术上的借鉴与参考是有的，这点在技术领域是常见的事，任何一个大公司都有借鉴他人技术的时候。"

黄章辉听了孙一藻的话后说："那就好，专利官司涉及专利有效性、有效期、有效范围等方方面面，一般专利差异在30%以上就无效，如果比亚迪在三洋所谓的专利方面也没有抄袭痕迹，三洋在取证方面会遇到空前的难度。另外，咱们比亚迪近几年在锂离子电池技术方面也拥有了多项专利和自有技术，我们可以向法院提出反索偿。"

事情越辩越清晰，经过一番讨论后，利弊已清，王传福拍板："兵来将挡，水来土掩，这场官司迟早是要打的。章辉，你好好准备，奉陪着打吧。"

最后，王传福坚定地说："技术都是纸老虎，一捅就破，大家不用太多顾虑。我们不怕专利战。"

2002年12月12日，经过三个多月的准备，比亚迪在美国应诉，面对三洋的指控，提出比亚迪并未侵犯专利的抗辩。

比亚迪应诉的消息爆出后，不仅引发了业界关注，还引起了全国媒体的关注。媒体议论纷纷，莫衷一是，有猜测胜负的，还有猜测时间的。很多舆论认为，估计这场诉讼将会持续两年以上，双方的花费将超过100万美元。悲观的媒体甚至把话题扩展到反倾销上来了，认为中国产品在拓展国际市场的时候，国内生产商虽然具有价格优势，但必须警惕进口市场的反倾销，并为此提前作好应对的准备。

4. 跨国日企的"死穴"

随着时间的推移，比亚迪与三洋的官司愈演愈烈；法庭上唇枪舌剑好几个回合，都依然没有定案，弄得法官都头昏脑涨。

就在双方激战正酣的时候，2003年7月9日，即三洋提交诉讼后的十个月，日本索尼公司也向东京地方法院提交了诉讼请求，控告比亚迪侵犯索尼公司锂离子电池专利权，要求禁止比亚迪在日本销售有关电池。

在诉状中，索尼指控比亚迪在2001年、2002年日本CEATEC展览会上展出的两款锂离子电池，侵犯了其两项日本专利权，要求禁止比亚迪两款锂离子电池在日本销售。

这两项专利是索尼公司在1988年申请的。第一项是"电池内部按平均容量设计一定空隙（第2646657号）"的专利，第二项是"电池正负极涂敷物质的厚度及其比例（第2701347号）"的专利。索尼认为，上述两项专利是锂离子充电电池的基本专利，属于索尼专享，比亚迪不得侵犯。

对于上述的第二项专利在日本本土也是有争议的，负责专利审查的日本特许厅花了9年时间对此进行调查，才授予索尼公司。即使授予索尼公司后，依然遇到了日本企业的反对，如汤浅集团株式会社、新神户电机株式会社等对此都提出过异议，试图否决此专利。但是，日本特许厅还是在2000年裁决索尼专利有效。

两个电池巨头的合力围剿，让年轻的比亚迪陷入成立以来最大的危机之中，不但公司高层忧心忡忡，中国的媒体也感觉到了不安，为比亚迪捏一把汗。如果这二场官司比亚迪输了，那么，比亚迪不仅会失去美国与日本两大市场，更重要的是企业主业生产将会陷入停滞。

显然，日本两大巨头提起诉讼的根本目的，在于利用诉讼和利用媒体等宣传手段，影响竞争对手的现有客户和潜在客户，利用高昂的诉讼成本扰乱对手的正常经营，最终拖垮对手或迫使对手束手就擒。

正如前文所说，日本是一个非常团结的民族，有一句话叫"一个日本人是条虫，一群日本人是条龙"。尽管不太准确，至少也鲜明地说出了日本人善于团结作战的特性。日本人之所以强调团结，明显是与其自然环境有关。因为日本人就生活在一个四面环海、面积不大、灾难频频的岛国，饱受台风、地震、火山、海啸等自然灾难的侵袭。为了在恶劣的自然环境中生存下来，日本人只有讲究团结，借助群体的力量共同反抗天灾。就像日本人的房子紧密相连、彼此支撑，为的就是抵御风灾。20世纪以前，日本人多依靠出海捕鱼为生，而这种工作靠个人的力量是无法完成的，必须凭借团体的聪明和力量。正是不利的环境造就了他们团结协作，同甘共苦，勇于牺牲的团队精神。

日本人的高度团结，并非天生，而是经过长期的训养才形成的。在企业经营上，当需要一致对外时，他们相互之间讲究精诚合作。所以，当面临着比亚迪咄咄逼人的攻势时，三洋发难，索尼助阵，意在置比亚迪于死地也就不奇怪了。

这里还有一个细节有必要交代一下：比亚迪在日本的一个展会上参展的时候，向日本许多需要用锂电池的公司发了宣传单。索尼觉得比亚迪的这个举动足以表明它有意拓展日本市场。事实也的确如此。过去日本电池使用商大都采用本地制造商生产的电池，由于经济环境的转变，竞争加剧，令电池使用商转向采用成本较低的供应商，比亚迪的低价电池无疑就是一个非常好的选择，得到日本生产商的青睐。

正巧这个时候，索尼的主要客户康柏电脑的一家笔记本电脑代工生产商Arima，选用了比亚迪作为电池供应商，这成为了引发索尼与比亚迪官司的导火索。索尼感到了恼火，意识到危机正在步步逼近，于是决定配合三洋一举击溃比亚迪。

狼子野心，昭然若揭。

面对两大公司的绞杀，王传福深知，自己没有任何靠山，只有靠自己的力量去击败对手。他更清楚，这是比亚迪成长史中的关键一战，不但要击败两大巨头，还必须在反击中壮大自己。

为此，王传福指挥知识产权与法律部的人沉着应战，并制订了反击策略：一是通过证据证明比亚迪没有侵犯专利；二是提出索尼的专利是无效的申请。前一条策略是澄清自己与索尼的关系，后一条策略是釜底抽薪，彻底抽离索尼的起诉底牌。

接下来的日子里，比亚迪开始了紧张的搜集证据的工作，短短40天时间里搜集整理了相关证据 38 份；同年 10 月 8 日，比亚迪的人气宇轩昂地走进了日本东京地方裁判所，向裁判所的人递交了答辩书及相关证据，否认侵犯索尼的专利权。

在法庭上，比亚迪的辩护律师对日本的法官说："比亚迪的锂电池技术、工艺，都是自己开发的，我们公司拥有强大的研究开发实力，绝无侵权之事。"

日本法官说："请举你的例证。"

于是，辩护律师举例摩托罗拉是如何选择比亚迪的。他说道："2000年，摩托罗拉开始准备选择比亚迪的锂电池，通过半年多的认证考核之后，比亚迪成为了摩托罗拉公司的锂电池供应商。作为业界领袖，摩托罗拉的要求极其严格，其认证近乎苛刻。摩托罗拉在认证比亚迪的过程中，曾给比亚迪列出三洋等企业持有的 10 多个锂离子电池方面的专利，并花大量的时间，研究比亚迪的电池是否有侵犯其他公司的专利权。摩托罗拉发现比亚迪用的全是拥有自主知识产权的技术，没有侵犯他人的专利权，正因为如此，摩托罗拉才最终选择了比亚迪。"

辩护律师举实例，摆实证，讲得头头是道，这是一个漫长的论证过程，从 2003 年 10 月到 2004 年 3 月这半年多的时间内，比亚迪用了有效的证据 124 份，证明自己并没有侵犯索尼专利。同时，还证明从产品的发明技术特征来看，索尼的发明专利应属公开技术，因为 20 世纪 90 年代的电池市场上已经有索尼专利的技术特征的产品在广泛使用。而索尼的辩护律师则证明，比亚迪抄袭了索尼的锂电池技术。

经过反复论证，比亚迪略占上风，东京裁判所的人将信将疑地认定了比亚迪没有侵犯索尼的专利技术。

就在比亚迪略占上风的时候，王传福与辩护律师商量，决定开展第二步工作，指控索尼专利无效，力图彻底击垮索尼的起诉基础。

事实上，在比亚迪达到第一步目的的过程中，已经暗中寻求证明索尼专利无效的证据了。寻求证据的关键，就在于能否得到索尼申请专利之前有无相同或者相近的产品在市场上销售，要么就是在公开出版物上刊登过。索尼的产品是在1997年5月9日向日本特许厅申请的，所以要找到1997年5月9日以前的相同或相似产品。

　　为了找到这个证据，黄章辉发动了法律部的所有人去寻求线索，在人际关系的海洋里淘那点决定官司成败的资料。经常是一听到有消息，马上派人过去，但是，大多是兴冲冲地去，垂头丧气地回。

　　工夫不负有心人。2004年初的一天，比亚迪的律师到香港一家公司去办理业务，意外地得到了一个消息：这家公司8年前曾经采购过索尼的电池，而且该电池的技术达到了每1AH设置0.4CC以上的空隙标准。律师听后心里默默一算，8年前不就是1996年吗？如果这个时候的电池达到了索尼后来申请专利的技术，就可以彻底推翻索尼的证据了。想到这里，律师心里大喜，马上致电给黄章辉，黄章辉得到消息后也很激动，立刻赶往香港，向该公司领导说明来意，请求他们的帮助与支持。该公司领导听后，毅然决定要支持比亚迪的工作，让自己的业务员把几年来所有的发票都从档案室找了出来，然后一张一张地仔细查阅。在查阅了上万张发票后，终于在一张发黄的发票中看到了令人惊喜的几行字：

　　索尼×××电池，数量1200只，进货日期1996年12月，销售日期1997年1月5日

　　这张证据意味着索尼申请设计专利之前，已经有这样的产品在市场上公开销售了。索尼的发明专利应该属于公开的技术。

　　2004年3月19日，比亚迪向日本特许厅提起索尼专利无效宣告请求，请求宣告索尼第2646657号和第2701347号专利无效。

　　此招一出，索尼大惊。如果自己发起的这场官司没有把比亚迪告倒，反让自己失去了两个专利权利，简直就是亏大了。于是，索尼也顾不上告比亚迪侵权了，连忙力求自保，寻找证据证明自己的专利有效。本来这之前的第2701347号专利就颇多嫌疑，很容易受到攻击，如果再有日本电池

生产商跟着起哄的话，情况将变得更糟糕。

比亚迪开始在侵权案中转守为攻了，形势似乎越来越有利。

5. 挑破"专利"的神话

就在索尼现出败局的时候，美国那边的法庭上也传来喜讯，比亚迪律师团提供的24件证据和8篇专利对比文献所构成的证据链，给出了令人信服的辩驳，取得了美国法官的认可，三洋的指控被推翻。三洋见势不妙，便开始有意与比亚迪和解，毕竟和解的名声要比官司落败的名声要好。

王传福接到三洋抛出的橄榄枝之后，考虑了一下，觉得在双方都可以接受的范围内达成和解，无论如何对双方都是有利的。中国自古即有"得饶人处且饶人，莫将余勇追穷寇"之说，如果一味地穷追猛打反而于事无补。于是，王传福同意了三洋的提议，比亚迪也于2005年2月16日发布公告，称公司与三洋就两项锂离子电池专利的法律诉讼最终达成和解协议。至此，比亚迪与三洋的官司才告一段落。

三洋服软，对于索尼来说可不是一个好的征兆，它此时面临的败局更加明显。2005年1月25日，日本特许厅裁定，索尼第2646657号专利无效。但是，索尼可不想轻易地败在一个小公司手里，继续负隅顽抗。日本特许厅宣布索尼专利无效的两个月后，索尼向日本知识产权高等裁判所上诉，请求撤销日本特许厅的裁定，维持第2646657号专利有效。只是，此时的索尼已无力回天。同年11月7日，日本知识产权高等裁判所不得不作出判决，驳回索尼的上诉请求，维持日本特许厅做出的宣告索尼第2646657号专利无效的裁定。

12月2日，落败的索尼无奈之下，只好向东京地方裁判所递交撤诉请求书，撤销所有对比亚迪的指控。比亚迪终于赢得了这场耗时三年的官司。

两场官司，历时四年，比亚迪最终大胜两巨头，成为打破专利棒杀的经典案例。消息传来，国人为之欢腾，兴奋的比亚迪知识产权与法律部负责人黄章辉面对媒体说："比亚迪此次胜诉，说明中国企业在遇到知识产权案子时应积极应诉，维护自身的合法权益。我们发现有这样的案子，因为中国公司不应诉，外国公司在告其他进口商时，会莫名其妙地把中国公司也拉上。即便中国企业积极寻求和解，外国人还是觉得你在做亏心事，而积极应诉并获胜，不仅可以维护公司利益，还可为中国企业争口气！"

王传福在面对记者时则豪气冲天地说："我们不怕专利战！"

与索尼、三洋打官司的过程中，王传福亦深深意识到了专利技术的重要性，一些专利问题甚至已成为国外巨头阻止对手成长、抢占市场的一个重要手段。这期间，最典型的莫过于发生在中国广东的DVD专利案了。

1999年6月，DVD主要专利的持有公司——日本东芝、松下、胜利、三菱、日立和时代华纳公司等六家企业组成的6C集团向全世界宣布：6C拥有DVD核心技术的专利所有权，世界上所有从事生产DVD专利产品的厂商，必须向6C购买专利许可才能从事生产，且允许生产厂家一次性取得6C的专利许可证书。

这六家企业的联合声明对于中国的DVD产业来说就是一根大棒，一下子把中国DVD产业打晕了。中国的制造商一直通过合法渠道采购关键的器件，只是做一些加工与组装的业务，中国制造商认为要交的专利费已包含在通过合法渠道采购的器件上了。

但是，6C集团却不这样认为。2000年11月，它们在北京宣布了一项"DVD专利许可激励计划"。6C集团是想利用专利技术这根大棒把中国的DVD产品赶出国际市场，甚至连中国国内市场也不能销售。这让中国的

DVD 制造商损失惨重，一蹶不振。

2002 年，德国大众发动专利战，起诉中国奇瑞汽车的车型抄袭大众，尤其是抄了大众的西亚特底盘。结果奇瑞赔了 3000 万马克，合 1 亿 6000 万元人民币。

随着商业化程度的提高，专利战愈演愈烈。外国企业频频对市场占有率高、专利筹码低的中国企业发动专利战，对使用的专利征收天价的使用费；要么使用订单剥削，多重收费的手段；最恶劣的是，完全拒绝签发许可证书，其目的就是逼迫中国厂商停产，甚至退出相关市场竞争。

对于外国企业的狼子野心，经历过比亚迪专利生死之战的黄章辉说："中国许多技术企业经常受到以日本为首的跨国公司知识产权打压，在大环境下，中国的企业应对很被动，结果不是赔钱，买授权，就是受压制，难以发展。"

前车之鉴，后世之师。为了不被外国企业夹击，就在与三洋爆发官司后不久，比亚迪便启动了"专利倍增计划"，快速提高专利的申请量，积累自身战斗的武器。

就此，王传福曾对黄章辉说："你一定要做好这件事，这事是扫除发展道路上的地雷，关系到比亚迪的长久发展。扫清了，一片坦途，没有扫清，半路上就会被炸死。"

黄章辉明白王传福的意图，亦颇感此事重大，他加快了比亚迪专利体系、法律体系的完善工作。

不久，比亚迪就与美国的 Ovonic 公司签定了专利许可协议书，引进了 317 件电池制造专利。同时，比亚迪积极向国家专利管理部门申请专利。2004 年，比亚迪专利申请量突破了 500 件，总数达到了 2000 件，此后年年递增，每年的专利申请费用也达到 800 万元。

此外，王传福还进一步致力于打造比亚迪的知识产权与法律部，使该部门拥有了一支专业高效的队伍，负责比亚迪专利的申请、授权、维护等工作。在知识产权纠纷的维权方面，比亚迪在中国、美国、日本及欧洲均聘请有知识产权领域的专业律师及法律顾问。一旦遇到了这方面的问题，在必要的时候，比亚迪会整合其在全球的法律顾问资源进行知识产权维权。

BIYADI

BIYADI ZHENXIANG

第六章

资本场上跑马圈地

资本市场对于现代企业来说，就像鱼有求于水。而就其表层来说，上市即可以增强企业的竞争力，可以让企业融得巨额资金用于再发展，可以使企业获得比同行更大的知名度，直至迅速地拉开他人与自己的成长距离。

所以，比亚迪做大之后，王传福越来越能体会上市这个梦想对于比亚迪的实质意义了。他随即也开始了积极谋划，要让比亚迪在资本市场上高调亮相……

1. 比亚迪的资本红场

2000年的时候，比亚迪在电池领域高歌猛进，原来给日系厂商提供订单的大客户纷纷倒戈，把订单转给了比亚迪。就是在这个时候，王传福开始考虑比亚迪是不是要上市了，因为资本市场可以让自己获得更多的资金，比亚迪要做更大的事业。

王传福想到了巴黎百富勤，这个一直陪伴着比亚迪成长的投资公司。

巴黎百富勤的前身是百富勤投资集团有限公司，它成立于1988年底，由素有"红筹之父"的梁伯韬在香港创办，主要从事合并与收购、证券投资、直接投资、委托管理、项目融资、分销等业务。

百富勤曾是一个辉煌的公司。1990年，在百富勤的主持下，中国国际信托投资有限公司购入了上市公司——香港泰富有限公司，并成立了中信泰富有限公司。这一成功事件让百富勤在业内声名鹊起，生意日隆。随后，该公司先后经办了上海石化、仪征化纤、广州广船等多个大企业在香港上市的工作。经过多年的努力和发展，百富勤成为了香港屈指可数的投资银行集团。

然而天有不测风云，1997年东南亚金融风暴的时候，百富勤的股票一落千丈，在同年7月至10月期间，股票损失近10亿港元，重挫了百富勤的元气。1998年1月12日下午5时，百富勤宣告破产。

破产的同时，法国巴黎银行看中了百富勤在香港的作用，于是出资收购了濒于危境的百富勤，易名为"法国巴黎百富勤"。

投行是一个非常重视人才的地方，蔡洪平就是巴黎百富勤的一个得力干将。蔡洪平经历坎坷，下过乡，插过队，当过记者。1997年，蔡洪平进入百富勤，经历了梁伯韬的"红筹时代"，也经历了金融风暴下的百富勤

第六章
资本场上跑马圈地

清盘时刻。

法国巴黎银行兼并了百富勤后，蔡洪平成为巴黎百富勤融资有限公司的董事总经理，成为执掌中国区企业融资工作的头号人物。

1999年，巴黎百富勤准备寻找一家生产电池的企业进行包装上市。百富勤知道，随着手机的普及，电池将是一个大有发展的行业，更容易出现快速增长的企业。最初，百富勤选择的并不是比亚迪，而是另一家企业，但是他们在了解的时候发现，这家企业的目标是超越比亚迪。于是，百富勤自然而然地把目标转向了比亚迪，并发现比亚迪也没有上市。于是，他们和比亚迪建立了联系。但当时比亚迪的年利润只有5000万元，既没有达到上市的规模，王传福本人也不急于上市。蔡洪平便决定把比亚迪当成一颗上市的种子，先让它生长一段时间再说，并派出一个人作为比亚迪的财务顾问，专门与比亚迪对接各项工作。从这点可以看出，蔡洪平是一个很有耐心与谋略的人，不急于一时。

随着比亚迪的利润从5000万元扩大到0.9亿，王传福先忍不住了，觉得上市的事可以提上议事日程。他本来就是一个急性子的人，想好了马上就要做，拿起电话就打给蔡洪平："老蔡，在天上飘着吗？"

王传福知道蔡洪平是一个空中飞人，经常在天上飞来飞去的，曾经创造一天飞三个国家的纪录。

因为都是熟人，蔡洪平也就不说客套话了，直接说："在地上了，王总。怎么想起给我打电话了？一定有事情吧？你没事情是不骚扰我的。"

见蔡洪平直入主题，王传福也直说了："现在比亚迪的利润达到了9000万元，我觉得可以考虑上市的问题了。你都等那么久了，情都欠下来了，就得还债了。"

蔡洪平哈哈地笑了，用颇有诗意的话说："2000年以前，百富勤是中国资本市场的猎人；2000年以后，百富勤成为耕耘中国绿地的农民，我们将扎根大陆沃土，播种、培育、收获。比亚迪就是我们种出来的第一棵树。我们将持续不断地培育中国最有价值的企业，并向海外投资者作出推荐。"

王传福话锋一转，说道："但是，我现在也有担心的地方。我了解了一下，现在正是网络股泡沫破裂的时候，股市不景气，现在上市合适吗？"

蔡洪平做了如下解释："其实投资者真正关心的只有两点：一是这个公司赚不赚钱；二是投资者从中能获得多少收益，这两点要求比亚迪都符合。另外，概念也很重要，这恰恰是百富勤的特点，我们公司非常擅长包装、创造概念，香港的'红筹股'概念就是百富勤创造出来的。比亚迪也将代表一个概念，比亚迪将成为这个概念上的一面旗帜。"

"什么概念？"王传福不知道老蔡葫芦里卖什么药，但是这个说法激起了他的兴趣。

"我觉得中国很快就将成为全球制造业的中心，将会出现一大批世界级的企业，现在许多完整的产业链已经移至中国，至少20年之内不会再转移。目前，中国已经奠定了成为世界制造中心的基础。"

王传福呵呵地笑了，表示认同。蔡洪平接着说："因为不可能再找到比中国更低廉的劳动力成本和在此之际的高劳动效率；一度严重压抑的13亿人口的需求，在改革开放之下也已爆发出来，巨大的需求和市场空缺被创造了出来。就你们比亚迪，不就是这样发展起来的吗？"

王传福哈哈地笑了，说："老蔡我知道你的意思了，你这个概念不错。"

蔡洪平接着说："到时我们会发表中国制造业的研究报告，表明中国将成为全球制造业的中心。事实上，这一点已成为世界的共识，不用说都知道，但是如果让比亚迪成为中国制造业的一个符号，那么，外国的基金经理就会表示出对该主题的兴趣。我们还会对外国的投资公司说，巴黎百富勤一直在努力寻找纳入世界产业链的价值企业，比亚迪就是这样的一个企业，它是许多国际知名企业的供货商，如摩托罗拉、诺基亚等，它已经成为世界经济产业链中的一环，是其中不可分割的一部分。"

蔡洪平的一席话，说得王传福心动，也坚定了王传福把上市一事交给百富勤来做的决心。他对蔡洪平说："这事就交给百富勤了，你们赶紧分析一下，可以开始为上市做准备了。"

"好，一言为定。"

很快，蔡洪平就比亚迪上市一事，提交了企业内部重组方案以及商业建议书，并严肃地对王传福说："你的股权要进行大的变动，不改造好会影响上市的。"

蔡洪平的这一句话，让王传福陷入了深深的沉思之中。

2．"聚—散—聚"式股权再造

其实，股权问题一直是王传福考虑的问题。但是，股权变动，牵动着方方面面的利益，几年的经商经验告诉王传福，利益问题不可小觑，一旦失策便会伤筋动骨，引起混乱。

那么，为了上市不得不动的时候，比亚迪能过好这一关吗？

那段时间，王传福在房间里不停地走来走去，反复地思考着股改的问题。

经过与百富勤商量，王传福终于下定了决心，开始了令人眼花缭乱的股权改造。他先后经历了"聚—散—聚"的过程，其改造的目的是要让王传福持股最多，成为比亚迪最大的股东；然后是兑现王传福分股给高层的诺言，使比亚迪的团队更加紧密地团结在一起；通过股权设计，表明王传福舍得分财、力求与管理层共同致富的开放心态。

股改之前，比亚迪的股权是这样的：比亚迪最初的注册资本仅为450万元，分别由深圳冶金、广州天新公司及深圳丽达斯分别注资，股权分配依次为64.4%、31.1%和4.5%。1997年10月，深圳冶金将股权出售给了王传福等三家股东，其中王传福拥有20%的股权。1998年1月，比亚迪扩大规模，注册资本扩至3000万元。此时，王传福拥有了24.33%股权，但还不是最大的股东，最大的股东是他的表哥吕向阳。

对于一个把企业视为自己生命的人，对于一个亲手缔造了电池王国的掌舵人，不是公司最大的股东，于情于理都说不过去。如果比亚迪上市，这一点对于股民来说更是无法交代的事。因为股民往往首先会质问的问题是："王传福不是企业最大股东，凭什么让我们相信他会把这个企业管好？凭什么让我们相信他能取得更大的成就？"

一个理性的投资人自然能想到这些问题，吕向阳、夏佐全这两个主要投资人都是聪明之人，自然对此也是心知肚明。比亚迪的最大股东迟早是王传福的，只是如何改造的问题。再说，投资的目的就是为了回报，现在的回报已经超出他们自己投资额的几十倍，退出也是心满意足了。

于是，比亚迪的股权改造第一步开始了，首先采取了向"聚"的方向。

王传福跟几个大股东谈了准备上市的事，说了自己的初步打算后，经过仔细谨慎的说服工作，得到了大股东的同意。从2000年开始，王传福开始收购比亚迪的股份。吕向阳的广州天新首先出售持有的比亚迪4.67%的股权，王传福接手；广州融捷再出售比亚迪10.33%的股份，王传福再接手；2001年1月，广州天新再次出售比亚迪的股份，深圳丽达斯则把在比亚迪的股权全部出售，王传福一口气全吞下来了。

这样一来，比亚迪的股权就变得简单了，其比例关系分别为广州融捷公司拥有50%，吕向阳拥有10%，王传福拥有40%。

这时的王传福还不是最大的股东，只排在第二位，离控股尚有11%的距离。这个时候，股权的改造不是向再集中发展，而是向"散"的方向发展了，通过稀释的方法，让王传福的股权比例上升，还有给比亚迪的管理层配股。

2002年3月6日，正是南国春暖花开的日子，这个日子对于比亚迪管理层的人也是一个温暖的日子。新一轮的股权改造再次启动，比亚迪的管理层也开始持有股份了。

广州融捷和夏佐全分别将手中持有的 23.55% 与 1.40% 股权转让，王传福获得 0.97%，吕向阳获得 8.72%，比亚迪公司管理层获得了 13.76%，三名个人投资者获得 1.50%。

这个分配只是一个过渡，交易完成后，马上又开始了新一轮的股权交易，这一次连三个大股东的太太也用上了。广州融捷把 5% 的股权转给吕向阳的太太张长虹，王传福把 4% 的股权转让给自己的太太李绍华，夏佐全将 1% 的股权让给自己的太太杨志莲。

太太李绍华获得比亚迪的股权之后，王传福曾跟太太开玩笑说："你现在成为了公司的大股东了，可以在股东大会上把我罢免了。"

李绍华笑说："罢了你不好，比亚迪还是要你来领导，我当你的领导就行了。都说女人通过征服男人征服世界，你看我就是这样的女人吧。想当年，谁看得上你啊，穷得叮当响，只有我看出你这家伙行。所以啊，女人不是要傍大款，而是要找能当大款的穷光蛋。"

一席话说得王传福哈哈大笑起来，对太太竖起了大拇指。

紧接着，这一年的 4 月，张长虹、李绍华、杨志莲分别将自己的股权以 3 元的价格转让给了广州融捷。广州融捷又把转来的股权，再加上自己拿出的一部分股权，以 39 元的价格转让给了比亚迪的其他股东。

在处理各个大股东股权问题的同时，王传福也在着手处理比亚迪下属的深圳锂离子电池公司的股权问题。

1998 年，王传福看好锂离子电池的发展，便成立了比亚迪锂离子电池公司。在王传福的倡导下，比亚迪公司、20 名高管，以及个别股东，各投资 3 万元参股组建了比亚迪锂离子电池公司。当时注册资本仅为 300 万元，其中比亚迪实业持有 40% 的股权，20 名高级管理者持有 0.5% 至 5% 不等的股权，累计持有 30.50%。

如何整合比亚迪实业和比亚迪锂离子电池两家公司？是简单地合在一起，还是成立一家控股公司掌控两家公司？这又是一个令王传福头痛的问题。要上市，比亚迪就必须要解决两家公司股东不一致、管理交叉的问题。但股权如何整合管理才能更顺？如何平衡新老股东间的利益，可是一件需要智慧的事。

经过与蔡洪平、吕向阳、夏佐全等人商量后，王传福决定由比亚迪控股比亚迪锂离子电池公司。决定下来后，等比亚迪的股权改革进行到快接近尾声的时候，锂离子这边的股权改革也迅速地开始了。在锂离子公司中，王传福是最大的股东，具有很大的话语权，所以股改进行得非常顺利。2002年4月，比亚迪锂电池公司大部分股东将90%的权益转让给了比亚迪公司。

2002年6月4日，经过三年的股权大改革，比亚迪终于在上市之前完成了改造工作，重新在深圳注册，摇身一变，成为了一家股权明晰的股份制公司。

在发行香港H股之前，王传福持有比亚迪股权38.505%，管理层持有22.622%，吕向阳持16.142%，广州融捷有11.487%。发行完成后，王传福只持有28.879%，公司执行董事和比亚迪管理层中的34个人合计持有比亚迪52.17%的权益，符合王传福的构想了。

值得一提的是，就在比亚迪在进行大刀阔斧的股权改革的时候，嗜利的风险投资也看好比亚迪的发展，纷纷找上门来，准备送钱给比亚迪，购入比亚迪股份。只是，王传福拒绝了，他设计的此次股改的目的，除了清除隐患，谋求上市，造富高层之外，更重要的是为比亚迪的大发展建立一个稳定的制度框架，而风险资本的进入则会扰乱自己的计划了。

多年以后，有媒体问起王传福：为何当初大费周折让高层持股？而且持股比例这么高？王传福说出了他当时的真实想法：

"在很早的时候，我就想到股权过于集中于个人，并不利于公司的稳定发展。这么多年来，我看到民营企业的衰败，很大意义上就是一股独大造成的恶果。作为民营企业家应该有广阔的胸襟，应该让员工真正参与到企业的发展中来,让核心员工真正成为企业的主人。在比亚迪发展的过程中,核心团队立下了汗马功劳,这些财富,可以说是我送的,但也是他们自己的。没有他们,也不会有比亚迪事业飞速的发展。"

末了,他话锋顿转,对记者说道:"说实在的,只要有几百万元,什么样的生活过不上?要那么多钱干吗呢?"

3. 王氏的全球"路演"

完成股改之后,在百富勤的安排下,王传福开始了配合股票发行的工作,参与各种活动,频频在媒体、杂志上曝光,比亚迪与王传福从那时开始渐渐为广大民众所知,而不仅仅是限于业内人士了。

2002年7月11日到25日,在巴黎百富勤的安排下,比亚迪开始了上市前的路演。

所谓的上市路演,是指股票发行人和承销商面向投资者举行的股票推介报告活动。路演的目的是促进投资者与股票发行人之间的沟通和交流,以保证股票的顺利发行。用通俗的话说,就是发行股票的公司向基金等投资公司推销自己的股票,如果有基金感兴趣,就会购买股票,等于是掏钱给你做企业,等企业挣钱了根据股票的份额分配收益。

路演的重要性在于,它是一个有钱机构与企业领导人互相交流的平台。推介会是路演的主要形式,在推介会上,上市公司要向投资者介绍公司的业绩、产品、发展方向,充分阐述上市公司的投资价值,让投资者们了解具体情况,并回答投资者关心的问题。如果企业领导人的推销做得很好,打动了这些机构,不但可以完成股票销售任务,还可以获得机构的超额认购。

"这些股票能卖出去吗?"懂技术的王传福并不懂得资本市场的特点,

比亚迪真相
BIYADI ZHENXIANG

一向踏踏实实做事业的王传福对这个有点虚无的东西，有时会感觉把握不住。说到底股票就是一张纸，况且现在科技发达，都电子化了，很多时候连一张纸也没有了。

"肯定能卖出去，比亚迪是一个非常有吸引力的公司。"蔡洪平看王传福心里不安，给王传福打气。

"怎么卖呢？我们推介，他们埋单？"

"嗯，一般情况下，在路演的时候碰到基金经理，认真的基金经理会带着很多研究报告过来，然后会问很多问题，问了很多问题之后，就会马上下单子买股票。简单偷懒的基金经理也不看报告，听听你的推介就会买的。"

"我现在每天都很紧张，晚上都睡不着觉。如果发不出去就麻烦了，不仅丢人，还影响比亚迪的声誉。"王传福的技术人特性会时不时地冒出来。

"你太小心了，没有问题的，相信我，肯定能发出去。"蔡洪平不时地安慰着王传福，王传福才稍稍放心。

巴黎百富勤给王传福安排了全球路演。路演前，蔡洪平对王传福说："你马上要开始全球路演了，要跑十个地方，分别是香港、新加坡、米兰、伦敦、爱丁堡、波士顿、纽约等十个城市，在这11天的时间里，你要会见600个基金经理。"

"600个基金经理？老蔡，这么多怎么见得过来。"王传福吃惊地说。

蔡洪平笑着说："是啊，现在是你要拼老命的时候了，最多的时候一天会有九场会议，完全是马不停蹄地会见，从早晨早餐到最后晚餐，最后到夜宵都得和基金经理在一起了。"

虽然当时的股市环境不好，但是在百富勤的包装下，在比亚迪本身业绩的支撑下，比亚迪的推介会还是受到了基金经理们的欢迎。在香港路演的时候，场面一度火暴，这让王传福稍微放心了。香港完后马上转到新加坡路演，这一次，王传福遇到了一件有趣的事。

有一个一直期待着比亚迪上市的日本基金经理，听到比亚迪来路演后欣喜若狂。

就在两年前，这位日本人看好日本三洋充电电池的发展，准备购买日本三洋的股票。于是他到日本三洋作调查，在调查的过程中他问道："日本三洋的最大竞争对手是谁呢？它有什么样的特点？"

三洋公司的人对他说："中国广东的比亚迪公司，它的特点是采用人机合一的模式，对三洋没有什么影响力的。"

"人机合一的模式，这个我略懂一点，但不是十分清楚，能否请阁下回答一下？"

"就是人力与机器相结合的模式。一些中国企业已经学会如何精细地分解我们的生产线，并从控制全生产线成本的角度出发做企业。现在，中国大量的廉价劳动力仍在从事着看起来相当初级的劳动，他们不仅在和跨国企业进行竞争，也在和高度自动化的机器进行着某种竞争。这是不长久的，最终是比不过我们的。你就放心地投资三洋吧。"三洋公司的高管如是说。

但是，这位日本基金经理并没有听从三洋公司的话，而是像著名的投资人彼得·林奇一样，准备购买竞争对手的股票。彼得·林奇曾在他的书中说，当你得知一个公司畏惧竞争对手的时候，那么，你要购买竞争对手的股票。

于是，这位日本经理开始收集资料，仔细了解比亚迪公司的情况。经过了解他发现，比亚迪并没有上市，这让他很失望。

经过两年的等候，当他听到比亚迪即将上市的消息，心里高兴万分，特意赶到新加坡，在午餐推荐会上与王传福高兴地谈起来了。非常兴奋的他，最后当场购买了比亚迪很多股票。

在路演的时候，王传福遇到最多的事是基金经理的一些质问，他们从很专业的角度来质问比亚迪的发展模式，质问比亚迪的赢利模式等。

比亚迪真相
BIYADI ZHENXIANG

在伦敦的时候，一个基金经理说："现在经济并不景气，大环境不好，大家都不敢碰股票，特别是香港民营企业现在也是负面因素很多的时候，如果上市后你快速套现怎么办？另外，很多公司也是以上市为目标，上完市就没有心思用心做了。"

王传福如是回答："我这是香港H股，根据中国的法律，发起人股是三年不能套现的。我这一辈子没有别的爱好，只会一辈子把企业作为我的生命来看待的。所以，第一法律上我不能套现，第二我也不会这样做。"

另一个基金经理说："感谢王总真诚的话，但是商业以赢利为目的，请你介绍一下未来三五年如何保证公司的赢利？"

王传福说："我们企业从1995年成立，到现在差不多八年时间里，我们主要是苦练内功，着重抓品质和成本方面，时时刻刻把这两者作为最重要的一个任务去抓，只有这方面的能力提高了，才能提升我们的赢利能力，投资我们的人在未来三年甚至五年里面，绝对能够赚钱。"

王传福的话情真意切，发自肺腑，话音落后，博得满场热烈的掌声。

后来，蔡洪平在CCTV上做节目时说：那段话挺感动我的，我认为比亚迪的成长靠两点来推进，一个是靠他的技术来推进，一个是靠他的感情来推进，他真是把一个企业当做他的生命来看待。

在美国路演的时候，王传福他们还遇到了提问更直接，让王传福心里感觉恼火的事。

当时王传福对着美国众多基金经理侃侃而谈，蔡洪平在一旁观察着基金经理们的神色变化。王传福话音刚落，美国一位跷着二郎腿的基金经理就问："你刚才提到一个品牌，你说是给他们的无绳电话提供配件，是吗？"

"是的，是我们供的货。"王传福扶了扶眼镜，不知道对方葫芦里卖什么药。

这个基金经理直直地说："王先生，据我了解，那个无绳电话的质量相当差。"

基金经理们哄地笑了，王传福感觉自尊很是受伤，蔡洪平也黑着脸站在那里，没想到这个基金经理这么扫面子。但是，王传福很快就调整了情绪，觉得这个人在这之前因为上过当才会这样说的。于是，他和颜悦色地向那位基金经理解释说："少数企业可能会做出一些比较不太好的事令你反感，但不是所有的企业都是如此。正如人分善恶，企业亦是如此。"

这个基金经理看蔡洪平黑着脸像包公一样，于是问道："蔡先生是哪里人？"

蔡洪平说："我是上海人。"

这个基金经理盯着他看了一会儿，说："不像，像是菲律宾人，黑。"

蔡洪平被他气得说不出话来，心想，自己的肤色跟买股票有什么关系。看蔡洪平气得不说话，他转头问王传福："你是安徽人，你创业的早期借了点钱，能否说说这个钱怎么来的？"

王传福于是一五一十地解释了。之后，他又追问："你这个技术专利是不是抄三洋的、抄日本的、抄韩国的？"

王传福路演以来，从来没有遇到这样的人，故意认真地盯着他观察了一下，觉得他的神态是很认真的，并不像是故意找碴儿的人，估计是这个人的职业习惯。于是，王传福坦诚地说道："我们跟他们完全不一样，如果有一天你到工厂看，会发现我的工艺与生产线和日本是截然不同的。日本是用纯干燥室来做锂离子电池，我们比亚迪不用干燥室做锂离子电池，这就是截然的不同。"

推介会结束后，这个基金经理还是很看好比亚迪，向巴黎百富勤要股票。蔡洪平觉得这个事要和王传福商量一下，于是问王传福："王总，要不要给他股票？"

王传福想了一下，说："算了，还是给他股票吧。"

蔡洪平气呼呼地说："这家伙太气人了。"

王传福呵呵地笑了起来，说："这个是小问题，我估计这是他的个性，或者是一种探测真相的方法。"然后，王传福避开这个话题，转到另一个话题，说道，"我们在纽约的跟单率有60%，100个基金经理差不多有60个基金经理填下了单子要股票，但是，跟我们的发行量还有点差距，现在离结束还有两天，我有点担心啊。"

蔡洪平说："我们最后两天是冲刺的，没关系，再坚持最后一下，没有问题，我相信到明天就会捷报频传。"

事实果然如此。尽管全球的股市市况不好，如同结了冰一样寒冷，但比亚迪仍以其优秀的业绩得到了基金机构的青睐，最终超额完成了股票的销售任务，90%比例的配售额获得了7倍以上的超额认购。

这次路演，王传福知道了如何衡量一个企业的价值，同时见证了资本市场的复杂与神奇，还有它的残酷。7月23号上午，一个阳光灿烂的日子，王传福在蔡洪平的带领下，在纽约拜见了一个大的基金的经理，这个基金持有三洋的股票，基金经理问了一些问题以后，很认可比亚迪，于是蔡洪平请他给一个评价，基金经理冷冷地说："我接下来要做的是抛三洋的股票，买比亚迪，很简单。"

这位基金经理语气之冷静，态度之坚决，转变之快速，令王传福内心觉得震惊，他觉得比亚迪上市后只能一直保持高速增长，才会让基金经理蜂拥而来，不然也会像三洋一样被人抛弃。

路演回来后，王传福稍微休整了一下，下一步就是到香港去参加上市仪式，迎接那激动人心的时刻了。

4. 初入中国富豪榜

香港是亚洲的金融中心，但在全球范围内，美国经济的火车头效应，使得美国股市的一举一动，都影响着世界其他国家或地区的股市。香港也不例外，也要看美国股市的脸，美国股市感冒了，香港股市就得打一个喷嚏。

2002年的美国股市不仅是感冒了，而且是大病了一场，以至于当时悲观的媒体称这一年的美国股市为"积重难返的岁月"。

2000年疯狂的网络股泡沫破裂后，美国股市就欲振乏力。第二年的"9·11"恐怖事件爆发，美国股市更像是被打中了的一只鸟，直线坠落，严重超跌。直到2001年的冬季，才有一波超跌反弹行情，但是，股票市场依然阴霾密布，风雨欲来的样子，走得战战兢兢，跌跌撞撞。

正当股市稍有缓和一点的时候，2002年夏季，安然财务造假事件又给美国股市兜头浇了一盆冷水，所有的市场指数都一路走低，泻落之势无可抵挡。从当年4月1日到6月24日，道琼斯工业综合指数一路下降，标准普尔500指数步步下挫，一度下降了13%。所以，王传福去路演的时候，到处感觉到的都是美国股市的寒意深深。

尤其是7月19日，这一天离比亚迪上市只有12天的时间了，美股出现暴跌，道琼斯工业股票指数下跌390点，收市报8019.26点，是道指4年来最低的收市点位，也是道指历史上第7个最大的跌幅日。据当时的统计，截止到2002年12月15日，道琼斯工业综合指数下挫了16.28%，标准普尔500指数下降了22.97%，而纳斯达克工业综合指数则大幅滑落31.16%。

此时的美国股票市场可谓一片狼藉，连续三年沉浸在熊市的沼泽地中不能自拔。

在美国股市的影响下，香港股市也是步步下滑。当王传福在纽约拜见基金经理的时候，香港融资环境似乎陷入到了最低迷的时候，市场跌至14年来最低点——7500点。早比亚迪几天上市的中银香港在发行当天就跌破了发行价；长江生命科技在上市不到一个星期也跌破了发行价。

"比亚迪会不会一上市就跌破发行价？"王传福不由得忧心忡忡，征询着蔡洪平。

比亚迪真相
BIYADI ZHENXIANG

"根据经验来说不会，比亚迪90%比例的配售额获得了7倍以上的超额认购。公司良好的基本面是吸引投资者的主要原因，在过去三年比亚迪公司的年复合增长率达到了平均70%。你要知道，世界股神巴菲特的年复合增长率才28%多一点。如果照你这个速度持续几十年，那世界首富非你莫属。基金经理能不趋之若鹜吗？天下攘攘，皆为利往，有利的地方，市况不好也会火暴的。"蔡洪平如是说。而事实上，这样惨淡的市道，蔡洪平也没有底。因为股市是最难预测的，没有人可以百分之百的预测到底情况会怎么样，一切都要等上市日看。

2002年7月31日，代号（1211HK）的比亚迪在香港如期上市，王传福心里有点紧张地看着交易所的屏幕。在股价分时图上，开盘后股价震荡了一下，接着连续拉出几轮上涨的弧线，不但没有跌破发行价，还大涨了起来。最终，当收市的铃声响起来的时候，比亚迪的收盘价较发行价上扬了11.42%。

王传福心里的一块石头终于落了地，他踏踏实实地睡了一觉，这段时间太累了。

做任何事都力求简单，比亚迪上市之路也是如此。除了上市后在香港有一个面向投行和各中介机构的答谢会之外，比亚迪内部甚至连一个寻常的庆祝会都没有召开。只是在开其他工作会议时，王传福向中层管理者简单讲述了公司上市的过程，似乎上市如同比亚迪的生产线，只是公司发展过程中的一道工序，迟早是要发生的，没有必要大惊小怪。

然而，上市的巨大激励作用还是像春天里的野草一样蔓延开来。由于比亚迪其他34位高管获得了高达22%的股份，一夜之间便诞生了几十位数百万级以上的富翁，这些人的心中有了巨大的满足感，工作的积极性更强了，团队变得更紧密了。团队的精诚团结正是王传福股权激励机制的目的。

纵观比亚迪的此次上市过程，有几处是可圈可点的：一是发行价在54

只 H 股中位列第一，是以较高的市盈率发行；二是比亚迪是巴黎百富勤保荐企业中路演时间最短，但成功程度较高的企业；三是面向机构投资者配售时，获得了 7 倍的认购，属于超额认购；四是全球股市正处于弱市的环境之下，比亚迪是成功发行的少见个案之一。

比亚迪上市后，融得了 16 亿港元，为下一步的发展储备了充足的现金。此后，比亚迪的股价节节攀升，在不到一个月的时间内即上涨了 37%。其中，上市后头两天的成交金额分别达到 3.83 亿港元和 1.36 亿港元。如果按股票炒家的理论，这就意味着开始有新的庄家看好这只股票，开始建仓吸筹码了。

不仅如此，此次上市也让王传福跻身于《福布斯》中国大陆富豪榜，排名第 41 位。其表兄吕向阳也冲上了富豪榜，排名第 48 位。古人云：上阵父子兵，打仗亲兄弟。吕、王二兄弟在商场上的并肩作战，共同进退，似乎正在演绎一个精诚合作的传奇故事。

比亚迪上市后，很多荣誉也都蜂拥而来。其景有如德国哲学家叔本华一样，成名前默默无闻，门可罗雀，而《作为意志与表象的世界》出版后，便声名鹊起，门庭若市了。此时的王传福也如出一辙，开始享受这种被叔本华称做"名声的滑稽戏"。

2002 年 11 月，王传福获得了香港颁发的"紫荆花杰出企业家奖"，并于同年被评为中国优秀民营企业家；同年，比亚迪被全球权威刊物《亚洲货币》评为"2002 年最佳新上市公司管理奖"。此后，王传福领奖领得手软。

在这些奖项之中，值得一提的是 2003 年 6 月，王传福获得美国《商业周刊》一年一度的"亚洲之星"称号。美国的《商业周刊》是全球销量第一的商业类杂志，每周的发行量在 120 万份以上；更重要的是《商业周刊》以其专业的办刊思想，以及对商业精深的理解，成为了商业思想的前沿阵地，在全球商界具有高度的认同地位。王传福能获得这个奖项，亦代表了他已成为一个商业领域里的一面旗帜。

比亚迪真相
BIYADI ZHENXIANG

　　当年六月流火，王传福很高兴地到美国去领这个奖，为他颁奖的是美国前总统克林顿。当他从克林顿手中接过"亚洲之星"的证书后，整个美国商界都知道了他，也都知道了比亚迪。王传福的这次亮相，为他后来受到股神巴菲特的青睐埋下了引子。

　　上市之路如同另一所大学，让王传福学会了很多新的东西，也加深了他对资本市场的思考。

　　首先，王传福学会了如何与基金经理打交道。如欧洲的基金相对于美国的来说，更表面一点，美国一些基金看中国的企业看得更深层一些，如果公司理念比较好，或者企业经营比较好的话，欧洲基金就很容易给公司下很大的单子。这些经验也为王传福以后入主秦川，面对基金经理的威胁仍能置之于脑后提供了意志支持，因为他认识到企业股价最终是要靠业绩说话的，没有必要局限于一时之涨跌。

　　其次，在与巴黎百富勤的合作中，比亚迪学会了怎样争取合理的市盈率，明确了对比亚迪更合理的发行价格是多少；而全球路演，也开始让王传福学会了重新审视比亚迪的价值。

　　总而言之，王传福对于比亚迪上市的表现非常高兴。他在CCTV《对话》栏目做客时，总结比亚迪上市的重要意义时说："上市对比亚迪来说是个里程碑，是对其业绩的肯定，也是今后获得高增长的基础。当比亚迪走到这个境界的时候（即上市），如果让我倒退到以前的观点，那时我错了。比如像我们现在所动用的资源就很多。我们现在账面上的现金就有几十个亿，同时，我银行授信的额度有很多个亿，这样的话我可以做一些更大的产业。另外一点，在华尔街只要提到比亚迪，大家都知道有这么个企业，那我寻求国际合作的时候就很方便。以前不上市的时候，华尔街根本没有听说过比亚迪，银行根本不和你谈，这都是一些机会。而你一旦上市以后，就相当于你又爬到一个山的另外一个高度，然后在那个高度上，你看到的景色和你当初的高度是没法比的。"

第六章 资本场上跑马圈地

此时,王传福以更国际化的视野来看待比亚迪的未来了。如同一句广告词所说,"站得更高才能看得更远。"显然,当站在国际化的视野来看比亚迪的成长之路时,比亚迪需要一个更宏伟的目标。

那会是一个什么样的目标呢?比亚迪又面临着什么样的变局呢?

BIYADI

BIYADI ZHENXIANG

第七章

汽车：一个人的决定

企业的成败取决于企业家目光的长远，当比亚迪在电池行业走到了世界的前沿，摸到了行业的天花板时，王传福仿佛感觉到了比亚迪走到了世界的尽头。为了不让比亚迪在世界的尽头停留，王传福开始寻找一个新的世界。这是一个陌生的世界，这是一个让所有人意外，让基金经理暴怒的世界。

当全世界都站在你的对立面时，你还有胆量走下去吗？

王传福有……

1. 资本场上犯众怒

2003年1月23日，香港。

港交所的恒生指数开盘不久，比亚迪的股票就开始下跌，由开盘时的17.00港元一路暴跌，最终收于14.45港元，跌幅高达19.72%，交易额则达到3.59亿港元。很多人觉得比亚迪的大跌是不正常的，觉得应该就此刹住车。可没有想到，比亚迪的下跌才刚刚开始。

第二天，比亚迪的股票跳空低开，开盘价仅有13.50港元，收盘价则为13.00港元，跌幅10.03%，成交量达到3.32亿港元。第三天，比亚迪的股票再次下挫，开盘价为12.85港元，收盘价为12.45港元，跌幅4.23%，成交量1.34亿港元。最低的时候，股价一度下跌到12.20港元。直到第四天，比亚迪的股票才止跌回稳。

短短3天时间，比亚迪的股票就由17.00港元跌到了12.45港元，总体跌幅高达26.76%，其市值蒸发了将近27亿港元。

香港的股民纷纷致电比亚迪的董秘办：为什么比亚迪的股票会这么猛烈地下跌呢？

一开始，董秘也一头雾水，公司好好的没有什么事啊！只有王传福等少数几个人知道原因。原因非常简单，这是香港的基金经理在警告王传福，他们要给王传福一点颜色看看，要让王传福知道，"不听话"的后果到底有多么严重。

就在此次暴跌的前几天，香港的一位基金经理曾打电话给夏治冰，内容非常简单："夏总，跟你们王总说说，假如你们比亚迪不打算改变主意的话，那么就请做好股价大跌的准备吧。"夏治冰没有理会，觉得基金经理会跟王传福交流这事。

第七章
汽车：一个人的决定

也就在一次工作会议上，王传福正在谈工作的事，这位香港基金经理打电话到王传福的手机上，他在电话里吼叫着说："王总，我就是要抛你的股票，直到抛死你为止！"

香港基金经理的声音近乎失控，大得让所有在座的人都听到了。

香港的基金经理们为什么要抛售比亚迪的股票呢？比亚迪又做了什么一意孤行的事情，让上市半年来与基金交好的比亚迪犯了香港资本市场的众怒？

事情还要从2002年的一次闲聊说起。

2002年的一天，王传福在上海接待一位朋友。吃饭的时候，王传福与朋友聊起了生意经。

这位朋友对王传福说："王总，公司这么快就在香港上市了啊，这离你创办那个小作坊才刚刚七年，也算是功成名就了啊。"

王传福说："你是看得到我今天的甜，看不到我明天的苦啊！"

"苦？别开玩笑，你的电池产业都快超过三洋了，还在香港股市上获得了大笔的融资，前途大好。如果这也叫苦，那我天天祷告老天爷让我受苦了。"朋友戏谑道。

王传福正了正色，说道："比亚迪目前确实是做到电池产业的全国第一、世界第二，但是绝不意味着比亚迪现在就高枕无忧了。三洋那边又进行了技术改造，它的电池成本肯定会有所下调，对比亚迪这样威胁它地位的竞争对手而言，它在国际市场上是绝对不会对我们让步的。说完国外，咱们再来看看国内。据我所知，因为比亚迪的电池产业发展得非常好，导致大大小小上马的电池项目有几百家。这些企业和比亚迪拥有相同廉价的劳动力，在成本控制方面未必就一定输给比亚迪，与我们有所距离的只是技术方面。说是外忧内患一点都不夸张。"

朋友依然不解："三洋虽然能够通过生产线技术改造降低生产成本，但是其高昂的人力成本是没有办法改变的。况且，在技术上，你们比亚迪一直都是独立研发，自主创新，赶超三洋应该是迟早的事情。至于国内的那些小电池厂商，就更不用担心了。首先，你的比亚迪成本控制已经可以说做到了极致，别人再怎么压低成本也不可能比你还低了。其次，你们比亚迪的研发能力非常强，在技术上不受别人专利的限制；再加上这么多年来，你们所做的技术积累，别人想在技术上赶超你们几乎是不可能的。最后，假设他们能够生产出相同品质的电池并保证相同价位的成本，你的比亚迪也拥有先占的市场优势。所以，王总，你所谓的内忧外患其实并没有那么严重，只要你按照现在的步调来走，在国内保持行业领先是毫无问题的，在国际上赶超三洋也是迟早的事情。"

王传福叹了口气说道："就像你说的，比亚迪现在做电池做得很好，甚至可以说是把中国的电池企业做到了极致。我有自信地说，比亚迪的电池工厂无论是产品设计还是管理模式在世界上都是一流的。我们也就是靠着这个一流的品质在香港上市的。但是这个一流也意味着发展空间的狭小。三洋不像几年前了，比亚迪刚起步的时候，三洋不把我们当回事，我们的发展空间比较大。从亚洲金融危机过后，比亚迪获得高速发展，三洋就不再小瞧我们了。我做上市路演的时候，有一个日本基金经理就和我说过，三洋其实很早就把我们当做最大的竞争对手了。在对手对你有所警觉的情况下，想要超过对手是非常困难的。我们现在已经做到了世界第二，再好也不过是世界第一，世界电池产业的蛋糕就这么大，受这个蛋糕大小的局限，比亚迪就难以获得突破性的发展了。我这叫摸到了行业的天花板了，这一点是很不好办的。"

朋友想想也是，于是问他下一步打算。王传福斩钉截铁地回答："我打算开辟第二战场！"

"第二战场？"

"没错，在股市募集到的大量资金，目前我还都没有动用。将其全部投入到电池的设计、开发和生产销售上是完全没有必要的，也不会产生什么效果。但如果手头的资金就这样放着不用，那就是资源的巨大浪费。所

第七章
汽车：一个人的决定

以，我打算开辟第二战场，进入一个更有发展空间的领域。"王传福解释道。

"那你想好做什么了吗？"

"还没有。家电是没有办法做了，现在产能已经严重过剩。手机项目虽然热门，但是各地上马的项目太多了，而且手机牌照的争夺又异常激烈。更关键的是，比亚迪电池的主要客户就是诺基亚和摩托罗拉这样的手机生产商，如果我也做手机，那么必定会给电池产业带来巨大的冲击。"

"不如去做房地产吧！"朋友建议道。

"房地产？"

"是啊！目前中国经济正在高速发展，这可以说是一个很好的机遇期。在这个时候搞房地产正逢其时。按目前的势头来看，咱们国家的经济发展速度应该能保持相当长的一段时间。过两年，老百姓的经济能力一上去，对住房的需求一定会大大增加，那个时候的房地产一定会获得高额的回报。"朋友帮他分析道。

"我不做房地产。"

"为什么？"朋友很好奇，因为在他看来，房地产是绝对有前途的行业。

"我是搞技术的，做工业的。一个国家的发展靠的是其工业生产能力。房地产作为建筑业虽然短期内能够成为中国发展的支柱产业，但是对我来说没有多大的意思。我做电池为什么要自主研发？就是要掌握核心技术，提高技术实力，改变我们目前这种大而不强，为外国人打工的技术弱势低位。"王传福讲出了自己的理由。

"那就做汽车吧，我觉得以后汽车肯定是要普及的，像手机一样，有一个普及期，这是一个巨大的市场空间。"朋友又给王传福指了一条路。

王传福一听到汽车就笑了，因为朋友的话说到了自己的心底里。于是他接着说："你说得没错，汽车是我认为非常好的一个选择，以后我还打算把我的电池和汽车结合起来发展，打破外国百年来在汽车领域的技术垄断。不过，现在许多企业都在搞汽车，大家纷纷抢占市场，我们比亚迪又是做电池的,在汽车方面没有任何技术积累,先不说能不能设计出好车,就是想获得个汽车生产目录恐怕也是非常困难的。等我们拿到生产目录,把汽车生产出来,市场早就被人分光了。"王传福苦恼道。

"这是一个大问题,需要找一个好机会。"朋友也觉得这是一个非常难的问题,这不是自己能解决的。但是,朋友对王传福欲进军汽车给予了鼓励,朋友的鼓励似乎也坚定了王传福的信心。

不久,王传福就得到消息,秦川汽车陷入了困境,欲寻找收购方。王传福觉得这是一个绝好的机会,于是萌生了比亚迪本业之外的收购之意。

2. "王总永远是正确的"

"我想做汽车。"

当时任比亚迪成本部经理的夏治冰听到王传福这句话后,惊呆了。电池做得好好的,只要继续努力下去,迟早是世界电池业的老大,怎么想起来做汽车了?夏治冰想不明白。他定了定神,想了一会儿,提出了自己的反对意见。

"你先别急着反对,我打算收购秦川汽车,你这两天好好了解一下,然后咱们好好合计合计。"

夏治冰没有再说什么,离开了王传福的办公室,便着手收集秦川汽车的资料。"秦川汽车?没听说过啊!我倒要看看这个企业到底有什么三头六臂,让王总连电池都不想做了。"夏治冰一边想着秦川汽车,一边琢磨着怎么打消王传福做汽车的念头。

经过大量的资料收集和分析,夏治冰对整个汽车产业和秦川汽车终于有了初步的了解。

秦川汽车位于中国陕西西安,拥有轿车生产目录。秦川汽车最早出身

第七章
汽车：一个人的决定

于军工企业。前几年军工企业改制，秦川汽车才从军工企业的序列中退了出来。1992年，为了让这些前军工企业有所发展，中国兵器工业总公司将从日本铃木引进的奥拓汽车制造工艺，同时分别给了旗下的长安机器厂、江南机器厂、江北奥拓、秦川奥拓各自独立经营，建立了重庆长安奥拓、湖南江南奥拓、西安秦川奥拓、吉林江北奥拓，形成了中国大陆小型轿车领域的"四大奥拓"的格局。

重庆的长安奥拓一开始就打出"走向世界"的口号，快速消化产品工艺，严把质量，全力向全国推广"长安奥拓"，很快就在市场上占据了一席之地。西安秦川奥拓却拖拖拉拉，比重庆要晚两到三年才推出产品，仅仅只能算是地方品牌，没有真正走出陕西。另外两家奥拓则很快在市场上销声匿迹了。1998年～1999年间，两家主要的奥拓生产厂曾经展开过一场竞争，最终以长安奥拓全面取胜结束。失去奥拓品牌的秦川奥拓只好独立研发自己的汽车，打造自己的品牌，秦川福莱尔就此应运而生。

福莱尔虽然脱胎于奥拓，但是做了很多的自主创新，其设计非常符合中国人的使用需求，所以一经推出就立刻获得好评。这个号称"中国最便宜的轿车"为秦川汽车打开了市场。2001年以后，秦川福莱尔销售业绩有所增长，特别是得到了当地政府的支持，在西安出租车市场上占据了一定的份额。截至2002年上半年，秦川福莱尔已经卖出了8000多台，在市场上也小有名气。

不过，自成立以来，秦川汽车就饱受资金困扰。2002年，秦川汽车年销售量达到1.8万辆，应该说成绩还勉强尚可，即使如此，秦川依然面临着随时揭不开锅的危险，一年到头的净利润也只有可怜的70多万元，还抵不过别人的一辆豪华轿车。

夏治冰通过分析资料才发现，原来市场上小有名气的福莱尔是秦川汽车制造的。但是作为集团的高管，夏治冰很清楚，以秦川汽车的实力和能力，在强敌环伺的汽车企业中，实在是一个弱者。由此他认为，这样的一个企业，投资潜力并不大。而2002年，可以说是一个汽车行业的"井喷之年"，许多企业都不约而同地产生了强烈的"造车冲动"，这个时候比亚迪进入汽车领域固然机遇很大，但风险也不小。此时的比亚迪根本没有必要跟风去冒这个险。

所以，当王传福再次问夏治冰是否应该入主秦川汽车的时候，夏治冰的回答还是不同意。

"为什么？"王传福询问起理由来。

"我觉得不合适。"夏治冰回答，"王总，我们目前电池产业做得非常好，为什么要蹚汽车的这浑水呢？"

"因为汽车业是有发展前途的行业，而且以后可以和我们的电池产业配套。"王传福不紧不慢地说。

"可是我们的电池产业现在做得非常好啊！为什么要放弃电池产业呢？"夏治冰说道。

"谁说我们要放弃电池产业了？我想要走的是电池与汽车并重的道路。我们现在之所以能够竞争过索尼等日本电池企业，一是我们拥有过硬技术，二是依靠低廉的生产成本。对于中国其他的电池企业来说，完全可以复制我们比亚迪的模式，然后再和我们竞争。现在不是有些电池企业已经挖走了我们的部分人才，开始学习我们了吗？就算这些企业无法打败比亚迪，也会给比亚迪带来损失。"

王传福进一步说道："说白了吧，我现在觉得电池制造业的进入门槛太低了，比亚迪成功之后，很容易会引来其他投资者和自己竞争，要不了多久，电池领域就会出现过度竞争，利润会不断地下降。你看，这几年来，充电电池每年的销售价格都有10%左右的下调。现在我们的镍镉电池做到了世界第一，锂电池世界第二，你知道这意味着什么吗？这意味着比亚迪的电池制造已经摸到了天花板，比亚迪必须拓展业务，比亚迪必须谋求转型，需要找一个有更大空间的行业去做，但是又希望那是和电池相关的行业。这个行业就是汽车业。"

夏治冰看到王传福的态度非常坚决，便决定不再多说什么。但是他还

第七章
汽车：一个人的决定

是本能地提醒了一句："我是成本部经理，得对咱们的财务状况负责，买下亏损的秦川汽车，将会严重影响我们的财务报表。香港投资人那边会有很大的意见，这些流通股股东会给我们麻烦的。"

"不管他们。我们企业的发展不能受制于投资人。他们追逐的是资本利润，而我们追求的是企业发展。不能为了他们的利润放弃我们自身的发展。而且，你也很快就不是成本部经理了，我打算以后的汽车产业部分就由你来负责了！"

胳膊肘儿扭不过大腿，既然老板想干，那就干吧。只是干起来提心吊胆的，一点经验也没有。夏治冰觉得干什么都需要有门路，有经验，现在不但没有经验，连门在哪里都不知道，怎么走？他实在想不明白。

"既然王总下定决心了，那我们就做汽车吧。要没别的事情，我就先出去了。"夏治冰无奈地说道。

王传福一边回答，一边目送夏治冰离开。在王传福看来，夏治冰已经被自己说服了。但是走出办公室的夏治冰却完全是另外一个思想状态，他此时的感觉就是，做汽车业是从原来电池业的峰顶落入谷底，自己对汽车行业非常陌生，对前景感到十分恐惧。

夏治冰的恐惧不是没有道理的。汽车制造业不是新兴产业，是一个有着一百多年的传统产业，在这个产业之下的那些大大小小的汽车王国早已将整个产业版图瓜分完毕。美国有福特、克莱斯勒；日本有丰田、本田、日产；德国有奔驰、宝马、大众；法国有雷诺、标志、雪铁龙……除了这些大名鼎鼎的国际汽车公司，当时我国国内成熟的汽车企业也很多，如一汽、上汽、东风等汽车集团早已经过早期的整合磨合期，成为中国汽车产业的大鳄；而奇瑞、吉利这样的行业新兵，也已经打下了自己的一片天下。别人早已经把蛋糕分好了，比亚迪作为一个做电池出身的企业，凭什么能进去再分一杯羹呢？

夏治冰想不明白，和他一样想不明白的还有其他的比亚迪高管。当王传福把自己想做汽车的想法在会上提出之后，整个会场就陷入了长久的沉默状态。几乎所有的人都不同意王传福的想法；几乎所有的人都不理解王传福的苦心；几乎所有的人都在想着夏治冰同样在想的问题——比亚迪能做好汽车吗？

虽然会场上没有一个人出声反对，但是反对的暗流在整个比亚迪涌动，似乎是一个火药桶，一点就炸。只要一有人开口反对，下面的人必然群起响应。王传福并不是不知道现在是一个火药桶，从现场的气氛就可以感觉出来。但是他希望这个火药桶不要爆发出来。

夏治冰也知道这一点。会议开始后，他就像泥胎菩萨一样，面无表情，一句话也不说。这时他觉得自己要说话了，于是站起来："王总，既然您下定决心做汽车，那么我即便不同意，也不会破坏您的计划。这么多年过来，您的每一次决策都是正确的。我相信您的眼光！这一次一定还是正确的！您让我去做汽车，我就去做汽车！"夏治冰在心里暗暗投下了赞成票。

王传福一向在比亚迪说一不二，大家见夏治冰不但不反对，还投赞成票，更加闭口不言，默认了王传福的决策。

"好！既然大家都没有什么意见，那么比亚迪的汽车部门现在就开始进入运作！"王传福吹响了进军汽车产业的号角。

凭着在企业内部的个人威信，王传福很快就统一了整个比亚迪管理层的思想。但是，外部的反对意见就不是那么好协调的了。

3. 只有偏执狂才能生存

开过会议后，消息马上传到了香港基金经理那里，基金经理的脸色突变。

"搞什么名堂，比亚迪竟然要做汽车了？"

"王传福是不是疯了？"

"一个做电池的还想搞汽车？这不是开国际玩笑吗？"

第七章
汽车：一个人的决定

"我们买他股票，是让他生产电池，不是让他在汽车上烧钱的！早知道他要搞汽车，我们还不如直接买汽车股来得省事！"

持有比亚迪股票的基金经理们简直像炸了窝，纷纷表达着他们的不满。

在半年之前，比亚迪酝酿港股上市，在路演的时候，比亚迪与港股的许多基金经理都建立了良好的合作关系。基金经理们看好比亚迪的，正是其在电池制造业所占有的领先位置。对于这些投资人而言，比亚迪只要好好地发展其电池产业，每年拿出出色的财务报表，保证他们手中的比亚迪股票增值就可以了。现在，比亚迪要做汽车，这完全出乎他们的意料。在他们看来，电池产业是技术含量低的产业，而汽车产业的技术含量要高得多。比亚迪玩得动手机，但是绝对玩不动发动机。现在比亚迪拿股市上融资得的钱来做汽车，这就是在玩火。因为比亚迪没有技术、没有经验，有的只是手头上的那点资金。就是这点资金也绝对不够比亚迪在汽车产业上打水漂用的。开拓汽车产业？比亚迪凭什么？

基金经理们想不明白，他们也不打算想明白。他们关心的不是中国汽车工业的发展，不是比亚迪的前途，他们关心的只是明天比亚迪的股票是飘红还是泛绿，他们关心的只是比亚迪的账面表现。也正是因为这个原因，基金经理们对比亚迪的进入汽车业非常不满。

"王总，我们大家都觉得比亚迪还是专注电池产业比较好。"

"王总，您看现在想做汽车的这么多，您现在进去是不是晚了点？"

"王总，什么时候来香港转转啊？你的电池现在发展得这么好，怎么想起来做汽车了啊？过来好好聊聊嘛。"

在相当长的一段时间里，王传福每天能接到好几个类似的电话。每次接到这样的电话，王传福都耐心细致地解释自己的想法和对比亚迪未来的规划。但是令王传福和基金经理们都感到遗憾的是，双方谁都没能说服谁。

比亚迪真相
BIYADI ZHENXIANG

随着时间的推移，比亚迪与秦川汽车的谈判也越来越深入，香港的基金经理对比亚迪施加的压力也就越来越大。基金经理们对比亚迪的施压也已经从对王传福个人到整个比亚迪的管理高层。他们希望通过对比亚迪高层的施压来影响王传福的决策。但是这个愿望落空了，基金经理们显然低估了王传福的决心和他在比亚迪的威信。无论他们怎么做，王传福和比亚迪都没有表现出要回头的意思。

终于，基金经理们愤怒了，他们觉得必须给比亚迪一点颜色看看了。

2002年12月，这一年的冬天就如同一句歌词唱的那样"比往年来得更早一些"。春寒料峭，即使是在南国的香港也能感受到一丝丝的寒意。

而对于一些基金经理来说，他们所感受到的寒意，不是来自于南下的冷风，而是来自于一水之隔、位于深圳的比亚迪。

"比亚迪现在看来成了一头犟牛，执意要做汽车了。"一位基金经理说。

"是啊。那个王传福软硬不吃，好说歹说就是不听。大家现在怎么办？"另一个经理说道。

"说？说要是有用的话，我们今天就不用坐在这里说话了。现在就得给他来点实际的。没有点实实在在的打击，看来王传福是不会醒了。"

"那，我们现在怎么办？"

"怎么办？很好办！抛！把比亚迪的股价砸低，让他有钱买，没钱玩。"

"抛？怎么抛啊？现在比亚迪还在和秦川谈，事情定没定还在两可之间。而且现在比亚迪的收购谈判还是处于保密阶段，对于市场虽说是个利空消息，但是这个利空消息又不能向股市透露。现在抛？如果比亚迪没谈成，我们抛了，年终财报一拿出来，股价涨上去了，我们不是亏了吗？要是谈成了，我们现在就把股票抛了，到那个时候比亚迪的股票已经跌无可跌了我们不就白抛了吗？"

"那你说怎么办？"

第七章
汽车：一个人的决定

"抛是肯定要抛的，问题是什么时候抛，咱们的时机一定要把握好。我的想法是在比亚迪公布消息的时候抛。这么做，一方面是我们长期持有比亚迪的股票，没谈成，大家就当没这回事，和气生财，该怎么样还怎么样，不至于和比亚迪的关系闹得太僵；另一方面，股票在我们手里一天，我们就是一天的流通股东，我们手里就有施压的筹码，可以继续对比亚迪施压，这样进可攻、退可守！"

"不错！这个主意不错！咱们就这么定了。"

"咱们继续给比亚迪施压，这个计划也可以直接告诉他们，跟他们说：只要你们敢买秦川汽车，我们就敢卖比亚迪。"

基金经理们是这么说的，也是这么做的。第二天，他们的意见就传达给了比亚迪整个管理层。如果说这个时候的比亚迪管理层没受震动那就是胡说八道了。

一个不太支持做汽车产业的高管终于忍不住了，将这个消息透露了给了王传福："王总，这样下去情况就真的有点不妙了啊。如果这些基金把我们的股票都给抛掉了，那么公司的市值就会迅速缩水，可用资金也会大量减少，就算买下了秦川汽车，恐怕也拿不出太多的钱来做开发啊。"

"慌什么？"王传福镇定地说道，"不就是股价下跌吗？有什么好怕的？股价下跌又不是永恒的，早早晚晚是会涨回来的。我们要做的汽车是一个有着极大潜力的行业。他们觉得比亚迪做汽车是个利空消息，我偏偏认为它是一个利好消息。就算当时股票下跌，要不了多久就一定会涨回去的！"

说归说，压力还是存在的，但是对于王传福而言这点压力已经不算什么了。想他起步阶段身无分文，靠着向表哥借的启动资金才创办起了比亚迪。现在的比亚迪已经有了不少的自有资金了，融资渠道也比以前要丰富很多，股市现金流的减少对于他而言已经不是什么太大的问题了。在王传福看来，能从股市里获得多少融资并不重要，重要的是这些融资能够多大程度上帮助比亚迪打开发展空间。如果这些资金不能为我所用，不能支撑比亚迪跨越式发展，那么，不要也罢。

115

基金经理还是一如既往地施压，王传福还是一如既往地"独断专行"。比亚迪与香港投资人的关系就如同刚刚交叉而过的两条线，刚交融成一点便越走越远。

英特尔公司前任CEO曾经说过一句非常有名的话："只有偏执狂才能生存。"王传福从某种角度上讲就是这样的偏执狂。属下的反对，他凭借威信强压；基金经理的不满，他干脆视而不见。在汽车的这条路上，他走得毅然决然，走得义无反顾，仿佛世间的一切都不能减少他造汽车的决心和热情。

"我的下半辈子就放在汽车上了。"这既是王传福对别人所表的决心，也是王传福的人生宣言。

"企业的发展不能受制于人，资本关注的是自身的增值，并不会去为企业的长期发展做规划打算！比亚迪必须顶住压力走自己的路。"王传福是这么说的，也是这么做的。比亚迪与香港基金经理之间的矛盾越来越大。

2003年1月23日，这一矛盾终于在比亚迪宣告收购秦川成功时爆发，于是就上演了本章开头的那一幕。

比亚迪股价的急剧暴跌不仅在香港股市掀起了轩然大波，还严重影响了比亚迪的日常运作。

在股价下跌的第一天，王传福就急忙召开基金分析员的电话会议，向基金经理们再次阐述比亚迪建立汽车产业的用意和比亚迪的整体规划。但是，这时的基金经理们显然已经没有什么耐心来听比亚迪的解释了。既然你比亚迪不仁，就别怪我们做基金的不义。

不过让王传福安心的是，持有比亚迪10%股份的美资基金这次没有望风而动。他们对王传福说："我们还是相信比亚迪和比亚迪的发展规划的，所以这一次我们不会抛售比亚迪的股份。"

安抚了基金之后，王传福又马不停蹄地准备召开媒体电话会议。王传

第七章
汽车：一个人的决定

福在电话会议上一次又一次地向媒体解释比亚迪收购秦川汽车的真实意图和实际意义。一个做电池的企业突然搞起了汽车，就算计划再明确，它的说服力还是显得不够。不过记者们拿到满意的新闻素材，还是很愿意帮比亚迪宣传一下这次收购的经营理念。

"王总，我们百富勤还是支持您的。不过，我们建议您最好亲自来香港一趟，对香港的媒体和股民解释一下，这样比较好。"在这关键的时候，比亚迪上市时的承销商百富勤向比亚迪伸出了援助之手。于是，王传福很快赶到了香港。

在香港，王传福再次就比亚迪收购秦川汽车一事对媒体做了解释。他公开地表示："我想干这件事是坚定不移的，而且我相信一定可以做成，此举对于比亚迪企业价值的提高，也是必然的。"他这样解释自己的想法，"做电动汽车是比亚迪进入汽车业的初衷。中国目前的汽车保有量虽少，但能源、环保的压力已经很大。当今世界上大大小小的战争无不包含对能源的企图，比亚迪做电动汽车就是要让中国三峡大坝的水都变成油，让中国所有城市的天空都像西藏一样蓝。"

对于王传福而言，基金可能抛售他的股票早已不是什么秘密了，他也早就做好了充足的思想准备，但是当事情真的发生时，情况之恶劣还是远超乎他的预料。"我想干这件事是坚定不移的，当时想肯定要经过这么一段，但是没有想到跌那么多。"事后，王传福坦率地说出了当时的想法。不过，夏治冰的回忆就没有这么洒脱了："当时的局面可以说是有失控的趋势，比亚迪已经站在了悬崖边上了。虽然公司进军轿车业的决心并未动摇，但是看得出王总承受了很大的压力，如果是我，恐怕早就崩溃了。"

别人无法理解王传福的疯狂举动，毫无汽车制造经验的比亚迪，竟然火速收购了业绩很差的西安秦川汽车公司。王传福到底想干什么？王传福又能干什么？王传福为什么选中了秦川汽车呢？为什么王传福宁愿得罪香港的资本市场，也要在短短接触三个月后就收购这样一家汽车企业呢？

BIYADI

BIYADI ZHENXIANG

第八章

拿别人钥匙开自己的车

　　从制造的角度来看，王传福要想进军汽车业，必须有一个生产基地，拥有这个基地，就成功了一半。于是，王传福瞄准了秦川汽车，他觉得这是最快也是最稳妥的进入方式。

　　然而，在旁人看来，一个外行进入汽车行业已经够疯狂的了，更疯狂的事是王传福巨资吞并秦川汽车，简直是头脑发热，神志不清了。在这场让所有人都心惊肉跳的并购案中，比亚迪书写的到底会是什么呢……

1. 秦川：跑不起来的军工车

王传福是技术狂人，但绝对不是什么蠢人和疯人。他选择秦川汽车自然有着他自己的理由。

王传福曾经这样对人说过："企业就如生命体一样，禁受不住一项业务衰落和另一项业务兴起之间的一个时间间隔。它们在核心产业衰退之前必须毫不迟疑地创造新业务。"比亚迪的这个新业务就是汽车产业，而打开汽车产业之门的钥匙就是秦川汽车。

西安秦川汽车是当时国家在西北地区批准的唯一一个有资格进行轿车生产的企业，在西北的汽车工业体系中占据着举足轻重的地位。秦川汽车的项目开始得很早，早在1985年就已经立项上马，可以说秦川的起步并不晚。到1997年的时候，为了加快秦川汽车的发展速度，组建了省部合作企业秦川汽车公司，从此秦川汽车走上了健康发展的轨道。截至2001年初，秦川汽车为了完成自己的生产线建设和新车型的开发已经投入了7.2亿元。到王传福决心收购秦川汽车的2002年，秦川汽车公司已经彻底完成了"冲压、车身、涂装、总装"汽车"四大工艺"生产线的建设，具备了年产5万辆汽车的生产能力，并且有了自己的自主品牌——福莱尔轿车。

虽然秦川汽车公司有着一定的实力，但是它也有自己的问题。秦川汽车出身于军工，后来又处于部、省的双重领导，国有企业的背景虽然可以带来政策上的一些优势，但是把握市场的能力就比较欠缺。由于公司体制的原因，面对变幻莫测的汽车市场，秦川汽车始终跟不上市场发展的步伐。

除了体制问题之外，资金是限制秦川汽车发展的又一大因素。众所周知，许多国有企业之所以发展缓慢，就是因为历史欠账太多，包袱太大，企业每年的赢利所得在上缴了赋税和利润之后几乎所剩无几，积攒不了能够用于自己发

第八章
拿别人钥匙开自己的车

展壮大的资金。尤其是秦川汽车在 2002 年投产的完整的汽车生产线，已经消耗掉秦川汽车的大笔资金，秦川汽车再也拿不出钱来做新车型的开发了。对于秦川而言，想依靠自身的力量在汽车市场上打拼可以说是不可能了。

2002 年，陷入资金困局的秦川一直谋求与他人合作。上半年，吉利的李书福曾一度打算入主秦川汽车，但是经过深入了解之后，李书福发现对秦川汽车进行重组需要花费很大的一笔资金。李书福退缩了，他最想要的其实并不是秦川汽车，而是秦川汽车手中拥有的"轿车准生证"。为了一个准生证而重组秦川汽车，这在李书福看来就有点太不划算了。

吉利退出之后，第二个买家是华晨中国的总裁仰融。2002 年 5 月，仰融就以中国正通控股公司董事长的名义造访秦川洽谈收购事宜。当时，仰融的计划是让他旗下公司申华控股的汽车产业资本公司——亚通控股与秦川合作，建立一个大规模的生产基地。但是此时的仰融已经身不由己，根据辽宁省政府的指示，华晨中国董事会解除了仰融总裁、首席执行官和董事的职务，随着对仰融问题的深入调查，华晨入主秦川的计划也就不了了之了。

吉利与华晨的退出，给了王传福一个很大的机遇。

机遇摆在面前，你会怎么做？许多人也许会为了抓住机遇，立刻着手去做。但是王传福却没有鲁莽地推进自己的汽车计划。他需要思考，需要判断，需要仔细地研判出秦川汽车是不是最适合自己的汽车企业。

"湖南有汽车厂，吉林也有汽车厂，我为什么要选择位于西安的秦川汽车呢？"王传福陷入了深深的思考当中。

首先，秦川汽车拥有轿车目录，这一点是王传福非常看重的。根据我国当时的汽车产业政策，不是一个企业有钱就可以造汽车卖汽车，而是要拥有汽车的生产目录。所谓的汽车生产目录是指国家发改委每年都会发布几期车辆生产企业及产品目录，只有榜上有名的企业才能够生产汽车。

其次，时间与效率也是王传福考虑的一个原因。比亚迪现在打算收购秦川汽车，可以说是匆匆忙忙，从某种角度讲，这不符合比亚迪一向的投资操作规范。但是，现在正是轿车在中国普及、进入行业爆发的前夜，有了这张目录，比亚迪进入后就可以直接开始筹划生产，不用为获得国家发改委的许可而四处奔走。机会不等人，如果现在不收购，以后再想进就很难了。

王传福的想法不是没有道理。轿车目录就相当于国家发改委的轿车生产许可证。2002年至2003年，有太多的企业想要进军汽车产业。这些企业往往万事俱备，只欠东风，所欠的就是不能获得轿车生产目录。于是，它们只能眼睁睁地看着汽车产业这块大蛋糕被其他企业瓜分掉而束手无策。例如，吉利集团董事长李书福为了一张进入轿车门槛的"准生证"，曾数度奔走呼号却毫无结果，这件事所有做汽车的人都知道。吉利集团最后造车的目录，竟然是通过收购四川某濒临倒闭的汽车厂才拿到的。

王传福当然不想步李书福的后尘。此福非彼福。

再次，秦川的实力也是王传福考虑的一个重要原因。秦川拥有先进的四大工艺，秦川汽车2001年引进了德国杜尔（DURR）公司设计制造的符合世界环保要求的涂装生产线，西班牙（FAGOR）公司的全数控冲压生产线，日本狄原公司设计制造的车身冲压模具和焊装生产线，以及日本万岁公司的汽车整车检验线在内的整车厂所必备的"四大工艺"。总体上看，秦川拥有国际先进工艺水平、年产5万辆轿车的综合生产能力。

不过，5万辆的生产规模太小了，明显适应不了汽车产业对企业的规模化要求，买下秦川汽车就意味着还要对秦川汽车进行生产线投入。不过秦川汽车本身已经拥有完善的汽车生产体系，在整个生产上不会出现受制于人的情况，这一点还是非常符合王传福和比亚迪的要求的。

坦率地讲，王传福确实看重秦川汽车拥有的轿车生产目录，也确实比较认可秦川汽车的生产线，但是秦川汽车最吸引王传福的并不在于此，而是它拥有的完全自主开发过福莱尔的200多名工程师和一套成熟的经验与技术。这一点是王传福最看重的，也是比亚迪想要的秦川最重要的资源。不过，这是隐性资产，真正收购的时候是不会把这200名工程师的经验与技术也计算进去的。

王传福是技术出身，他很清楚，没有名录可以向国家申请，没有生产

第八章
拿别人钥匙开自己的车

线可以去花钱购买和升级改造，但如果没有汽车开发的人才，那么比亚迪的汽车战略只会走向不归路。做工业企业最重要的就是技术，最关键的就是技术人才。没有技术，企业就会受制于人；没有技术人才，企业的发展就会步履蹒跚。

在分析秦川汽车拥有的资源与实力时，王传福对手下这样说："福莱尔轿车是秦川汽车花费一年半的时间打造出来的具有完全自主知识产权的精品轿车。据我所知，这款汽车还是非常有市场的。秦川汽车的这些工程师能够打造出福莱尔，就充分说明了他们的研发能力和攻关能力。企业的发展靠技术，技术的实施靠人才，有了这一批科技人才，比亚迪进军汽车产业就绝对是大有可为的。"

虽然王传福看重秦川汽车的上述方面，但是收购秦川汽车也未必就是占了大便宜。显然，秦川汽车是一块骨头与肉夹着的企业，如果是一块大肥肉，那么李书福也不会退出了；如果只是一块大骨头，那也没有人会对秦川感兴趣的。

同样，秦川会寻找收购方也说明了它自己必定包含着许多的问题，这也是王传福必须要考虑的。那么，秦川汽车又有哪些问题呢？

问题一：收购行为的协调难度大。秦川汽车是由陕西省政府和中国兵器工业总公司合资组建的。这就意味着，秦川汽车的身份不仅是国有企业，而且还有着兵工企业的背景。这就要求比亚迪在收购秦川汽车的时候要协调好自己与陕西省政府及中国兵器工业总公司之间的关系。既要让陕西省政府满意，又要让中国兵器工业总公司满意，协调难度之大，可想而知。

问题二：秦川汽车的销售能力差。秦川汽车虽然有着比较好的研发能力，但是其销售能力却相对较差，相比其他较为成熟的汽车企业，秦川汽车还没有为自己建立一个完善的销售渠道。虽然福莱尔汽车在市场上受到了欢迎，但是销量却不高。整个2002年，福莱尔汽车卖出了17000辆，这个数量与秦川汽车所应达到的数量还有很大的差距。

问题三：秦川汽车的赢利能力差。上马全套的生产线，自主研发"福莱尔"轿车，这些都让秦川汽车付出了不菲的资金。由于福莱尔的销量不如预期，秦川汽车的赢利就微乎其微。2002年的70多万元赢利就很能说明问题。

问题四：企业文化的融合难度大。比亚迪是一家民营的港股上市企业，主营业务是电池。无论是企业的本质属性还是产业方向，与秦川汽车都有着根本性的区别。这种区别也必然会给两家企业带来截然不同的企业文化。比亚迪收购秦川以后，能不能将自己的企业文化和秦川汽车的企业文化有机地融合，最终建立一个符合企业发展的比亚迪汽车文化，这对王传福而言也是一个不小的挑战。

虽然问题重重，但是王传福在权衡了利弊之后还是决定。"进！一定要进军汽车产业！第一步就是收购秦川。"

王传福每做一个决定都要进行细致的考虑，但是决定一旦作出，就会毫不拖延去执行。王传福做出收购秦川汽车的决策之后，就立刻组织人员与秦川汽车进行谈判。他不希望被谈判拖延自己的脚步，因为汽车市场风起云涌，早一天进去，就能早一点站稳脚跟。

2. "汽车可不是有钱就玩得动的"

王传福有信心做汽车，看好了秦川汽车的潜力，但是并不代表秦川汽车也相信王传福，也相信比亚迪。

事后看起来，秦川汽车与比亚迪的谈判仅仅进行了3个月，进度神速，似乎非常简单，但是实际的情况远不是如此。

当秦川汽车听说比亚迪要收购自己的时候，秦川汽车的决策层里，每一个人心里都打了一个大大的问号，问题非常简单——比亚迪是谁？

比亚迪的王传福是谁？比亚迪又是做什么的？怎么以前听都没有听说过？吉利汽车的李书福、华晨汽车的仰融，他们都是做汽车的，而且在业

第八章
拿别人钥匙开自己的车

界大名鼎鼎,秦川汽车对这些圈中人很了解,可对于王传福和他旗下的比亚迪,秦川汽车几乎是一无所知。

一个秦川的技术人员听到比亚迪要收购秦川汽车时,收集到比亚迪的资料之后,心里的第一个念头就是:王传福不是在开玩笑吧?于是他在网上颇为不屑地写道:"一个做电池的企业要收购一个做汽车的企业?这也太夸张了点吧?电池是什么啊?一个圆柱体或是长方体,上面有两个导电体做两极,多简单啊?有什么技术含量啊?汽车是什么啊?一般轿车至少是由6000个不可拆解的独立零部件组装而成,高级一点的轿车甚至要达到15000个零件。不要说把这些零件组合在一起让它成为一辆能够行驶的汽车,就是弄清楚每个零件的用处都需要有很高的汽车技术素养。做电池的比亚迪明白吗?它知道汽车行业里面的水有多深吗?汽车可不是有钱就玩得动的!"

这个技术人员的担心与否定,代表了很大一部分秦川人的思想。他们觉得比亚迪收购秦川简直是毫无道理,毫无逻辑,因为很多企业进军汽车业都纷纷遇挫,何况一个并不出名的比亚迪。

秦川汽车心里打鼓是有其原因的。秦川汽车确实是需要合作者,但是也不是什么样的合作者都可以接受。

秦川汽车自1997年成立以来就投入了大笔的资金进行技术升级和产业开发,仅用于生产线建设和新车型的开发就消耗了7.2亿元。秦川汽车投入这么多资金,显然是对汽车市场有所图谋。

秦川需要的合作者不是那些想要拿钱来玩玩汽车的人,也不是纯粹为了一个产业目录来买一个壳的合作者。秦川需要的是能够负责任地发展秦川,对秦川有着长远的发展规划,并能够提升整个陕西汽车工业实力的合作者。连先前来的吉利和华晨这样的汽车企业都不符合秦川的要求,像比亚迪这样的电池企业能过关吗?

出于谨慎,秦川汽车仅仅试探性地答应了比亚迪的谈判要求,表示可以谈一谈,然而并没有抱多大的希望。

"在谈判的时候,我们一定要表现出足够的诚意!"王传福在进行谈判

比亚迪真相
BIYADI ZHENXIANG

之前就对比亚迪的谈判小组定下了基调。

参与谈判的夏治冰很清楚，比亚迪虽然是作为收购方，但是在整个谈判中并不占据优势，快速地完成谈判是一件非常困难的事情。事情的进展也与他想的一样。

"比亚迪是一家电池企业为什么要做汽车？"一坐到谈判桌上，秦川汽车的谈判代表就提出了这个尖锐的问题。之所以说这个问题尖锐，是因为这个问题直接表现出了秦川汽车对比亚迪进军汽车诚意的怀疑。

"如你们所知，我们是一家电池企业，以前从没有过制作汽车的经验，但是这绝不意味着比亚迪是抱着轻浮的态度来做汽车。我们进军汽车产业的决心是坚定的。"夏治冰解释道，"比亚迪在电池产业所作出的业绩，大家是有目共睹的。过去的七年中，王总使成立之初仅20人的比亚迪发展到了15000人的规模。除了1997年和上一年只增长了70%以外，比亚迪公司其他年份的增长都在100%以上。我们今年的业绩承诺是销售收入突破25亿元，实现利润5.6亿元。要达成这个目标是没有任何问题的。可以说我们是负责任的企业，也是有实力进军汽车的企业。"

"呵呵，夏总，您的这个答复，说服力很难令人满意啊！"秦川代表说道，"比亚迪在电池方面做得好并不代表也能在汽车方面做得好。现在这么多的企业都想进军汽车产业，我们怎么知道比亚迪不是进来玩玩就走？我们秦川汽车是缺钱，但是我们不会因为缺钱就把秦川汽车卖给一个不能好好做汽车的企业。我们要对省委省政府负责，要对兵器工业总公司负责，还要对秦川汽车的全厂职工负责，更要为整个陕西乃至西部地区的汽车工业负责。"

"这个你们大可以放心，我们比亚迪是抱着严谨的态度进军汽车产业的。"夏治冰说道，"大家都知道，随着世界石油资源的枯竭，在二十一世纪，人类必定会选择新能源来替代汽油做汽车的动力能源。我们比亚迪是做电池的，是靠电池起家的，在电池的制造领域是有着深厚的技术积累的。如果比亚迪能够在今后的几年内顺利开发出适合量产的车用动力电池，那么比亚迪就会抢先占领世界电动汽车市场！"

第八章
拿别人钥匙开自己的车

"什么？比亚迪要做电动车？"秦川汽车的代表听到之后不由得大吃一惊。电动车在汽车领域还是一块处女地，几乎所有的汽车大鳄都曾想要进军电动车领域，但是由于车用电池和电力传动装置的技术发展水平难以达到汽车应用领域的要求，所以都不得不放弃各自的电动汽车项目。像比亚迪这样的电池企业想要做电动汽车的领军企业，这就好比一个小孩子还不会走便急着要跑一样。

秦川汽车的代表虽然不认可比亚迪想在几年之内就进军电动汽车的想法，但还是从夏治冰的言辞之中看到了比亚迪的诚意。

谁都知道，电动汽车是未来新能源汽车的发展方向，比亚迪在还没能进入汽车领域就打算做电动汽车，至少说明了两个问题：第一，比亚迪是想长期做汽车的，是有着在汽车产业中称王称霸的野心的；第二，比亚迪对于汽车有着自己独到的看法，并结合自身的实际，对其汽车产业的发展有一个长远的规划。

经过一轮谈判后，秦川代表对夏治冰说："夏总，比亚迪的实力我们是很清楚，但是我想提醒您的是，目前汽车产业的竞争已经很激烈了，随着越来越多的企业步入这一行业，竞争会更加的激烈。假如比亚迪入主秦川，如何能够保证汽车的发展和壮大？我们仅生产线和产品开发的投入就达到了7.2亿元。虽然生产线暂时不需要资金投入，但是产品开发方面，今后每年的投入还要越来越多。恕我直言，以比亚迪目前的经济实力，想同时做好电池产业和汽车产业，这几乎是不可能的。"秦川汽车的谈判代表显然不是一个用远景就能打动的对象。他想看的是比亚迪到底能不能拿出实际可见的东西来支持秦川汽车的发展。

"资金方面，您大可以放心。比亚迪的发展速度，我刚才已经介绍过了，保持这种高速也是没有问题的。至少在未来的三年内，仅仅依靠比亚迪的电池产业就足以保证整个公司业绩的高速发展了，比亚迪收购秦川汽车是立足于长远，不是来了就立刻造出汽车来卖，而是要实实在在地提升整个秦川汽车的技术实力，开发出好车。我们对于汽车产业的赢利规划不像别的企业是一年两年，而是放到了五至十年，甚至更远。"夏治冰详细地介绍了比亚迪对于秦川汽车未来的发展思路。

秦川人被打动了。他们一直以来想找的就是像比亚迪这样能够抱着严谨的态度做汽车的合作方。秦川汽车不是那些资不抵债、濒临破产的汽车小厂，而是有着一定实力的汽车大厂。他们不是要靠卖卖名录混一口饭吃，也不想做资本大鳄们戏水汽车行业的杠杆工具。他们想要的就是能够安下心来，专心致志地把秦川汽车发展好，并最终使秦川汽车成为带动整个陕西甚至西北汽车产业发展的龙头企业。

态度上的认可，并不代表谈判桌上的认同，仅仅有诚意和规划是远远不够的。毕竟比亚迪是一家电池制造企业，从来没有做过汽车。比亚迪入主秦川汽车之后会不会导致外行领导内行？会不会因为不了解汽车行业做出错误的决策，并最终导致所有的规划都成为水中月、镜中花呢？秦川汽车的谈判代表们心里没有底，提出要去比亚迪的厂区看一看。

夏治冰爽快地答应了秦川的要求。他甚至觉得不怕秦川提要求，就怕秦川不提要求。在夏治冰看来，秦川能够提出这样的要求，就意味着他们确实已经被比亚迪打动了，对比亚迪产生了浓厚的兴趣，希望对比亚迪有更深一步的了解，愿意更深入地考虑与比亚迪合作的事宜。夏治冰心里不由得兴奋起来，他对比亚迪非常有信心。他相信只要秦川的老总们来到比亚迪，就一定会认可比亚迪。

此时的比亚迪已经是世界排名第二的电池生产企业，有着其独特的企业管理模式。无论是厂区的布置，生产线的设计，甚或员工的工作管理，都可以说是井然有序，井井有条。夏治冰一点也不担心秦川汽车方面来比亚迪参观考察。在两年前，比亚迪为了拿下摩托罗拉的大单，就曾让摩托罗拉的代表驻厂考察了几个月。秦川汽车的要求再高，应该也不会高过摩托罗拉吧？

在夏治冰看来，能让秦川汽车进入比亚迪参观考察，就意味着收购谈判的一只脚已经迈入了成功的大门。但是当王传福接到夏治冰的电话，听说秦川汽车要来比亚迪参观考察时，心里的想法和夏治冰完全不同了。

3. 绝对是一个危险的游戏

王传福的心里很清楚，秦川汽车的考察要求，一点都不简单。

没错，比亚迪有着占地广阔的厂区、完善的流水线、训练有素的工人，这一切都是那么的优异，即使是像摩托罗拉和诺基亚这样的跨国巨头来到比亚迪后，也对这里的管理交口称赞，甚至称呼比亚迪是"东亚地区的奇迹"。但是，能够征服通讯巨头，并不意味着能够轻而易举地让秦川汽车满意，因为它要考察的内容和那些通讯业巨头完全不同。

摩托罗拉也好，诺基亚也好，说到底，都是比亚迪的客户。客户想要比亚迪什么？客户希望的是比亚迪能够保质、保量、保时地完成他们所交付的任务，并能够按照他们的要求随时改善生产线的设计，只要厂房、流水线、技术、员工和管理能够满足他们的需求就可以了。

秦川汽车与摩托罗拉、诺基亚不同，它不是比亚迪的客户。它关心的不是比亚迪每年能生产多少电池，能把电池的成本压得多低。秦川汽车想要知道的是比亚迪有没有足够的能力帮助他们支撑起未来的一片天。电池生产线不等于汽车生产线，怎么样才能体现出比亚迪进军汽车产业的诚意、勇气和实力，是摆在王传福面前的一道必须解决的难题。

同样面对难题的还有秦川汽车的管理层。可以说在谈判中比亚迪的诚意确实让秦川人很满意，也正是因为这种满意使得秦川汽车非常重视这次的比亚迪之旅，秦川汽车的四个老总决定一起来参观考察。他们要近距离地观察王传福和他的比亚迪，他们要通过这次考察确定王传福是不是一个可以信任的人，比亚迪是不是一个值得信赖的企业。

考察企业，根据目的的不同，角度和方法也有着很大的区别。比亚迪没有任何汽车业务的背景，所生产的产品也和汽车毫不相干。想通过考察

比亚迪真相
BIYADI ZHENXIANG

工厂来判断比亚迪是否具有汽车研发能力和生产能力是不可能的。那么怎样考察才能判定出比亚迪的实力，是摆在这些秦川老总们面前一个不可回避的问题。

一般来讲，考察工厂主要是看这家工厂的生产控制、工艺文件控制、还有质量检验方面的控制，以及不合格品的控制和追溯。此次秦川汽车对比亚迪的考察，不仅仅要了解其表面，还要深入其本质，秦川汽车的老总们必须要从比亚迪的这些表面，探测出比亚迪真实的软硬实力。

秦川的老总们知道这一点，王传福更是深知这一点。用自己做电池的表现来证明自己做汽车的实力，就如同一个人用开汽车的办法去考取一张开飞机的驾驶执照。让比亚迪现在就表现出自己制造汽车的能力，这完全就是天方夜谭。比亚迪要表现出来的就是具有足够的制造汽车的潜力，打一个比方来说，比亚迪就是一个从没有驾驶过飞机的小伙子，现在要用汽车来表现出其娴熟的驾驶技术，用这种方法来让对方相信，在很短的时间里，自己就能成为一名合格的飞机驾驶员。其实，一个人汽车开得再好也不能证明其能够开好飞机，所以这就是一种能力展示的困境，而王传福现在就处于这种困境之中。

人往往会处于困境之中，如果能够找出办法，那么困境就不再是困境了，反而会转化为顺境。而如果一个人在困境中找不到出路，那么这个困境就会变为绝境。是顺境还是绝境，起决定作用的是处于困境中的人能不能找到办法。像王传福这样一个将20多人的小作坊打造成港股上市公司的人，显然不是一个没有办法的人。

王传福就是要用电池生产线来说明自己能够做好汽车生产线。从创建比亚迪到现在，王传福已经经历了太多的风风雨雨，眼前的这个困难在王传福看来并不是不能克服的，而是可以通过方法来解决的难题。不过，在解决这个难题之前，王传福还有一个小难题要等着他解决。带给他这个难题的不是别人，正是夏治冰。

不同的下属会有着不同的行事风格。有的下属不同意上司的意见会当

第八章
拿别人钥匙开自己的车

面顶撞，有的则会表面同意背地里消极怠工。但夏治冰不是上面两种类型的下属，他是属于那种即使不同意上司的意见，也不会当着别人的面顶撞上司，还会按照上司的意见把该完成的工作完成好，但是一定会在私下里向上司表达自己观点的下属。

夏治冰曾对王传福说："王总，秦川汽车的人就要来考察我们比亚迪了，我相信在王总的带领下，我们比亚迪的表现一定能够说服他们，但是我还是希望王总重新考虑一下与秦川汽车合作的事情。我本人还是觉得，我们比亚迪现在进军汽车市场风险很大。就我们现在所处的电池领域，已经可以单挑任何一家日本企业，与诺基亚、摩托罗拉这些世界级的企业平起平坐做生意，已经很满足了。进入汽车这样一个全新的行业，前面又有欧美日韩那么多优秀的对手，我总觉得我们成功的机会不会太大。很可能我们比亚迪还没有发展起来，就被那些汽车巨头们扼杀在摇篮之中了。"

王传福没有想到，会议通过了，夏治冰的心里还有疙瘩，看来这个心理障碍确实很难消除。那么，夏治冰都心存疑虑，其他的高管呢？外界的人呢？王传福有点孤军作战的感觉了，觉得整个比亚迪只有自己一个人相信能做好汽车，不免有些失落。但是，王传福又不能表达自己的失落情绪，还得安慰好夏治冰，以及和他同样心存疑虑的高管们。

王传福对夏治冰说："你觉得风险大，我却觉得恰恰相反。你有恐惧感很正常，没有反而不正常了，人总是对未知的事感觉恐惧。谁都知道，汽车产业虽然是个传统产业，但是正因为其传统，所以国外的许多汽车巨头都掌握着较深厚的技术积累，但是这种技术积累并不可怕。汽车说穿了不过就是一堆钢铁。我们做电池不也遭受过日本电池厂商的技术封锁吗？我就不相信中国的工程师打不破这个技术壁垒。他们不断地告诉你做不成，投入很大，研发很难，直到你放弃。这其实就是他们给后来者营造的一种产业恐吓。他们越是恐吓，就意味着这个产业越有前途。"王传福向夏治冰详细地阐述了自己独到的观点和想法。

夏治冰看着王传福坚定的神情，内心里叹了口气，退了出来。他知道，自己的王总这次是铁了心要做汽车了。

知道王传福确实是铁了心要做汽车的，还有秦川汽车的四个老总。

秦川汽车的人一到，王传福就亲自接待并带着他们参观比亚迪的生产车间。

虽然在这之前，秦川汽车的四位老总对于比亚迪已经通过各种渠道有所了解，但是当他们来到比亚迪的总部，还是在心理上受到了冲击。比亚迪总部的厂区面积非常大，不但有厂房还有员工的宿舍以及公共的大食堂，每一个厂区还配备了大面积的足球场、篮球场、全塑胶的跑道。还为员工配备了活动室和电影放映厅。厂区内的每一条道路都画有中间线，所有在厂区内行走的人都一律排成一排右侧通行，看起来井然有序。

一进入比亚迪的生产车间，映入眼帘的景象更让秦川汽车的老总们大吃一惊。整个车间完全透明，在比亚迪的电池生产线边，坐满了工人，这些工人高效地利用自己手中的夹具对电池进行加工。在来比亚迪之前，秦川汽车的老总们为了有所对比，曾参观过别的电池生产企业。当他们发现，这些工人在生产线上的加工速度要比全自动生产线还要快速的时候，四位老总彻底折服了。比亚迪的管理实在太厉害了，竟然可以做到用人工来替代自动化生产线的地步。这四位老总立刻想到，如果按比亚迪的说法，将这套方法用到秦川汽车上，那么将会降低多少成本啊！王传福这个人果然很有方法。

进入比亚迪总部的办公区，更是让秦川汽车的老总们深有感触。办公区的办公环境用透明的玻璃窗相隔，无论职位的高低，每个人的办公室都是处于"阳光"之下。在这种办公环境中是不会产生那些影响工作效率的潜规则和潜文化。

"王总，你们比亚迪的管理的确是出色的。"一位老总这样说道。

"你过誉了。"王传福呵呵地笑道。

"绝对没有过誉。说实话，我们也曾经参观过其他的生产企业，管理效率能做到您这样的，很少。"

"说实话，相比国内的一些同行，比亚迪确实是要比它们高出一头。但

第八章
拿别人钥匙开自己的车

是我们的目标不是立足于国内,我们要做的是世界第一。只要我们没有超越三洋成为世界第一,我们就不敢说自己的管理一定是出色的。"王传福说道。"不过我们并不怕他们,我相信,要不了几年,比亚迪就会超过三洋,成为世界最大的电池生产商。其实我做汽车也是抱着同样的想法。虽然比亚迪没有汽车生产的经验,但是我们比亚迪却毫不担心自己目前所处的技术劣势的地位。我们在起步做电池的时候也是什么技术都没有,凭借我们自己的研发能力,完成了质的飞跃。在汽车上,我们也能够做到这一点。"

"就汽车产业而言,国外的技术积累已经有100多年了。王总,想要超越它们可不是那么简单的啊。"有的老总对于王传福的这番话还是有些怀疑。

"这您大可放心,我本人是学技术的,北京有色研究总院毕业的,而比亚迪更是相当重视技术的。不但重视传统的设计技术,还注重生产线的改造技术。我们的生产线,刚才各位已经看到了,这就完全是我们自主开发出来的。我们做汽车的话,也会是这样。在经过一段时间的了解之后,我们就可以通过生产线的改造来实现秦川汽车在技术上的飞跃。"然后,王传福就跟秦川汽车的老总们讲起了自己对于未来的一些设想。

王传福的一番话最终打动了秦川汽车的人。他们觉得王传福和他的比亚迪确实是一个可以托付的对象。进展到这一步,比亚迪入主秦川汽车已经基本成为定局。

接下来的工作是清算秦川的资产,事情进行得比较顺利,很快就要决定是否签字了。签字日快到的前几天,王传福把当时负责秦川资产清算的夏治冰叫到身边,扶了扶自己的眼镜片,一字一顿地说道:"你觉得我们有戏吗?"

夏治冰当然知道老板说的有戏是指什么,王传福的意思是收购下来能不能干好,能不能在轿车市场站住脚。当真的要签字的时候,老板才有点心虚了,这是王传福极为难得的脆弱瞬间。听了老板的话后,夏治冰衡量了一下实际情况,也一字一顿地告诉王传福说:"这绝对是一个危险的游戏。"

一句话把王传福说得像霜打了的茄子,如履薄冰的悬空感油然而生。

BIYADI
BIYADI ZHENXIANG

第九章

从"秦川"到"比亚迪"

一滴油无法溶于水,但是,如果放入一块海绵,则可以把水吸干。并购的最大难题是如何融合,不少企业并购的时候还轰轰烈烈,怀着勃勃野心,但由于不会处理并购后的融合问题,导致全盘皆输。难怪管理学家说,融合远远难于并购。

那么,比亚迪和"秦川汽车"又将面临怎样的实际命运呢?

1. "我就不信搞不懂汽车"

当箭搭在弦上的时候,即使是冒险之旅,也要射出去了。

2003年1月23日,在股价大跌的同时,在万众看空的悲观预期下,比亚迪宣布以2.7亿元的价格收购西安秦川汽车有限责任公司77%的股份。

签字仪式是在一个小小的会议室里举行的,还来了几个相关媒体进行报道。王传福穿着一件银灰色的西装,戴着一条黑白相间的领带。当王传福在秦川汽车的收购协议上签署自己的名字时,比亚迪正式开始了自己的汽车时代,并成为继吉利之后国内第二家民营轿车生产企业。

王传福的心里很清楚,买下秦川汽车只是比亚迪进军汽车的第一步,也可以说是最简单的一步。由秦川汽车到比亚迪汽车,名字的转换很容易,但是要让其有质的提升和飞速的发展,则不是表表决心、努努力就可以轻易达到的事情了。

撇开比亚迪的其他管理人员不谈,就是王传福本人对于汽车业也是没有什么了解。从某种角度来讲,现在的王传福对于秦川汽车就是外行领导内行。

王传福自己对此更是有着清醒的认识。自己上大学学的就是电池,读研究生也是做电池,在国企负责的还是电池,自己创业选择的更是电池这条路。自己之所以能够成功,就是因为自己在电池领域算是个专家,所以对于企业的发展方向有着精准的判断能力。而在汽车方面,王传福则完全是外行了。吉利汽车的李书福曾经说过这样的话:"汽车不就是四个轮子、两张沙发加一个铁壳吗?"王传福此时对于汽车的理解,也仅仅是"四个轮子、两张沙发加一个铁壳"的程度。

第九章
从"秦川"到"比亚迪"

如果自己没有足够的汽车知识,就绝对做不好领导。一个技术为主导的企业如果发生了外行领导内行的情况,那么后果将是不堪设想的。王传福知道如果自己不了解汽车,那就难以让秦川汽车真正地融入比亚迪,自己也难以作出正确的判断,更主要的是无法判断出到底谁是可用的人才。一个外行的领导,对于一名优秀的技术人员意味着什么,王传福的心里比谁都清楚。于是,他决心努力学习,使自己也成为一个汽车专家。

"不就是学吗?"王传福想,"假如我自己不能成为汽车专家,那么我连别人提交给我的计划都作不出明确的判断和准确的决策。我就不相信我搞不懂汽车!"

抱着这样的决心,王传福来到了位于西安的秦川汽车公司。在完成了相应的工作之后,王传福只做了两件事:一件事是和自己同行的员工一起参观了兵马俑,这也是他创建比亚迪以来唯一的一次游览经历;还有一件事情就是扎进西安的图书大厦,将书架上介绍汽车的图书统统买下。

从这一天开始,王传福就手不离书了。从汽车的简史开始,他系统地了解起了汽车的知识。

为了让读者更好地了解比亚迪以后的电动车对于世界汽车业发展的贡献,在这里需要简介一下汽车的发展历史。

首先是汽车的萌芽时代。

1770年,法国人古诺研创出了世界上第一辆蒸汽机驱动的三轮车,这标志着人类以机械力代替自然力来驱动车辆的时代开始。1835年英国的沃尔特汉考克制造的蒸汽公共汽车,1839年希尔制造的双层蒸汽客车等都是蒸汽汽车的代表。但是,由于蒸汽汽车一边冒着黑烟一边冒着白汽,非常笨重,存在种种问题且效率极低,这也就决定了它被新兴动力内燃机所代替的必然命运。

其次是汽车的发展阶段。

汽车在经历了萌芽期后,逐步发展到内燃机汽车,这就是当代汽车最普遍的驱动形式。从此汽车发展史进入了基本构造的完成期。1886年,被公认为"世界上第一辆汽车诞生年"。在这一年，两名德国人——戴姆勒和本茨制成了由汽油驱动的机车。如今，戴姆勒与本茨则被公认为以内燃机为动力的现代汽车的发明者。卡尔·本茨是世界著名汽车厂商奔驰汽车的开山鼻祖。

内燃机作为汽车动力具有很多优点，它重量轻，比功率大，起步快，燃料便于携带，热效率高，经济性好。直到今天，内燃机仍然是汽车的最主要的动力形式。

再次是汽车的普及阶段。

随着汽车技术越来越成熟，汽车也就由达官贵人们的奢侈物，变成为大众的代步工具。从某种意义上说，诞生于20世纪早期的福特T型车不仅仅只是一个钢铁、橡胶、木材和玻璃的组合体。与同期诞生的其他事物相比，它更可以称得上是一种传奇，是第一款真正意义上的"大众车"。1903年到1908年之间，亨利·福特和他的工程师们研制了19款不同的汽车，并按字母顺序将它命名为A型车到S型车，其中有一些只是试验性车型，从未向公众推出。T型车于1908年10月1日推出，很快就令千百万美国人着迷。T型车不仅为人们提供了远距离旅行的可能和更多的机遇，且价格也很合理，最初售价850美元。随着设计和生产的不断改进，最终降到了260美元。第一年，T型车的产量达到10660辆，创下了汽车行业的纪录。到了1921年，T型车的产量已占世界汽车总产量的56.6%。

福特希望T型车能够让人们买得起，操作简单，结实耐用。亨利·福特的目标是生产"全球车"。不论从哪方面讲，他都成功了。自1908年10月1日第一辆T型车交货以来，直至1927年夏天T型车成为历史，共售出1500多万辆。福特汽车公司创造了一个巨大且永恒的汽车市场，带动了全球汽车产业的发展。

现在，我们的市场还是处于内燃机动力为主的大众汽车时代，但是随着新能源汽车技术的突破，新的汽车时代将很快到来。如果真能成为国内甚至世界的电动汽车领军企业，比亚迪就很有可能像福特那样成为跨越历史时代的汽车企业。不过当时的王传福虽然有这样的想法，却没有实施的能力。因为他才刚刚接触到汽车生产的皮毛。

随着学习的深入，王传福很快就发现，在西安买的那些汽车书籍过于简单零碎。要想真正地了解汽车，成为一名合格的汽车技术人员，就必须进行系统的学习。

于是王传福抓住一次去北京办事的机会，和夏治冰一起来到了北京的图书大厦。在这里，王传福不像在西安那样，什么样的汽车图书都买，而是根据来之前所查的资料，把书架上有的汽车专业的教材都收入囊中。

从北京买回教材之后，王传福就日夜自学，每天孜孜不倦地阅读。当时的王传福把工作以外的所有时间都放在了学习上。一本一本，一门一门，无论是办公室、家中，还是在飞机上、汽车中，王传福的手中都必定有一本汽车专业的教材。他用功的程度即使是与那些刻苦的高三学子相比，也毫不逊色。

我们经常说："现在是一个学习的时代。"但是又有多少人能够真真正正地把学习当成一回事呢？又有多少的老总愿意耗费大量的时间和精力来自学一门新的专业呢？像王传福这样既当努力老总，又做勤奋学生的企业掌门人，可以说是非常罕见的。

成功绝不是那么简单，管理也绝不是那么风光，这些光鲜的背后必定有着巨大的付出。王传福就是愿付出、能付出、敢付出的人。

2. 王传福：两手都要硬

王传福在疯狂学习的同时，也在考虑如何整合收购后的秦川汽车。与学习汽车相比，这是一件难度更大的系统工程。一个民营企业收购一家国有企业，绝不是简单的合二为一，难度之大是远超乎一般人的想象了，既有管理上的难题，更有体制上的冲突。

像秦川汽车这样的国有企业之所以愿意被收购，就是希望在自身改制的过程中，通过引入比亚迪这样的战略投资者，带来资金、人才、管理能力等方面的实质性提升，为企业构建更为合理的发展平台。

但是，想法归想法，并不等于现实，在整合过程中有着很大的难度。

首先，国有企业和民营企业有着本质的差别。与比亚迪这样的民营企业相比，秦川汽车具有两个特别鲜明的特征：

一是秦川汽车法人治理结构不完善。秦川汽车由于有着政府和军工的背景，采用的是行政首长负责下的民主监督、民主管理体制，秦川汽车的职工都是通过党委会、职代会、工会等行使民主决策、民主管理的权利，尚未形成真正意义上的股东会、董事会、监事会的公司法人治理结构。因此，秦川汽车无法通过完善的法人治理结构发挥应有的决策、制衡和监督作用，内部人治的问题比较严重。

二是秦川汽车的劳动人事制度改革尚未到位。直至比亚迪做出收购行为的时候，秦川汽车还没有形成有效的劳动人事管理机制，对外往往能进不能出，无法正常新陈代谢；对内往往能上不能下，培养人才和队伍的速度非常缓慢，无法起到调节作用，不利于引进人才。同时，在分配方面平均主义、大锅饭问题没有得到根本解决，经营管理岗位和关键技术岗位收入低于市场水平，而一般普通岗位收入却高于市场水平，从而也无法起到有效的激励作用，难以留住人才。

因为秦川汽车有着这两个特征，就要求比亚迪必须特别注意法人治理结构的规范性和劳动人事的市场化两个方面，否则容易陷身其中，无法理顺企业的管理关系了。

其次，比亚迪收购秦川汽车之后要处理好安置职工和处置资产这两个相当敏感而且棘手的问题。

虽然秦川汽车的总人数并不多，但是由于历史原因，还是存在着富余人员较多的情况。即使随着比亚迪汽车的发展，这些富余人员必定会有岗位安置，但是在比亚迪刚接手的阶段，如何安置这部分员工是比亚迪必须要处理好的问题。

对于秦川汽车的资产处置也是王传福必须要做好的工作。在处理秦川汽车资产的时候，要处理好秦川汽车的不良资产，还需要关注国有资产界定的问题，避免国有资产流失的情况发生。如果这些问题处理不好，就会成为比亚迪汽车后期发展的一个很大隐患。

最后，也是难度最大的，就是两家企业的文化融合。如果比亚迪不能很好地让秦川汽车进入自己的文化体系中来，那么，比亚迪在汽车上投入越多，对企业的发展就越不利。

这里涉及的其实就是所谓的企业文化差异。这种差异的根源，就在于两者的体制不同所导致的观念上的差异。所以只要让秦川汽车的全体人员能够在观念上与比亚迪保持一致，那么基本上就可以说企业文化的统一完成了。

从管理的历史来看，兼并收购以后的整合过程，要比兼并收购行为本身的成功率低得多，在国外也只有15%左右。一个经典的案例是美国在线和时代华纳的合并。当时这项合并案为众多人看好，尤其是从业务关联上看，可谓是珠联璧合，但是，最终却惊爆出987亿美元的亏损，其最主要的原因也是管理整合失败所致。显然，比亚迪收购秦川汽车后也必须充分认识到收购以后的管理风险，否则，比亚迪就会成为中国并购整合失败的案例典型了。

企业文化是一个系统问题，全面覆盖企业的整个经营活动领域，是企业得以生存和发展的深层次动力和源泉，王传福深知这个道理。

王传福对身边的人说："比亚迪作为民营企业，成立还不满十年，属于典型的创新型组织，而秦川汽车属于有着一定历史的国有企业，是守成型组织。比亚迪之所以进步这么快，是因为来自体系内的制约很少，又有很强的发展要求，所以机制上比较灵活，思想统一也比较容易。但是秦川汽车则不同啊，秦川的这些管理者们都不是企业的所有者，来自体系内的制约也比较多，整体上趋于稳定和保守，在发展上缺乏足够的内驱力。现在两种机制必然交会，创新和守成的冲突就必然会产生。这个问题必须得解决啊。"

"比亚迪收购秦川以后，业务规模和资产规模扩大了，管理资源愈加摊薄。比亚迪必须一手拿着资本，一手拿着管理，两手都要硬。否则，收购以后的管理整合一旦失败，不仅'整'死了被收购的秦川汽车，连自己也要被拖垮。"王传福这样警醒自己和比亚迪的团队。

经过较长时间的思考，王传福终于理出了一个整合的思路：

第一步是要激励分化，让秦川汽车自己由内而外地发生变化。首先一定要识别出秦川汽车的核心管理人员，对他们加以奖励，使得核心管理人员的利益和比亚迪之间的利益结合更紧密。依靠原核心管理人员，实施"本土化"管理，避免大范围人事介入可能导致的冲突，更应尽量避免重要人事更换，降低原体系因外生变革而导致的对抗性振荡。也就是主要通过原秦川汽车的核心管理人员，从原体系的内部实施管理变革，逐步地与比亚迪融合。

第二步是做好合作管理。采取激励分化措施以后，虽然核心管理人员的利益和比亚迪的利益更加紧密了，但并不能真正像由管理层收购的国有企业那样，完全由这些原核心管理人员自主管理和实施变革。这是因为，比亚迪的战略意图和管理思路一定要渗入进去，比亚迪和秦川汽车的核心管理人员之间的矛盾不可能完全回避，所以还是要尽一切努力做好合作管理。

第三步就是要做到集成治理，过渡安排。就是在比亚迪汽车步入正规之前，必须有一种过渡形式的治理安排，通过集成治理的方法来保证企业的日常运作。

在理清了比亚迪汽车管理的基本思路之后，王传福立刻作出了自己的决定：

首先，比亚迪总部只向新成立的比亚迪汽车空降以夏治冰为首的三个人。这三个人分别担任财务总监、采购经理和品质管理经理。在王传福看来，在自己和比亚迪不太了解汽车之前，只要管理好财务、采购和质量就可以了。

其次，对原秦川汽车的高层人士暂时不作任何调整，待过渡期结束后再根据实际情况进行调整。

再次，全面调高员工的薪资待遇水平，通过待遇的提高，来增加他们对比亚迪的信任和对比亚迪文化的认可。国有企业的员工对许多民营企业家和民营资本的认同度不高，如果降薪的话，接纳度就会更低，心理反感就容易产生，加薪有助于增强好感，所以王传福要通过这种办法来加速这些员工认识的转变。

在夏治冰出发之前，王传福特意叮嘱他说："小夏，这次去西安只有你们三个人。你们必须获得他们的认同。不要急着灌输我们比亚迪的企业文化，思想认识和工作习惯的转变不是一朝一夕就能完成的。你们第一步要做的就是先融入到秦川的企业文化之中，在对他们的企业文化有了清醒的认识之后，再根据实际情况，转变他们的认识，最终形成与现有比亚迪文化相适应的比亚迪汽车文化。企业整合最难的也是最重要的就是企业文化的整合了。任务很艰巨，要辛苦你们了。"

夏治冰听到王传福这么说，不由得心头一热："王总，您放心好了。虽然我们没有做过汽车，也不太了解怎么做汽车，但是我们一定会拼尽全力把比亚迪汽车做好。"

夏治冰他们来到秦川之后，发现情况确实如王传福所料。许多员工都对他们这些民营空降兵抱有戒心。不仅如此，秦川汽车的工作习惯也与比亚迪有很大的不同。

在比亚迪，所有的生产线都整洁有序，员工们都是在生产线边紧张地工作，对员工的管理也比较严格。但是在秦川汽车，工作的节奏就慢了很多，许多员工一边上班一边抽烟，这在比亚迪是绝对不被允许的。

夏治冰按照王传福的要求，没有立即要求整改，目的就是要与员工打成一片，让秦川的员工能够从心里接受自己，让自己能够尽快地融入秦川。

当员工们发现新来的夏总监是这么平易近人之后，就逐渐地接受了夏治冰。在经过一段时间的了解之后，夏治冰开始逐步地推行比亚迪的企业文化。生产车间被划定了无烟区，后来原本没有禁烟的办公区也开始禁烟了。此时员工们已经能够接受比亚迪的管理文化，都很好地遵守了相应的规章制度。

当秦川汽车的老员工们真正地接受了比亚迪的企业文化之后，王传福下一个要解决的问题就是如何发展比亚迪汽车了。显然，让比亚迪汽车融入到比亚迪的文化，这仅仅是个手段，真正的目的是希望通过资源的整合和文化的融合，推动比亚迪汽车获得高速发展。要达成这一目的，就必须要对原秦川汽车的战略进行新的调整。

那么，王传福在比亚迪汽车的第一个战略安排又是什么呢？

3. "路径依赖"的彻底倒掉

王传福与汽车专家商量后发现，要让比亚迪汽车有新的发展，就必须调整原秦川汽车的战略安排。

这是必要的，也是必须的。

所以，当比亚迪入主秦川之后，秦川不仅仅名字换成了比亚迪，在公司性质和资金实力上也发生了很大的变化，秦川汽车原来制定的规划已经明显不能适应现实情况的发展变化了。这就表明了，比亚迪汽车若想提高自己在未来汽车市场上的生存和发展水平，就必须应时作出有效的调整。

战略必须为目标服务。企业的战略是一个计划，旨在实现某一特定的

第九章
从"秦川"到"比亚迪"

长远目标。什么样的目标才能叫做长远呢?一年、两年?八年、十年?对于个人也许还算长远,但是对于一个企业而言是远远不够的。王传福为比亚迪汽车设定的目标不是阶段性的,而是历史性的。王传福的想法是让比亚迪汽车成为电动汽车领域的领头羊,并以此带动整个中国汽车工业的发展与壮大。

王传福的目标之宏远,听起来有点让人难以置信的味道。

正是因为难以置信,所以王传福的想法在比亚迪汽车内部并没有获得实际的认可。许多秦川汽车的元老们觉得王传福的脑子是不是坏掉了,比亚迪怎么能把未来的目标定在电动汽车上呢?从目前国内的技术发展水平来看,这一目标实在太不现实了。

王传福不会是在这里耍嘴皮子吧?许多人都开始产生质疑了,这些质疑逐渐扩大到了那些参与收购谈判的人员身上,一时间比亚迪汽车内部到处都是流言蜚语。

发生这样的事情其实一点都不奇怪。这其实就是原秦川汽车人的"路径依赖"。

"路径依赖"是1993年诺贝尔经济学奖得主道格拉斯·诺斯提出的一个非常重要的概念。主要是说,人们一旦选择了某个制度,就好比走上了一条不归之路,惯性的力量会使这个制度不断"自我强化"。

可以用一个人所皆知的故事来解释什么是"路径依赖":科学人员用五只猴子做试验,将它们放在一个笼子中,在笼子的中间吊上一串香蕉,只要有猴子伸手拿香蕉就用高压水枪教训所有的猴子,直到没有一只猴子敢动手。试验的下一步是用一只新猴子替换出笼子里的一只猴子。新来的猴子不知这里的"规矩",动手拿香蕉,结果竟触怒了原来在笼子中的四只猴子,于是四只猴子代替人执行惩罚的任务,把新来的猴子暴打一顿,直到它服从这里的规矩为止。试验人员如此不断地将最初经历过高压水枪惩罚的猴子换出来,直到最后笼子中的全是新猴子,但却再也没有一只猴子敢去碰香蕉了。

至于企业战略调整中的"路径依赖",就是指企业在进行战略调整中,其战略决策往往会受到已有的战略决策的影响,而成为旧决策的继续和延伸。此时的秦川汽车原班人马,仿佛就是处在自己的笼子之中。而那些秦川汽车的元老们,也就是因为这种"路径依赖"无法认可王传福的新想法。

其实责任并不在这些元老们身上。秦川汽车是一家创新精神相对不足的国有企业,受制于国有企业体制等原因,决策层领导追求的多是"无过便是功",所以秦川汽车以往的战略调整很难作出什么根本性的改变。在不断训练和强化之下,秦川汽车战略调整中的路径依赖特点也就表现得更为突出了。这也是原秦川汽车始终找不到发展出路的核心原因之一。

正是看到了这一固疾所在,王传福就必须要打破这种"路径依赖",让比亚迪汽车走出一条新路来。

事实上,秦川推出的福莱尔是一款排量仅有0.8升的微型轿车。当时已有很多汽车企业花费了大量的资金去设计和生产类似的微型轿车,在这一汽车领域的竞争也可以说是非常惨烈的。无论是盘踞微型轿车领域多年的夏利,还是原兄弟企业生产的奥拓,抑或李书福开山之作的吉利,都是福莱尔直接面对的强大对手。

在与对手的对比中,福莱尔可以说是完全处于下风。2002年,排量为1.0升的夏利TJ7100产量是72239辆,销量则达到了70687;0.8升排量的奥拓产量是50147辆,销量达到了48823辆;而吉利自行设计的1.0升排量的吉利JL6360,产量也达到了43475辆,销量则有39663辆。无论上述所列中的哪一家,产销量至少是秦川汽车的两倍。

根据这样的市场情况,王传福迅速作出了一个判断,那就是微型轿车的市场已经被人捷足先登,比亚迪汽车必须改变原秦川汽车的主打微型轿车的战略思路,放弃利润较低的微型轿车市场,将自己的主攻方向转移到普通级轿车上来。

从微型轿车到普通级轿车,看起来简单,实施起来并不容易。比亚迪

第九章
从"秦川"到"比亚迪"

是在秦川汽车的基础上介入中国汽车制造业的。原秦川汽车的产能只有5万辆，市场占有率也只有2%，虽然号称是占据全国市场，但实际上除了西安本地，主要的销售网络也只有北京和成都两个城市而已。也就是说，比亚迪一进入汽车领域就已经陷入了发展的困境，在这个基础之上进行产业布局，其困难可想而知了。

所以，进军普通级轿车，无疑是一种宏观的、具体的大布局，许多事物都需要作出改变，需要牵扯到的也是各个方面，协调起来的难度之大，并不是一般外人所能体会的了。这其中，最难处理的就是秦川原有的福莱尔品牌了。

众所周知，"福莱尔"是秦川汽车辛辛苦苦一手打造的微型轿车品牌。现在比亚迪要改变汽车的生产方向，那么"福莱尔"这个品牌就不能再用了，否则会混淆顾客对于新车的定位。

王传福的这个做法让原秦川人非常不满。他们辛辛苦苦开发设计，并经过几年市场培育的"福莱尔"竟然要被放弃掉了，他们的内心的确接受不了。

对于这些为"福莱尔"付出了大量心血的秦川人来说，"福莱尔"就是自己的孩子，凝聚了所有秦川汽车人的精髓、血脉和情感。比亚迪一来，就要扔掉这个孩子，这是万万不能答应的。

果然，调整的计划一出台，就立刻激起了轩然大波，夏治冰们刚刚和秦川人拉近的关系，就立刻变得疏远起来。

质疑与不满开始充斥整个厂区，刚刚组合成立起来的比亚迪汽车仿佛立刻陷入了分崩离析的态势之中。与此同时，各种风言风语也立刻多了起来，甚至连当时的许多新闻媒体也开始报道比亚迪汽车内部的矛盾冲突，一度使用上了"激烈"的各类词汇。不仅如此，就连比亚迪的宣传费用也被人拿出来抨击王传福。

有的人说："王传福压根就不想认真做汽车，他所谓的电动车就是一个画出来永远吃不到的大饼，而普通轿车计划就是一个想得出实现不了的

比亚迪真相
BIYADI ZHENXIANG

白日梦。""比亚迪2003年计划的广告费用是3600万元,足足达到了2002年的6倍,将资金投放到宣传上并没有错,但是这应该是王传福用自己的注资来完成,而不是占用销售商预付给秦川汽车的销售款。王传福这么做是在掏空秦川。"

这些话很快就传到了王传福的耳朵里。王传福明白这件事情的重要性,不处理好人心向背的问题,比亚迪汽车就没有下一步可以走。

面对着比亚迪汽车的员工,王传福说道:"我们进入汽车行业,主要就是为了给三年以后的比亚迪寻找一个迅速成长的平台。比亚迪绝不是玩玩就算了的,我们的规划是立足于长远的。我知道大家都担心比亚迪的电动汽车会拖累燃油汽车,这个请大家放心好了。至少在最近的三到五年内,电动汽车是不会给比亚迪带来任何利润的,所以比亚迪的重心还将放在现有的传统汽车生产上。我们现在也不会放弃福莱尔品牌,但是以后我们有新的品种,也许就不用这个品牌了。道理非常简单,打个比方来说,如果一汽大众想生产世界最高等级的跑车,那么这个跑车的名字一定不会是捷达。每一个汽车在其设计之初就有明确的市场定位,品牌建设得越好,顾客对其市场定位就越明确。现在的微型轿车市场不但利润过低,而且竞争还非常激烈,我们以后开发的汽车必然要重新定位。如果新汽车还是叫做'福莱尔',顾客就还会将其定位为微型轿车,这就不利于新车型的推广了。"

王传福的一番话,说得大家心服口服。

"企业在融合之初会有矛盾,这很正常。俗话说得好,夫妻俩还会盘子磕到碗。既然现在大家已经成为比亚迪的员工,那么我们就是一家人。有疑问、有想法,这是很正常的,我是完全理解的。大家对'福莱尔'品牌的感情我很清楚。我也是做技术的,我也非常喜爱自己一手打造的比亚迪品牌。'福莱尔'可以说是比亚迪汽车的基础,即使以后的品牌不再叫'福莱尔',那么它也一定是脱胎于'福莱尔',也可以说是'福莱尔'的子孙。所以说,无论以后比亚迪汽车获得怎样的发展,'福莱尔'都会永远活在比亚迪汽车的血脉之中。"

听了这番话,许多参与开发福莱尔轿车的人才感觉舒服了一点。

"'福莱尔'也不会现在就退出比亚迪的舞台。"王传福接着说道,"今年我还希望大家丰富'福莱尔'的新车型呢。计划大家都知道,我们要设计生产的是'福莱尔'加宽型、三厢型,还有一个是在'福莱尔'基础上全新开发的小型MPV,这些都是比亚迪对于'福莱尔'车系的丰富。所以我在这里衷心地希望比亚迪汽车的各位同仁,能够和我一起同心协力做好'福莱尔',做好比亚迪。"

思想统一了,员工的积极性就提高了,比亚迪很快就推出了排量为0.87升的'福莱尔'QCJ7081和排量为1.1升的QCJ7110,后者也是福莱尔首个排量超过1.0升的车型。这两款车的做工和质量与以前相比都有了很大的提升。可以说比亚迪一进入秦川,就突破了生产1.0升排量以下的微型轿车的生产限制。

显然,王传福要让比亚迪汽车走出一条新路,他的目光并不仅仅盯在普通级轿车的身上,他甚至已经瞄准了2.0升、2.4升的市场。要实现这样的目标,比亚迪汽车现有的生产厂房就远远不够了。

王传福决定为比亚迪建一座汽车城。

BIYADI

BIYADI ZHENXIANG

第十章

在刀尖上跳舞

　　1300年前，大诗人李白在长安面对着巍峨的秦川题写了一首《蜀道难》，感叹道："蜀道之难，难于上青天，使人听此凋朱颜。"王传福面对着问题重重的秦川汽车，似乎也颇有同感了。

　　面对业内的质疑之声，面对媒体的批评之语，王传福领着自己的团队开始了大无畏的垂直整合。这又是一次出乎众人意料的冒险，没有人理解比亚迪，只有王传福领着比亚迪孤独地前行着……

1. 如此"大汽车城"计划

深思熟虑之后,王传福把比亚迪汽车的产业目标定为"打造民族的世界级汽车品牌",把产品目标定在了"造世界水平的好车"之上。

要实现上述目标,比亚迪汽车就必须坚持自主研发、自主品牌、自主发展的运营模式,产品的设计和开发也必须向高级化、规模化发展。比亚迪汽车现有的生产线和生产能力显然满足不了王传福的要求,于是,建立一个大型的汽车城的计划也就自然而然地提到了比亚迪汽车的议事日程。

一提起汽车城,人们也许会想起美国通用、福特和克莱斯勒三大汽车公司总部所在地——底特律;也许会想起原名爱知县的丰田市;也许会想起戴姆勒-奔驰汽车公司所在地——斯图加特。王传福虽然也想把西安打造成这样的汽车城,但是目前的比亚迪还没有这样的实力。王传福想打造的汽车城,是以比亚迪汽车为依托的一个集汽车研发、制造、零部件加工,和汽车物流、展示、贸易、服务,以及教育、旅游、娱乐等多功能于一体的工业区域。这其实就是王传福根据自己在深圳积累的经验,设计出的大型化、集成化、多功能化的比亚迪汽车生产基地。

在深圳,比亚迪的手机工厂是将全自动的生产线进行拆分,将科技密集型企业转化为劳动密集型企业。比亚迪的这种模式有着很多的优越性,王传福想做的就是在比亚迪汽车上用同样的方式来降低成本,提高生产率。

将一个全自动的生产线,拆分成很多个生产环节,然后由大量廉价的劳动力来进行分解生产,这种模式虽然降低了生产线的技术要求和生产成本,却也大大提高了劳动力的需求量。比亚迪刚入主秦川的时候,整个比亚迪汽车仅有1000人左右,在进行了生产线拆分之后,对人员的要求一下子就提升到了6000多人。比亚迪原有的汽车生产厂房，远远不能满足现有的需求，如果算上比亚迪汽车未来的发展潜力，那么只有建立一个大型的生产基地才能解决比亚迪汽车生产空间过于狭小的问题。

以汽车城的模式建立生产基地，王传福是有着深远考虑的。

首先，比亚迪汽车将会转变为彻底的劳动密集型企业，数额庞大的用工需求，虽然可以大大解决许多人的就业，但如此多数量的工人聚集在一起，如果没有一个统筹的安排，会给当地的居民和环境带来巨大的压力。作为一个负责任的企业，不单单要保证当地的经济发展，还要保证这个发展是可持续的，是不会给当地带来过大负面影响的。

其次，大量的工人进入比亚迪汽车工作，如果不能很好地解决这些人的衣食住行和安全问题，比亚迪汽车就难以获得员工的认同，企业的发展就会因日常琐事困扰，劳动生产率也自然难以提高。

最后，将所有的员工集中在一起，统一地进行生产和生活，有利于企业进行管理，也有助于员工自身提升工作技能。

建立汽车城的好处虽然很大，但是建立的难度却是更大。

首当其冲的问题就是征地面积大。作为一个一体化的汽车城，除了生产之外又要在其中附有很多的生活功能，这就需要汽车城有很大的土地面积，最少也需要1300亩。1300亩是个什么概念呢？它的面积相当于120个标准足球场那么大。要征用这么大一块地，必然要涉及到很多村庄和大量的耕地，也必然会牵连出各方面的利益。

然后是汽车城所需要的巨大投资。建立一个年产量至少要达到20万辆的汽车城，需要的资金不可想象。而按王传福的想法，是想设计成30万辆的规模，如果包括自己拥有的研发和四大生产线的话，那么仅硬件部分的投资起码就要20亿元。与之相比，比亚迪2002年的收入还仅为14亿元，利润率约为5亿元。如果整个汽车城全部由比亚迪现金支付，那么仅建造汽车城一项就要耗掉比亚迪4年的利润积累。由此可见，比亚迪汽车城的资金压力是多么巨大了。

最后是建设周期的问题。在这么大面积的土地上兴建一座汽车城，工程量自然浩大。厂房、研发中心、展览区、管理区以及员工的宿舍、食堂、电影院等等，建设项目的数量和种类之多，无一不包。不仅如此，这么大规模的一座汽车城，还需要建立完善的独立的供电、供水、供暖以及垃圾处理系统等等，错综复杂，缺一不可。

如此看来，要完成比亚迪汽车城整个项目，不仅要花费巨额的金钱，更要耗费大量的时间。而建设周期越长，未来的一些不确定因素也就越多，风险也就会越大。

王传福并不是没有考虑到这些，但难度尽管很大，风险也很高，他还是打算把这个年产30万辆的汽车城建立起来。

在中国内地做企业，不得不提到一个问题：建立这么大规模的一个生产基地，就要处理好与各级地方政府的关系。中国有句俗话说，不怕官就怕管，如果遇到问题没有处理好，一个小官也可以制肘，让你施展不开。

不过，王传福在机关待过的经历，使他对于处理企业和政府的关系有着自己的一套。在王传福看来，政府与企业的关系不仅是资金和政策的关系，更重要的是战略层面的关系，是政府与企业合作共赢，共同发展的关系。王传福在处理企业外部关系的时候，不是去与某个领导人搞好关系，而是将企业命运与地方政府发展紧密联系在一起，一荣俱荣，一衰俱衰。王传福觉得这是对企业而言是最大的安全。

对于建汽车城这件事情，王传福也是遵从这个思路来解决问题的。比亚迪选择建立汽车城，其实就是和西安市牵手，帮助政府解决就业问题，并作为一个龙头企业来拉动西安的经济发展。与此同时，西安的政府部门可以调动城市的很多资源来促进比亚迪汽车的发展，这样比亚迪汽车就可以作为一个在地方政府扶持下成长起来的企业快速发展。

王传福的思路是完全正确的。

近些年来，我国经济持续高速发展，各级地方政府的经济发展压力也是很大。2003年，尽管受到了"非典"的影响，中国全年的经济增长率依

第十章
在刀尖上跳舞

然达到了 8.5%。西安市政府当然不希望自己的经济增长率低于全国的平均水平。在政绩压力之下，比亚迪这种大型的高端制造业企业是任何一个地方政府都非常欢迎的优质企业，西安各界自然非常欢迎比亚迪来投资。

为了争取比亚迪汽车落户西安，当地政府给比亚迪提供了优质的服务，比亚迪在西安也得到了很大的照顾。如西安市蓝田县和西安高新技术开发区招商部门均免费向比亚迪汽车提供了 1300 多亩的土地，这无疑为比亚迪节省了一大笔资金。

也正是因为当地政府如此积极的态度，使得王传福决定投入 6 亿元的资金来建设汽车城的一期项目。王传福曾对汽车城项目的负责人说："这个项目一定要快，争取在 2005 年以前就结束汽车城的初期规划。"

可以说，这么大的一个汽车城在这么短的时间内就要结束一期工程，难度可想而知。但也由此可见，王传福对比亚迪汽车城也存在着急切的成功心理。

之所以会这么急地要把汽车城建起来，扩大产能，与当时的汽车业发展形势有着密切关系。

2003 年，虽然"非典"大范围流行，对中国经济造成了一定的影响，但是对于汽车业来说，这一年却是一个不平凡的年份。由于汽车产业较高的利润率，在整个制造业掀起了一股"汽车热"，手机业、家电业、烟草业等许多行业的巨头们，都拿着大把的钞票抢着造车，巨额的资本像潮水一样涌入到汽车产业中来，许多人都打算在汽车市场上分到一块大蛋糕。

2003 年 7 月，美的集团秘密在云南考察汽车投资项目。8 月，美的集团就与昆明高新技术开发区管委会签订了总金额高达 20 亿元的"云南美的汽车整合项目"。美的头号人物何享健就曾经对记者说："积极谋求进军汽车业是美的产业调整的方向。美的构想的庞大汽车产业梦，是逐步涉足客车、货车、轿车生产，将汽车培育成美的新支柱产业。"同年 10 月，美的集团又与三湘客车达成协议。一年之内，连买两家汽车企业，美的集团对于汽车业的野心已经让路人皆知了。

进军汽车产业的又何止美的集团一家。奥克斯集团也在2003年10月份出资5000万元，收购沈阳双马汽车95%的股份。格林柯尔的顾雏军也出资4.17亿元人民币收购亚星客车67.67%的股份，准备豪赌客车市场。此外，波导、五粮液、红塔也都揣着大把大把的钞票打算涉足轿车生产领域。

这样一来，中国有资本的汽车制造商一下子增加了很多，刚成立的比亚迪汽车所面对的竞争对手更是突然增多，竞争的压力也陡然增大。要想在与这些资本大鳄的竞争中抢得先机，王传福他们就必须让比亚迪汽车迅速成为一个具有竞争力的企业。

众所周知的是，一个汽车企业要在轿车市场上站稳脚跟，就必须拥有一套完整的车身生产线、四五个品种体系，年产量至少要达到20万至30万辆。谁先达到这个要求，谁占领市场的可能性就越大，王传福要的就是这抢先一步。

要领先这一步，仅仅靠汽车城是不够的。王传福还有另外一手。这一手不但不新鲜，而且是被许多企业弃置不用的，但是王传福偏偏就要化腐朽为神奇，立志于让它变为自己的致胜武器。

2. 被嘲笑的"三星模式"

王传福想到的方法其实一点都不神秘，就是利用垂直整合策略来创造比亚迪汽车的竞争优势。

什么是垂直整合？

垂直整合（Vertical Integration）是一种提高或降低公司对于其投入和产出分配控制水平的方法。垂直整合有两种类型：后向整合（Backward Integration）与前向整合（Forward Integration）。一个公司对于其生产投入的

第十章
在刀尖上跳舞

控制被称之为后向整合，对其产出分配的控制则被称之为前向整合。

从战略发展的过程来看，垂直整合往往被考虑作为一项战略选择。例如，在供应商过于强大从而对公司发展造成威胁的情况下，一种战略解决方案就是大量收购供应商。比亚迪的想法是轿车上所有的部件都自己生产，不依赖于别人。

垂直整合具有很多优点：一是可以让企业规模经营；二是让自己的产品更具有竞争性；三是大大降低产品成本；四是可以减弱供应商或顾客的威胁；五是高度控制完整的价值链；六是可以建立企业壁垒，设置进入障碍等。

垂直整合很符合比亚迪一向严控成本的经营风格。如此下来，比亚迪将形成自己的技术和成本优势，能够与比亚迪进行竞争的企业相应地就会越来越少了。

不过，从全球经营的潮流角度来看，比亚迪走垂直整合之路并不符合国际潮流。这是因为，汽车行业都在朝专业化的方向转变，做车模的做车模，做轮胎的做轮胎，厂子与厂子互不关联。但是，比亚迪这种做法却符合中国国情，当前的中国企业也正处于从简单竞争时代向多元化竞争时代的转变。

简单竞争时代的企业竞争拼的是劳动力。在这样的环境下，企业大多是生产成本加上合理的利润，并以此获得在市场中的生存空间。为获取更多利润，延长劳动时间、增加劳动强度，成为此一时期很多企业从内部挖掘利润来源的主要方式。在这种竞争规则下，谁拥有的劳动力越多，获取的利润额就会越高，企业人员规模也会随之不断扩张。

进入多元化时代之后，企业竞争拼的是资本实力，企业依靠多元化投资取胜。当行业内利润率趋同时，行业内的领导企业便会尝试打破这种局面。于是有资金实力的企业开始进行主营业务之外的多元化扩张，那些高于本行业平均利润率的领域，都会成为它们追逐的对象。

这种多元化扩张会向两个方向延伸：纵向兼并收购上下游企业，横向投资非关联产业。成功进行横向多元化的典型代表就是通用电气，并由此带动了一大批企业进行横向扩张。此时"加法"法则成为主流，制造业由此进入了横向多元化竞争时代。在这个阶段，资本成为企业间竞争的最大筹码，资本实力越强者越能在多领域扩张，并由此获得规模优势。所以"大"成为衡量企业的一个主要标准，规模越巨大的企业，越能得到金融资本的青睐。于是，实业公司在得到金融资本的支持后，又进入了新一轮的扩张，如此重复循环着。

当大量的劳动力、大量的资本、大量的工厂都趋向一个方向聚集时，这些要素如何才能构成一架庞大且运转有效的机器，没有经历过有效整合的，是不可能达到相关要求和设想的。此时，那些敢于运用垂直整合手法的企业，与人展开竞争的即是资源整合能力了。

在世界名企里面，把垂直整合做得最好的便是韩国三星电子，它同时也是垂直整合的发明者。

1988年，在三星株式会庆祝自己的庆典上，会长李健熙决定抛弃"替日本三洋打工"的角色，宣布三星进入"二次创业"阶段。在李健熙的蓝图里，三星将是全球排名前5位的电子品牌。李健熙将公司的半导体业务合并入"三星电子"，最大限度地配置技术资源，开发增值产品。

1999年，在"三星电子"成立30周年庆典上，李健熙决定集中精力发展优势业务，将不具备优势的业务统统砍去。同时，三星的管理层也看清了未来电子产品将向数字化方向发展的大趋势，进而推出了自己的"数字文艺复兴计划"，将旗下系列电子产品向数字化方向演进。而此时的索尼，还沉醉在自己工业技术的高贵之中，且不遗余力地崇尚工业设计的精耕细作之美。

看清了数字化趋势之后，摆在三星管理层面前的问题，就是如何发挥产品的综合优势？李健熙给出了自己的答案：基于下游的系列数字化电子产品（数字电视、显示器、笔记本、手机、存储器），在上游开发共有的与数字化相关的核心部件（半导体芯片、LCD）及核心技术，以达到整个纵向产业链的整体领先。

三星借助这种模式，在电子业领域成功崛起，成为全球首屈一指的强势品牌。学者们在研究三星时，给这种模式取了一个名字——垂直整合。于是，"垂直整合"成为三星商业模式行走全球的名片，进而引发诸多企业纷纷效仿。

王传福无疑也被三星的成功模式吸引了。事实上，他想达成的目的就是把比亚迪打造成汽车生产领域的"三星"，所采用的方法就是三星所创造的"垂直整合"。

其实对于垂直整合的运用，王传福并不比三星掌门人李健熙晚多少。王传福在做电池的时候就发现，如果想在分解生产线的基础上进一步压低成本，提高产品竞争力，那么就必须采用垂直整合的方法来打造自己的电池帝国。尤其是当比亚迪进军手机代工领域之后，垂直整合的运用已达到了很高的地步。可以这么说，除了手机芯片不做之外，王传福已将整个手机的所有部件都整合到一起来运作了。也正是因为这种做法，才使得比亚迪很快就在手机代工领域打出了属于自己的一片天地。

那么，比亚迪的垂直整合模式究竟是怎样的呢？

比亚迪的垂直整合核心是研发机构，这是垂直整合的大脑，当王传福打通了轿车生产自上而下的所有环节后，研发中心这个大脑就可以在内部对各种轿车零部件的成本进行调整，把利润的控制权掌握在自己手里。研究比亚迪的人曾经进行过这样的比较，同样的一个方案交给比亚迪和单纯的代工企业，比亚迪的成本要低15%～20%，完成的速度却比别人快1/3。王传福曾经骄傲地对《中国经营报》的记者说："我们的保险杠做好后直接运到组装车间，装上车的时候还热着，而一般企业仅保险杠的包装费和运输费就非常可观。"

为了做到成本最低，价格最优，比亚迪收购了一些工厂，其中最为典型的是收购了北京吉驰汽车模具有限公司，成立全新的北京比亚迪模具有限公司，建立北京比亚迪工业园。这是比亚迪垂直整合轿车零部件的一个重要动作，大大节省了车模的生产费用。别人开一个车模要1.5亿元，而比亚迪只要9000万就行了。汽车上一个电子小部件，如果别的厂家采购需要十元，比亚迪自己生产成本则不到两块钱，相差5倍之多。

此外，比亚迪整合每一个零部件的同时，还整合了产业链上游的每一细分点。对于上游供应商的利润，比亚迪挥起了价格屠刀，让供应商无法获得暴利，比亚迪觉得供应商的利润对自己来讲就是成本，必须严格控制。

然而，当王传福开始垂直整合的时候，许多业内人士对王传福设计的垂直整合的策略却嘲笑不已。他们觉得王传福为比亚迪设计的是一条绝路，是一条死路。有人认为，用垂直整合的方法来做比亚迪汽车，一定会让王传福在汽车制造领域遭遇滑铁卢。一些人甚至对那些持有比亚迪股票的港股投资人这么说："趁着现在比亚迪的股票还值点钱，赶快抛了吧。等比亚迪真的在汽车上死掉，小心到时候股票砸在手里。"

垂直整合的模式具有这么多的优点，王传福将其用在比亚迪汽车上不是正好吗？为什么反而会引来外界的一片否定与质疑之声呢？

3. 逆全球大势而行

外界的质疑并不是完全没有道理的。垂直整合如同一把双刃剑，既有其优点，同时也有缺点。

企业采取垂直整合的策略，目的是要通过这种模式追求最大范围的经济效益，把人才、资金、技术、经营模式以及市场需求等所有因素都放在一起综合考虑，然后为核心事业创造竞争优势。但是随着规模的扩张，很多企业就会发现表面庞大的产业帝国，其实体内是虚胖的。垂直整合需要跨越不同的事业领域,需要有不同的专业人才,雄厚的资金与独特的经营模式,并非每家公司都能承受。尤其是当企业多条战线同时出击时,所受到的牵制就会越来越多,腹背受敌的滋味也就会越来越难受。所以,一个企业有时看似庞然大物,其实已经开始步履蹒跚了。

具体来说,垂直整合往往会伴随如下问题:

一是不容易寻找合适的人才。人才是企业的宝贵资产,一个企业垂直整合进入不同的事业领域,就需要许多不同专长又能够独立经营的高阶层人才。这种高端人才到哪里都是稀缺资源,搜罗过来并不容易,培养起来更是难事。

二是管理上容易增加企业生产成本。采取垂直整合策略的企业,自行生产原材料或销售自己的产品,计划经济的色彩较为明显,市场意识和竞争意识会比较缺乏,往往抵抗不过外部的专业厂商,容易导致自身沦为以较高的转售价格被动供应的不利局面。当市场发展良好时,市场上的专业经营者,大量供应材料,成本低廉,使垂直整合的厂商反居于成本劣势之中。

三是技术改变的风险较大。采取垂直整合策略的企业自行投资专属资产,当遇到技术变革时,这些专属资产与技术势必会因为过时沦为无用之地,要么淘汰,要么养着,要么清理。更要命的是这些企业往往吃惯了大锅饭,竞争力会衰退,面对市场的能力明显不够。这种技术风险不像那些业务外包的企业只承担自己负责的一部分,而是从头到尾,整个生产链的风险都要有垂直整合的企业来承担。

四是需求不确定性的威胁。市场需求的不确定性一直威胁着企业的经营智慧,对采取垂直整合策略的企业更是一大挑战。虽说垂直整合有助于内部协调,但是价值链不同阶段的协调往往不是容易的事,要做到平衡不同价值创造活动更是困难。举个例子:比亚迪的部件生产部门和组装部门,到底哪个环节应该占据大部分的利润,就是一个必须要协调解决好的问题。

五是官僚成本高昂。垂直整合涉及不同的产业经营，企业自行供应原材料或自行销售产品，缺乏降低成本的诱因；面临技术变革时缺乏策略弹性；规模扩大后官僚成本提高，等等。这些都会使企业垂直整合的优势大打折扣。

　　六是力量分散，无法专业。垂直整合策略的最大弱势是涉入太多事业领域，远离企业的核心事业。由于管理分心、资金与人力分散，会容易导致企业用于核心技术的研发资金不足，难以让自己的核心领域拥有技术优势，最终导致企业居于竞争的劣势。

　　王传福想做的就是为自己的比亚迪汽车打造一条纵向的产业体系，并依此建立起基于产业链的竞争优势，建成一个从最上游的设计研发，到最下游的零售、营销、客服的一整条产业纵深带。但是这种做法也是一种拉长战线的打法，必定会强烈考验着企业的内部协作与后勤补给能力。这其实也是外界不看好比亚迪汽车垂直整合策略的一个重要原因。

　　根据以上的分析，王传福在比亚迪汽车搞垂直整合，实质就是要在刀尖跳舞。做得好，便是一把好用的剑，可以称霸江湖；做得不好，就是伤身的剑，有可能出师未捷身先死。所以，当消息公开之后，所有媒体都开始为王传福捏一把汗，直至今天还没有完全消除。

　　有一个媒体的记者曾经这样撰文，劝王传福道：

　　"王传福做汽车还是收缩战线比较好，做减法，把无关的业务都拆分出去，把汽车的设计和组装抓在手里就可以了，这样就可以集中精力做好比亚迪汽车的主营核心业务，要比分散好得多。即使是三星这个垂直整合做得最好的企业，它整合了整个产业链，但三星的大部分利润是由半导体芯片、LCD等上游的核心部件及核心技术所创造。将资源投入到下游的终端产品的获利效果，远不及上游的核心部件。所以将有限的资金投入到整个产业链最核心的部件上来，才是一个比较稳妥的办法啊。"

第十章
在刀尖上跳舞

"如同英特尔掌控了 PC 的'大脑'CPU，它就能主导整个 PC 业的成本走势、价格走势和产品走势一样。由于推行了'Intel Inside'的整机厂商推广策略和'摩尔定律'，英特尔在不断的快速升级中赚取了巨额利润。英特尔 CPU 的价格、广告补贴、供货时间都直接决定了 PC 整机厂商的毛利率，甚至可以完全控制一些 PC 厂商的利润与市场份额。可以说英特尔对于中国企业家的启示是非常大的。真正有远见的企业，往往不再做完整的终端产品，而是只做其中最核心的部分，控制了核心部件便获得了整个产业的话语权。这就是'核心辐射'。"

"核心辐射是一种能力，它控制整个行业的核心部件，获取整个行业利润增加值的主要部分，它在价值链上向下辐射整个产业，而且还将牵引整个产业的未来走向。所以，我建议比亚迪还是走'核心辐射'的战略比较好。"

王传福看了这篇文章后却不这样认为，他对未来的看法有着不同的理解。他就此曾分析说：

"做产品最核心部分的打法应用到中国的汽车产业实际和比亚迪身上，就不能说是合适的了。你说三星的非核心业务给它带来的利润不足一半，这没错，但是比亚迪汽车进行垂直整合的目的，不是想要让自己的整个产业链分兵出击，而是让整个产业链都为比亚迪汽车整体服务，所有技术和成本的优势都集中到比亚迪汽车这一个具体的产品上来，所有的指头都捏在一起成为拳头，形成一股合力来与别的汽车企业争夺市场。至于所说的英特尔的例子，其实也是不适于比亚迪汽车实际的。英特尔之所以可以那么做，是因为它已经做到了核心技术领先，并且已经可以控制下游厂商的生死。我们比亚迪汽车则反过来，没有任何的造车经验，不要说领先于别人的核心技术，就是连最基本的技术我们都没有掌握。所以现在比亚迪要走的不是什么'核心辐射'这样的路线，而是要通过垂直整合的方法，尽快熟悉整个汽车的生产流程，加快比亚迪汽车的技术积累。只有在真正占据了技术优势之后，才能根据实际情况考虑，是否让比亚迪汽车进入价值制高点的核心辐射时代。"

王传福的分析更符合实际，贴近现实，王传福走的实质上是价格竞争道路。既然选择了价格竞争的道路，那么逆全球产业发展大势而为，看起来也就合理了。如果从比亚迪汽车自己所处的历史发展阶段来看，则是顺应了自身的发展趋势。

王传福对比亚迪汽车进行垂直整合的第一步，就是前文提到的收购北汽集团下属的北京吉驰模具厂，成立北京比亚迪模具有限公司。

在王传福看来，虽然手机与汽车一大一小，行业相差十万八千里，但是在制造管理上都差不多。手机的零件有上百个，汽车的零件有上万个，所有的材料虽然完全不同，但是这些零部件都是需要用模具来制造成型的。而与手机零部件模具相比，汽车模具对整个产品的影响力要多上数十倍，控制了模具，就能够控制住成本。

王传福敢在购买秦川汽车几个月后就买下模具厂，他的信心来自一次访日之旅。王传福曾经到过日本的一家模具厂，日本工人们趴在生产线上打磨模具的场景让他感触颇深。原来，模具的根本保证还是在于人工啊！王传福发现这一点，心里非常兴奋。在汽车模具的制造中，95%的工作还是要由人工来完成。一辆汽车有一万多个零部件，这需要多少个工程师来手工完成啊？在日本和德国，这种工作要靠工程师来做，在中国也是要由工程师来做，而中国最大的优势就是人了。王传福后来仔细地核算了一下，同样的一吨模具，在日本要8万元，在中国只要2万元。如果比亚迪汽车自行生产模具，成本会比从国外采购低70%。考虑到模具成本一般要占汽车总成本的 1/3，所以从模具开始整合，就会大有前途！

后来的比亚迪汽车发展，也证实了王传福的想法是正确的。当其他的汽车厂家将一个车的外形设计给几个模具厂，完成一套模具后的费用经常达到几百万、上千万的时候，比亚迪供给自己的模具则便宜得不可思议，比亚迪汽车的成本空间由此得到了极大的扩展。不仅如此，比亚迪汽车在车型设计过程中也可以与模具厂随时沟通，节省了大量的沟通成本，还控制了利润的外流。最终，这也成为比亚迪汽车在价格上占据优势的一个重要原因。

王传福垂直整合能够成功还有一个重要的原因，就是王传福让自己的垂直整合部门也去市场上参与竞争，这样既能保持该部门的活力，还能创造出可观的利润，加快自身的人才培养和技术积累。

不妨还以比亚迪北京模具中心为例。如今的这个部门已经成为比亚迪汽车中除电动车之外最大的一个亮点了，不仅比亚迪自己的主打汽车 F3、F6 的所有模具都来自这个部门，而且由于该部门的模具质量高、价格低，通用、克莱斯勒、丰田、福特等国外汽车巨头，也开始邀请比亚迪模具中心设计各自的生产模具了。

当然，即使在王传福看起来已经成功的今天，他所推行的垂直整合战略能否成功，也依然不能完全肯定。现在的比亚迪仍然只是刚刚开始起步，矛盾还没有完全暴露，只有再历经五年十年之后，才可以对比亚迪的垂直整合战略下一个较为客观的定论。

当迈出了造车的第一步之后，考虑到自己归根结底不是汽车专业出身的人，更不能亲自去做汽车，王传福在继续推进整合的同时，加紧了物色人才。他越来越觉得，必须要为比亚迪汽车找到一个汽车界的权威，找到一个技术掌舵的人。

这个人会是谁呢？

BIYADI
BIYADI ZHENXIANG

第十一章

"比亚迪"终上T型台

奥斯汀曾经说过：这世界除了心理上的失败，实际上并不存在什么失败，只要不是一败涂地，你一定会取得胜利的。换句话说，任何事情的成功都非一日之功，其间还必须经历磨砺与失败。一个企业的发展更是如此。

作为汽车业门外汉的王传福和比亚迪，尽管拥有了所谓的伟大的汽车梦想，但他们与成功的距离却一度那么遥远，不仅交了不少学费，有时付出的代价还很昂贵。只不过，心理上的个性与执著，最终还是让王传福和比亚迪诠释了奥斯汀的上述成功之说……

1. 有两个汽车疯子

王传福需要一个能够领导新车开发的领袖级人才,而廉玉波就是他作出的选择。

提起廉玉波,也许现在很多人都知道他是比亚迪汽车的副总裁、总工程师,但是在当时,廉玉波只是一个小型汽车设计企业的常务副总,跳出汽车圈就无人知晓了。

廉玉波是江苏仪征人,比王传福还要大上两岁。廉玉波在上大学的时候学的也不是汽车而是飞机制造。1986年,廉玉波大学毕业后被分配到中国汽车技术研究中心工作,从此走上了汽车设计研发的道路。

在廉玉波参加工作不久,当时的中国机械部和中国汽车技术研究中心就联合进行6450和6600设计,而廉玉波恰好作为一名汽车设计的新兵被吸纳进了这个项目之中。这个项目一做就是三年。三年的时间,让廉玉波从一个飞机制造专业的大学生成长为出色的汽车设计开发技术骨干。6450最后获得了国家汽车行业的科技进步二等奖,而廉玉波也凭借着在项目中的优异表现,成为单位重点培养的对象。

1991年10月,廉玉波被任命为上汽仪征汽车公司副总工程师,负责汽车研发工作。1992年~1996年间廉玉波多次到意大利汽车设计公司工作进修。

在上汽,廉玉波虽然有着很高的职位和不菲的薪资,但是精神上却日益苦闷。上汽与国外的汽车设计企业有着很好的合作关系,这就使得空有一身武艺的廉玉波,没有施展自己才华的足够空间。身为一个设计人员,不能完全地投入自己的企业做设计,这让廉玉波很苦恼。他实在太想自己能够完全独立地设计出一台汽车了!

第十一章
"比亚迪"终上T型台

2000年11月，出于自身发展的考虑，廉玉波决定自己开辟出设计汽车的道路。他和同济大学的几个老师一起创办了上海同济同捷汽车设计公司，自己担任常务副总经理，负责整个设计研发工作。但是汽车设计是一个大项目，一旦定型生产，占用企业的资金都在亿元以上，没有哪一家汽车企业敢于冒险将自己的汽车设计交给一家没有任何历史背景的设计公司。廉玉波的舞台还是不够大，他的抱负还是没有办法实现。

事实上，在中国汽车普遍还由外国人设计的大环境中，廉玉波式的设计师依然会是孤独的。这种孤独也一直伴随着他走到了2003年，直到他遇到了王传福。

当时的王传福也是孤独的。也许在2003年有很多人都觉得自己孤独，只是王传福的孤独要超过很多人。这一年的一开始，收购秦川汽车的行为就不被人理解，无论是基金经理还是比亚迪内部，很多人都对比亚迪汽车不看好；紧随其后的，比亚迪对秦川汽车的整合又面临着极大的困难，许多老秦川人对王传福电动车的思想一度极为抵制……可以说，整个2003年，王传福都是在别人的质疑声中走过来的。很少有人能够真正地去理解王传福对汽车产业的理想，也很少有人真的愿意去了解王传福对比亚迪所做的深谋远虑的布局。

所以，孤独的王传福也希望能够找到一个理解他想法的人，与他一起投身于他心目中已经燃起的汽车之梦。只是，朋友好找，知音难觅。在遇见廉玉波之前，王传福想要找到一个志同道合又有实力的汽车人，又谈何容易？

当王传福在原秦川汽车的管理层当中没有找到合适的人选时，他不得不将眼光投向了比亚迪和秦川之外。后来在几位行内朋友的推介下，王传福知道了廉玉波，通过侧面的了解，他对廉玉波的汽车思想有了初步的了解。王传福随即断定："这个人就是我要找的！"

当廉玉波得知王传福想和他见面的时候，心里不由得吃了一惊。王传福的大名，廉玉波是知道的。收购秦川汽车的事件，闹得业界沸沸扬扬，廉玉波作为业内人士当然对王传福和比亚迪汽车有一定的了解。但是这个了解也仅局限在"一定"的层面之上，既不全面也不深入。他更弄不清楚王传福为什么想找他，找他又能做什么呢？

"也许是想让我们公司帮比亚迪做设计吧？"廉玉波的内心初始是这样猜测的，也很高兴，"一个刚刚接手汽车企业不久的电池大王，一定需要有人来帮助他做汽车设计开发。这恰好是我们的长项。如果是整车项目的话，那就再好不过了。"处于业务发展的考虑，廉玉波高兴地接受了比亚迪方面的见面请求。

让廉玉波万万没有想到的是王传福见面的第一句话："廉总，有没有兴趣到比亚迪来做汽车？"廉玉波原想从王传福这里挖一点业务，没想到王传福想挖的却是他这个人。

"这个人也是个车疯子。"廉玉波想道。其实廉玉波有这样的想法一点也不奇怪。2003年，有太多的资本挤进了中国汽车行业。这些外行人在进入这一行业不久就发表了各自的豪言壮语。在廉玉波看来，这其中的许多话都是不切实际的，说是"疯话"一点都不过分。王传福便是其中之一。

"你懂汽车吗？"廉玉波没有立即回答王传福的问话，反而向王传福提出了一个问题。廉玉波的这个问题并不好回答。懂，不是简单的知道，也不是肤浅的认识，而是一种深刻的理解。

王传福自然也明白"懂"的涵义，所以他老老实实地回答："我不懂，但是我喜欢车。"廉玉波长出了一口气，他以为王传福放弃了，没想到王传福后面的一句话让他又对王传福产生了新的认识："我已经看了上百本汽车方面的书了！"

一个真正的"车疯子"是不会花费大量的时间去读那么多汽车专业的书籍的。廉玉波很清楚如果不是真的对汽车感兴趣的话，是不会有人愿意看那些枯燥的学术教材的。

第十一章
"比亚迪"终上T型台

"那王总，我们就来交流交流吧。"廉玉波想摸摸王传福的底。王传福正求之不得，他也想好好地了解一下廉玉波。

"我想在2025年内让比亚迪成为世界上最大的汽车生产商。"王传福的一句话，就让廉玉波倒抽了一口冷气。这个人好大的口气！

廉玉波饶有兴趣地看着王传福，想听听他接下来说什么。可以理解的是，让中国的汽车生产企业立于世界汽车制造业的顶峰，是每一个中国汽车人的梦想。把这个梦想挂在嘴边，虽然让人有些突兀，但是廉玉波是能够理解的。关键的是要看怎么去实现这个梦想，如果只是说说而已，没有具体的规划，那王传福就是满嘴跑火车，谈话就没有进行下去的必要了。

"我觉得汽车绝对是中国人的产业。汽车固然是一个综合多学科的产品，但是一百多年以来，大部分技术都已经十分成熟，许多汽车巨头都完成了自己的技术积累，这对于中国的汽车制造企业来说并不是遥不可及。我们的汽车研发虽然才刚起步不久，但是我们可以从国外的优秀产品中获得不少启发，所以我们的研发之旅就会少走许多弯路。"王传福向廉玉波说道。

"可是这样最多只能跟上那些汽车巨头们前进的脚步，想要超越它们，成为世界第一，用这个方法肯定是不行的。"廉玉波说道。

"这只是在内燃机动力时代的做法。中国目前的汽车保有量虽然少，但是对于能源和环保的压力却已经很大了。想美国攻打伊拉克这样的战争背后，就包含着美国人对能源的企图。我国是一个石油资源比较匮乏的国家，随着经济的发展，对于海外石油的依赖就会越来越大，而对海外石油的依赖越大，国家的战略安全就越成问题。所以，中国对新能源汽车的需求绝对要比其他的国家大得多，也更急切。在我看来，电动汽车、混合电动车及驱动电池车，都有着很大的增长空间和极强的发展潜力，它们必定会在未来取代传统汽车。所以比亚迪的真正想法是通过传统汽车来带动电动汽车的发展。"

"电动汽车？如果真能比国外早一步实现量产和市场化推广，那么确实可以真真正正地抢得先机。"廉玉波仿佛立即就了解了王传福的真实想法。

"是啊。现在的汽车都是燃油驱动，如果改成电力驱动，那么那些汽车巨头们百年来积累的内燃机技术优势将荡然无存，而我们却会因为早一步进入电动车领域而形成技术优势。这种技术优势一旦形成，比亚迪登上世界汽车第一的宝座就不再是一个梦想。"王传福越说越兴奋。

此时的廉玉波被王传福所表现出来的狂热的造车热情所打动，他感觉到了王传福对汽车的挚爱和对汽车的投入。廉玉波觉得按照王传福的思路应该会取得成功。

"王总，电动汽车毕竟还是一个长远的规划。现在比亚迪汽车面临的还不是发展问题，而是生存问题。您打算怎样在这个竞争越来越激烈的环境下生存下来并取得发展呢？"廉玉波提出自己最后的疑问。

"我们比亚迪汽车现在的做法是在技术上走自主研发的道路。作为工业企业来讲，技术是根本，永远都不能放弃自己的根本。但是技术的成熟需要时间，要在现在的市场环境下生存，就必须抓住生产。在保证产品品质的前提下，大幅度地降低生产成本，使比亚迪汽车在市场上具有成本优势。"王传福说道。

"您打算怎么降低成本呢？"廉玉波好奇地问道。

"一个是把我做电池业积累出来的经验拿来，比如分拆生产线，用人力代替机器；再有就是垂直整合，我已经买下了一个模具厂，在模具方面会为比亚迪汽车节省大量的资金。"王传福有些自信地表示。

"比亚迪有自己的模具厂？"廉玉波彻底地认为王传福是一个有心做汽车的人了，不然根本不会想到用自产模具的方法来降低成本，"王总果然是一个细心的人啊！不论是哪个国家的汽车都需要用人工来造模具。但是，如果和日本人相比的话，成本差距就可能高达400%啊！"

"400%？我没想到竟然有这么多！"王传福显得更加兴奋，"在电池领域比亚迪仅用30%的成本优势就击败了索尼和三洋，汽车有400%的成本优势，我们没有理由打不倒国外企业。"

王传福的这种兴奋，让廉玉波在内心深处产生了真正的共鸣。二十多年来，他没有机会为国内的汽车企业设计汽车。由于一汽、上汽等国内汽车巨头都是邀请国外的设计公司来做，廉玉波更愿意和那些民营企业家合作。但是有些"车疯子"空有一番热情，却没有相应的技术能力。廉玉波提供的设计，往往因为那些"车疯子"们自身的后端工程能力较差，没有办法实现设计，最后却反而落得个满身埋怨。相比而言，王传福的自信完全不同于以往那些外行造车者们所表现出的无知者无畏。

这个人一定会成功！廉玉波作出了这样的判断。

"我下半辈子就打算做汽车了！"这句话是王传福目光炯炯地直对着廉玉波说的。廉玉波则心想："我下半辈子就跟你做汽车了！"

真可谓知音相见恨晚！就这样，两个相互理解的"汽车疯子"终于走在了一起。

2. "比亚迪"首车之死

很快，经过一段时间的整合后，比亚迪就开始了研发造车的工作。在原有的秦川汽车的精锐力量日以继夜地工作和努力下，比亚迪很快就拿出了一套自己的车型，然后用了一年的时间打造出了一款汽车，这款汽车名叫"316"。这是一款完全独立的车型。

车子出来后，王传福很高兴，马上着手召开一个经销商大会，希望在会上展示这款轿车。比亚迪的汽车营销团队把经销商大会放在上海举行。

三月的上海，已是梅雨季节。天空中阴霾密布，又湿又冷。在一个寒冷的日子里，比亚迪的经销商大会如期召开。会场上，摆着一辆比亚迪研发的"316"汽车，蓝色的外观，样子有点像现在的奥拓。

当天的会议来了很多经销商。王传福来到会场后，一看经销商的表情就有点不对劲，脸上没有一点欣喜的样子，但是，王传福又不得不硬着头皮介绍说："这是我们比亚迪生产出来的第一款新车，名叫'316'，你们评价一下吧。"

经销商一片沉默，王传福知道砸锅了，经销商并不满意这款车型。过了一会儿，一个直爽的经销商说："王总，你这个车太难看了点吧，让我们怎么卖？"

这个经销商的话打开了话匣子，众人于是议论纷纷，无一例外的都是不看好这辆车的市场前景，场面糟糕而尴尬。

经销商的否定对于豪情满怀的王传福来说，如同当头一记闷棍，兜头一盆冷水，心里又痛又冷，要知道开发这辆新车比亚迪可是耗费了巨资与心血。

一个比亚迪的开发人员看到这场景，疑惑地说："这是不是经销商故意在说风凉话？"在一旁的夏治冰知道这不是说风凉话，这就是经销商很客观的评价。因为之前他与经销商接触的时候了解到，经销商很希望比亚迪能拿出一件好产品来，他们很希望能拿好的产品去赚钱。其中，一些比较爱国的经销商还很关心民族汽车产业，他们曾经这样对夏治冰说，比亚迪在电池领域做得很好，击败日本人，让国人为之骄傲，能不能在汽车领域也扬眉吐气一下。

然而，比亚迪的"316"的确太不尽如人意了，完全是一件失败的产品。经销商即使想卖，也有心无力，因为顾客不想要。看多了汽车的经销商无论如何也找不到这款车在市场上生存的理由。

失败的产品导致了失败的展示，最痛苦的人自然要数王传福了。首战

第十一章
"比亚迪"终上T型台

失利意味着投入的巨资都打了水漂。

经销商大会结束后，王传福愤怒地拿起铁锤把"316"砸了个稀巴烂，旁边的人看得心惊肉跳，他们从来没有看过一向冷静的王传福这么愤怒过。

"老板发怒了！砸了'316'！"这个消息迅速传遍了比亚迪的汽车研发与生产部门。"316"失利与老板发怒使得汽车部门的人背负着巨大的压力，连看王传福眼都不好意思了。几年后，夏治冰回顾这起事件的时候，曾对搜狐汽车的人说："第一款车型被枪毙掉了，没有推出来。我们当时所有的管理团队受的压力非常大，包括我本人受的压力也非常大。因为当时整个销售体系、外界的消费者，对比亚迪究竟能拿出什么样的成绩单都是打很大的问号，你必须回答这些问题。"

王传福怒砸比亚迪汽车的故事，无疑会让人想起海尔的老总张瑞敏砸冰箱的一幕。1985年，张瑞敏的一位朋友要买一台冰箱，结果挑了很多台都有毛病，最后勉强拉走一台。朋友走后，张瑞敏派人把库房里的400多台冰箱全部检查了一遍，发现共有76台存在各种各样的毛病。张瑞敏愤怒地抡起铁锤把有缺陷的冰箱砸了个稀巴烂，然后对员工说："长久以来，我们有一个荒唐的观念，把产品分为合格品、二等品、三等品还有等外品……从今往后，海尔的产品不再分等级了，有缺陷的产品就是废品，把这些废品都砸了，只有砸得心里流血，才能长点记性！"自从砸冰箱事情发生之后，海尔的质量越来越好，最终成为了白色家电霸主。

同样地，比亚迪首车被砸不但没有毁灭王传福造车的信心，反而更加激发了他要造出好车的决心。正如一位哲人所说，优秀的人有一个共同的特点，便是在挫折与打击中百折不挠，勇敢前行。砸车事件发生后，王传福即把参与研发的主要人员召集起来开会，总结经验，商量对策。

王传福抛出的第一个问题就是："'316'的问题我考虑清楚了，把它给毙了。现在的问题不是以后造不造车的问题，而是怎么造车？"

老板一句话定下了基调，要造车，而且要造出好车来，看来老板是不造出好车来誓不罢休。受此激励，士气大振，会议开始了激烈的讨论。

一位主要的研发人员说："这次事件让我们增长了经验，王总，我觉得咱们不要各种车型都齐头并进，先把一种车型研制好，做精做好。精品自然会有商家接受。"

廉玉波说："我也赞成。调整一下思路，由多点开发转向单一做精品，我们所有的资源，包括研发最优势的人才，包括检测最关注的点，包括生产的环节、配套的环节，全部集中资源来做。"

这个观点得到了大家的认可，王传福点点头，说："那怎么做好做精呢？"

一个研发人员说："可以试着模仿国外的成熟车型，它们的车系都是经过锤炼，经过市场验证的。"

……

会议开了很久，最后，王传福说道："汽车行业一定是大有发展的行业，要坚信这个理念。我们国家这几年经济的发展和GDP的增长态势，绝对会让汽车市场达到某种爆发点。按照一般常理认为，汽车产业在国民经济中的贡献应该是排在第一位的，而我们国家现在的实际情况是汽车产业只排在第六的位置。所以，汽车产业的未来发展潜力无疑是相当可观的，最终其对国民经济增长的贡献也理当是第一位的。而我们比亚迪能不能成功，接下来就要看各位的努力了。"

会议结束后，王传福把大家的话又反复地思考了一遍，感觉思路清楚多了。最终，他决定放弃多品种上阵的计划，集中优势兵力，全力以赴做好一种车，用模仿成熟车型的方法来造车，用这辆车打开市场的突破口，带动其他车系的发展。

王传福决定再掷巨资豪赌的这辆车，被定名为F3。只是比亚迪这一款的汽车命运又会是怎样的呢？

3. "F3" 横空出世

王传福再投亿万巨资豪赌 F3，研发团队的每个人都感觉到了王传福的魄力与气势，他们也同时感觉到了身上的巨大压力。如果这次还不成功，他们每个人甚至都有羞愧而死的想法。历史给予人的机会并不多，不会屡败屡给，做一次失败一次，除了用"无能"两个字来概括，还能用什么词形容好呢？

承担 F3 研发任务的是比亚迪上海研发中心，上海研发中心有 3000 多个优秀的工程师。他们负责车身开发、模型开发等一套完整的开发。

这一次，上海研发中心经过分析与调查之后，决定学习丰田的花冠轿车，这个决定得到了王传福的认可与支持。丰田的花冠轿车是一款经典实用，畅销世界的车型。1966 年，丰田公司第一次推出了名为 CO-ROLLA 花冠的 1100cc 双门轿车，之所以取名花冠，是"花中之冠"的意思。

丰田推出花冠轿车，是想"让所有人都能拥有汽车"。当时的家用轿车还普遍较贵，花冠却打破了这一规矩，售价仅为 43.2 万日元，可以说是相当便宜。果然，花冠一炮而红，也宣告了家用车普及时代的到来。因此，日本媒体也把 1966 年称为"家用车元年"。

在学习借鉴的时候，王传福要求比亚迪的 F3 还应具有时尚气质。他对研发中心的人说：F3 包含的含义是 Faddy（时尚），Faithworthy（可靠），Futuramic（新颖），你们在研发的时候一定要遵循这三个设计理念，品质讲究精纯可靠，外形追求品味，而且是要国际品味。

为了让比亚迪 F3 更好地过关，保障汽车的安全性能，比亚迪上海研发中心还建立了自己的碰撞室，这是汽车检测很重要的一关。王传福对检测的人说，你们的检测标准要比国家的检测标准高，只有这样才能有好的评价，只有这样我们研发出来的产品才会好，顾客对我们的产品才能放心。

检测人员严格按照王传福的要求去做。最后，F3 到国家检测中心做碰撞检测的时候，得到了很高的评价。殊不知，比亚迪的 F3 为了达标，已经在上海碰撞了上百部汽车，这些汽车碰撞之后，也就成为了一块废铁。

除了碰撞室，比亚迪还建立了汽车的模拟路况采集实验室、排放实验室、抗磨性的实验室、高低温实验室。

另外，比亚迪还建了两条企业内部试车跑道。F3 研发出来后，就被拿到试车跑道上去，一天 24 小时地跑，车子不停，人开累了就换一个人接着开。由于跑道离刚建起来的员工宿舍区不远，吵声很大。开始的时候，有人还从窗户中探出头来骂娘："天天跑，你们累不累啊，停一下也不会死啊，大半夜的还跑，真是没见过。"开车的人也曾委屈地辩解说："大哥，没有办法，老板说要跑，咱就得跑，我开车也开得累啊！"

后来，出现了一个奇怪的现象，车子一停下来员工倒睡不着觉了。有一次，晚上停止了测试，跑道里安安静静的，一个员工又探出头来说，"我说哥们儿，你们还是跑吧，不然睡不着啊。我得靠你们的马达声催眠。"

比亚迪的 F3 在研发与测试的时候，王传福高度重视，不断地追问工作的进程。与此同时，比亚迪着力打造好其他的环节，如物流体系，配套体系。这项研发工作与各项体系建设整整进行了三年，正如夏治冰所说："这三年来，我们不断地做我们的研发，做我们的配套体系，做我们的生产体系，做我们的检测体系、质量体系。我们还从供应环节、研发环节、

第十一章
"比亚迪"终上T型台

生产环节、品质控制环节、销售环节等,把这个体系运转了起来,这是不简单的一个事情。"

终于,在"316"失败的三年后,F3研发出来了。王传福问夏治冰:"古人有三年磨一剑的说法,你觉得我们磨了三年的F3能否成功?"

"能!"

"为什么能?看你的回答挺有底气的样子啊!"王传福呵呵地笑道。

"我觉得我们的产品不错了,跟国际上的汽车相比有了优势。我说话为什么这么有底气,因为我们在细节上做得相当好,即使看不见的环节上也做得很棒。现在就是看你的定价是多少了?"

"这个定价得问你了,你是负责营销的,你说一个价,我参考一下。"

夏治冰笑了笑说:"这个得开会讨论一下,这是一件大事,因为汽车产品的定价影响比较大。据我了解,日本企业的汽车定价都是在反窃听的会议室里面去做讨论。但是我可以告诉你其他产品的价格,现在和F3同级的车,像凯越、伊兰特他们还在11万的定价上,我们是跟他们同档次的车型,我觉得在这个价位上还是合适的。"

王传福当然也知道定价的事很重要,多年的从商经验告诉他,定价是一门艺术,一点点差别都会影响销售。夏治冰说的价位固然不错,但如果F3以这个价位上市就没有价格优势。说到底,F3是一个汽车业的新兵,必须在利润和市场份额之间做一个抉择。想到这里,王传福不由得头大了起来,低了没利润,高了没有市场份额,定多少好呢?

经过反复考虑,王传福决定价格要低于市场上同级车的价格。他如此决定主要考虑如下原因:一是比亚迪是香港上市公司,必须考虑财务的数据,还有比亚迪汽车的赢利能力;二是比亚迪还是一个新进入汽车行业的企业,必须考虑市场份额,先站稳脚跟,打出品牌,而要打出品牌,就必须要具有很高的性价比。

那么低多少才合适呢?经过成本核算,经过与营销部门讨论,比亚迪把F3的价格锁定在了7.98万元。他们认为，这样既可以保证利润，又可以体现性价比，还可以低价冲击市场。

7.98万元无疑是一个具有极大诱惑力的价格，以偏低的价格获得偏高的享受，这是每个顾客都喜欢干的事。

当所有的工作都做好了之后，2005年9月，比亚迪的F3终于隆重上市。夏治冰采用了分站式上市的营销策略，即一个城市一个城市上市，而不是全国一起上，这样的好处可以集中优势兵力做营销，做深做透。而要在全国全面铺开，比亚迪也似乎还没有这个经验与实力。

当时，新浪汽车频道第一时间向全国作了报道。有趣的是，报道的第一句话便是：外形酷似丰田花冠的比亚迪F3轿车于9月22日正式上市，排量为1.6升，排放达到欧Ⅲ标准。

文章的最后说道：F3是比亚迪倾力打造的第一款新车，也是公司新的利润增长点，肩负着开拓市场和塑造品牌的双重重任。比亚迪F3的首要目标针对的是伊兰特、凯越、福美来等"新三样"。这个级别的车型也是车市竞争最为激烈的，比亚迪用低价策略冲击对手，最终结果如何有待市场考验。

最终的结果，也让所有汽车业内的人都为之侧目。比亚迪F3汽车经受住了考验，得到了顾客的认可，销量飞速增长，很快就达到了生产率增长的第一名、销售增长率第一名、单一品种中级家庭轿车销量第一名。由于性价比高，安全性能好，还曾经发生过一个客户推荐七个客户购买的独特现象。

成功了！

三年的磨砺终于迎来了回报，看着工厂的车间轰轰隆隆地加班加点赶车，看着汽车厂外成群结队的拉货车，王传福总算松下了一口气。

到了2006年，比亚迪的汽车产业取得骄人战绩，主力车型F3实现销售63153辆，同比增长472%；实现销售收入近50亿元。更值得一提的是，F3 还实现出口 5000 余辆，产品覆盖 16 个国家和地区。

2007 年以来，比亚迪 F3 月销连续突破万辆。从 2007 年 6 月到 2008 年 6 月，比亚迪 F3 用 12 个月的时间，再造了产销 10 万辆的奇迹，成为中国自主汽车品牌之最，也成就了中国汽车业响当当的"速度之王"。

BIYADI

BIYADI ZHENXIANG

第十二章

惊艳的"富比之争"

洪应明的《菜根谭》中讲："欲做精金美玉的人品，定从烈火中煅来；思立掀天揭地的事功，须向薄冰上履过。"从企业管理的角度上看，一个没有经历风雨的企业不是坚强的企业；同样，一个没有在薄冰上履过的企业也不是一个小心谨慎的企业。所以，立志于全球"第一"的比亚迪，又怎么可能避开它自身的薄冰之旅呢？

这期间，首开进攻之箭的便是全球代工之王——富士康。用舆论界的话说：当这个巨头向比亚迪发出攻击的时候，比亚迪如履薄冰。冰层之薄，可以清晰地看到下面的深渊。

1. "富士康"的真身份

有必要先说说"OEM"。

OEM（Original Equipment/Entrusted Manufacture）又叫做贴牌生产，代工生产，俗称"贴牌"。基本含义为品牌生产者不直接生产产品，而是利用自己掌握的关键核心技术负责设计和开发新产品，控制销售渠道，具体的加工任务通过合同订购的方式委托同类产品的其他厂家生产。之后，品牌生产者将所订产品低价买断，并直接贴上自己的品牌商标。这种委托他人生产的合作方式简称OEM，承接加工任务的制造商被称为OEM厂商，其生产的产品被称为OEM产品。如手机代工，简单地说就是帮品牌所有者生产手机，贴上品牌者的品牌标签，然后取得品牌所有者支付的一定酬劳。只是有必要提到的，就是生产者在其中只是充当了生产线的角色而已。

当前，尤其是绝大部分的世界级家电厂商，都已经把经营模式从大规模生产转变为大规模定制了。因为通过代工，这些巨头们既可以迅速完成本企业品牌在全球范围内的覆盖，又可以降低投资成本和投资风险。

代工也是国外品牌开拓中国市场的重要手段。具体的做法就是我们通常所说的"三来一补"：来料、来样、来设备，做补偿贸易。自中国2001年加入WTO以来，OEM在中国市场中的势头进一步迅猛。

历史实践表明，代工可以让企业吃饱，但并不一定能让企业吃好。这是因为，在产品的开发、生产、销售各环节中，生产环节的利润是最低的。一些企业在下订单时，会把价格压到不能再低的程度，虽然订单量看起来很大，但是利润却非常薄，更没有上升空间可言。而且，当企业接到某品牌的大订单时，该厂一定时期内的生产能力也就意味着被买断了。这样的结果，也就会导致企业自身的产品无法生产，其品牌在市场上的影响

第十二章
惊艳的"富比之争"

力也会随之被削弱，甚至消失。

当然，OEM 也是许多企业走向自我成功的一条有益途径。富士康即是如此。

当前的富士康早已大名鼎鼎，尽管它也是一家靠 OEM 做大的企业，但却已发展成为全球最大的代工企业，富士康的老总郭台铭也被媒体喻为"代工之王"。

1974 年，富士康在中国台湾的肇基建厂，开始发展自己的事业。刚开始遇挫，但很快富士康就振作起来了。1988 年，看到中国开始改革开放，深圳变成了一片热土，富士康便到深圳办厂。随后，富士康开始迅速发展壮大，拥有了众多的世界级客户群，如 iPod、摩托罗拉、索尼、诺基亚、戴尔等。目前，富士康公司已拥有 60 多万员工，以及全球顶尖 IT 客户群，是全球最大的电子产业专业制造商。2009 年，富士康列《财富》杂志当年度全球企业 500 强第 109 位。

在中国内地，富士康不仅积极布局珠江三角洲地区，在深圳、佛山、中山建成科技园，还确立深圳龙华科技园为集团全球总部，旗下 3 家企业连年进入深圳市企业营收前十强和纳税前十强，每年为深圳贡献的税收都超过了百亿元。

在布局珠江三角洲的同时，富士康还积极布局全国，在长江三角洲地区、京津唐地区、中西部地区都有自己的谋划。以至于一个在富士康多年的高管曾说："跟着郭台铭有打天下的感觉，就像跟着一个版图不断扩张的大汗。"

郭台铭是富士康的老板，与比亚迪的王传福一样，他的人生也富有传奇色彩。

1974 年，当王传福八岁的时候，年轻的毛头小伙子郭台铭便借了岳父一点钱，开始创办自己的企业。结果因为没有办企业的经验，他败得一塌糊涂，曾经连续三个月没拿一毛钱回家。幸运的是，郭台铭的妻子林淑如甚是贤慧。为了让郭台铭没有后顾之忧，她默默地支撑着家庭的开支。直到有一天，林淑如因为没有钱买奶粉，只好喂儿子喝米汤，儿子吃不饱哇

比亚迪真相
BIYADI ZHENXIANG

哇大哭,她才将实情告诉了郭台铭。

艰难地过了三年后,郭台铭的生意才有点起色,算是有饭吃了。进入20世纪80年代后,个人电脑开始普及,郭台铭看好这一行业,开始通过模具技术进入连接器领域。自此,他的企业开始飞速发展,日进斗金。

1987年,郭台铭的企业开始有了点知名度,他开始谋求获得大客户,实行大客户策略。为了拿到世界著名厂商康柏电脑的订单,郭台铭只身赴美,公文包里装满了连接器。然而,生意并不好谈,一谈便受挫,弄得郭台铭灰头土脸的。面临此情此景,郭台铭没有灰心,他心生一计,在康柏总部旁建了一个成型机厂,康柏只要有新设计,最快当天就能看到模型,逼得康柏无法忽视其存在。最终,在郭台铭的诚意感动下,双方的生意大门被打开,而且一做就是十几年。

1999年,郭台铭的企业已经做得很大了,一口气吞下了华升、广宇等企业,进行逆向整合,由地区性大厂摇身一变成为世界级的企业。此时的王传福还在生产电池,比亚迪也刚刚创业四年。

郭台铭是一个性格鲜明、特色突出的人。

他工作勤奋,从创办企业以来,没有休过三天以上的假,每天至少工作15个小时。中国大陆和中国台湾、美国、欧洲各地,他来回奔跑,即使晚上下飞机,他也会马上赶到公司开会,经常一开就是几个小时,好像永远都不知道疲倦一样。

另外,郭台铭的霸气十足,独裁气息浓烈,台湾的媒体把郭台铭称之为"枭雄"。郭台铭认为民主只是一种气氛,让大家都能沟通,在增长快速的企业里,领袖应该带着霸气,霸气可以促进企业的成长。

郭台铭有一句话叫"以身作则,独裁为公"。用他自己的解释是说:"领导人要以身作则,有任何困难的事,我半夜不睡一定在场;独裁为公,我跟大家讲为什么这么做,讲完了就做决定,所以我们的决策速度很快,往往几个人就能作出决定。"

郭台铭对于员工的要求是严厉的。在富士康的厂区,经常传来新人受训的口号声,每一个新进入的基层员工,在上岗前都要接受为期五天的基本训练,内容甚至包括稍息立正、整队行进。一位曾在军校待过的中层管理人员就说:"管理层会议就像军官团开会!"

富士康的企业文化是命令下来了不容置疑,更不用谈抗辩,做不好也不用讲任何理由。这是一种军人式的管理方式。

对于竞争对手,郭台铭奉行"同行是冤家"的理念。台湾企业界有人以"顺我者昌,逆我者亡"来形容他对竞争对手的做法。

只是,当郭台铭遇到了王传福,又会上演怎样的江湖恩怨呢?

自从2004年开始,郭台铭就可以感觉到来自比亚迪的威胁了。首先是订单的逐渐流失,其次是人才的流失,不断地有人给郭台铭打小报告,称富士康一些管理人员辞职后,跳到了比亚迪去上班,而且辞职的人数似乎越来越多。

这样连绵不断的小报告让性格强硬,爱憎分明的郭台铭很是生气。他心中想,一个企业正如一堵大坝,如果不管理好漏洞的话,随着漏洞的增大,大坝迟早也会崩溃的,而比亚迪就是那个不断把自己企业漏洞掏大的企业。

他不由得想起了2002年的时候,那时比亚迪在富士康的眼中还只是一个小屁孩子,只是一家做手机电池的小企业,而富士康已是手握几十亿美元订单的世界级代工航母。

2. 想吃"OEM"的比亚迪

2002年,郭台铭曾与王传福打过交道。而对于全球有名的代工之王,王传福对郭台铭也是心存敬畏。其实他很早就想过,自己要做大,就不能做得太单一,当下正苦于找不到好的投资项目,趁这个机会刚好过去取点经。

于是，王传福与孙一藻等一行三人共赴台湾省，受到了郭台铭的热烈欢迎和热情款待。那个时候，他们二人在饭桌上畅快地交谈，在座的人也都很高兴。随后，郭台铭还邀请王传福参观了他们大规模的生产车间，并且介绍了自己的生产能力和产品质量，以及富士康与众多的大客户合作关系。有心的王传福把这些都看在了眼里。

晚上的台北，灯火辉煌，虽然整个北半球都进入了冬季，此时映入眼帘的景色却和夏天无异，遍地葱郁的植被，青翠欲滴，就算一个石缝里，也能生出许多茁壮的生命来。来自太平洋的海风温暖湿润，吹得人们神采奕奕，神清气爽。

晚宴上，郭台铭与王传福碰杯，说："王老板，希望我们以后能一起合作，向更开阔的海外市场迈进！"

王传福微笑不止，连连称道："当然，当然，还得多向你学习。"

酒桌上好说话，一向豪爽的郭台铭在酒酣之后道出了自己的意愿，希望先与比亚迪从电池的塑胶外壳的合作开始，也算是二人第一次合作，王传福仍是报以微笑。

谈完电池的事情后，郭台铭还得知了王传福要收购秦川汽车，开始造汽车了。郭台铭对这事也非常感兴趣，于是向王传福抛出了绣球，愿意共同控股秦川汽车，并对王传福的决策表示认同和支持。

但是，一向喜欢独立的王传福拒绝了，因为他认为合资办厂太麻烦，容易扯不清，最后还是独资收购了秦川汽车，王传福要成为占绝对优势的大股东。

郭台铭回想起来，仿佛意识到了王传福当时的心机之深，对于把王传福带到工厂车间里去参观，似乎心生悔意。

那次相会之后，王传福回到深圳，马上找到几个高层人员开会。他根据自己在富士康参观后的感受，向大家说明了自己下一步的意向，说比亚迪要做手机代工，而且比亚迪适合做手机配件代工。

当大家听说王传福要进军手机代工之后，一些高管觉得不妥，对王传

第十二章
惊艳的"富比之争"

福说，比亚迪只生产电池，还不适合做手机代工。他们认为，虽然比亚迪在电池生产上已经占据了很大的市场份额，取得了一定的成功，然而要出巨资去做一个陌生、又没有任何经验的项目，显然风险太大。而且，同处一座城市的富士康已经是这一领域的龙头老大了，不管是国内还是国外，对这些技术的封锁都很严密。

另有一些人则觉得，王传福的分析很到位，比亚迪在电池生产这一领域基本快走上了巅峰，盛极而衰、月满则亏，现在到了进军其他领域的时候了，但是做什么领域则需要好好研究，有没有把握做好，更要好好研究。

王传福没有管这些，他只是向大家通报一下而已，他心里已决定要做，高管需要解决的是怎么做的问题，而不是做不做的问题。

在王传福的带领下，比亚迪高管们开始着手手机代工的事项。2002年很快就结束了，新年伊始，王传福的手机代工也在淅淅沥沥的春雨里开始萌芽了，进而蓬勃发展起来。郭台铭万万也没有想到，昨日饭桌上的伙伴，短短时间之后，便成为了自己手机代工领域新的劲敌，甚至出现了超越自己的可能。

比亚迪究竟拥有什么样的制胜秘诀？

自信的郭台铭认为比亚迪完全是模仿自己才成长起来的。因为之前有人给郭台铭打小报告说，王传福自从2002年年底参观了富士康的车间后，一回去就着手了自己车间的建设，并且在社会上广发重金聘书，几个月后，车间刚刚建成，富士康就有几百名员工辞职，都跑到比亚迪去了，所以比亚迪很快就开始运转生产了。

郭台铭还得到了相关建议，由于比亚迪所聘用的员工大多是跳槽过去的，人人都有着较长时间的工作经验；另外，比亚迪的车间和富士康的车间也一模一样，简直就是复制，不是模仿。

听到这些，一向霸道的郭台铭很生气，也很不屑。他觉得王长福就是一个疯子，敢挑衅富士康，对于这个卧榻之侧的狼，一定要果断处置。

比亚迪真相
BIYADI ZHENXIANG

郭台铭是一个两极思维比较明显的人，既然比亚迪敢欺负到头上来，那富士康就与比亚迪誓不两立了。自此，富士康开始与比亚迪较劲起来，并着手收集比亚迪的"罪证"。

2006年5月4日，富士康的网检系统检测如同往日一样正常运转，监视着富士康的电脑系统，这个网监系统可以看到员工发送信件、聊天内容，还可以自动跟踪，远程管理。

突然，网监系统的人观察富士康的王×等员工向比亚迪发送了大量的系统文件，于是马上报告了郭台铭和公司的法务部门。富士康当即报警，随后请求深圳中级人民法院采取证据保全措施。鉴于富士康是深圳响当当的企业，利税大户，法院的人不敢马虎，立即派人来协助工作。他们与公安局的人突击了比亚迪的办公地点，根据富士康提供的线索，查扣复制了该公司员工柳××和司××的计算机硬盘内容。证据显示，该硬盘中有富士康文件头字样的Word文件，以及富士康相关主管人的签字。

比亚迪有关部门也马上把这一消息告诉了王传福，王传福立即责令下属："你们在搞什么名堂嘛，不要搞投机取巧的事，好好工作，马上把有关人员处理好。"

公安局开始了侦察工作。他们发现柳××原来在富士康担任主管，司××负责编制工艺流程文件。2005年7月，他们从富士康跳槽到比亚迪。离职前，他们与比亚迪行政部门已先期进行过重要的工作讨论。

2006年6月，案件发生一个月后，富士康两个子公司富泰宏精密工业有限公司及鸿富精密工业有限公司以窃取商业机密为由，共同向香港高等法院、深圳市中级人民法院提出诉讼，控告柳××、司××等人在跳槽到比亚迪后，泄露富士康的商业机密，并索赔500万元。

自此，积压有日的富士康与比亚迪的争斗正式拉开序幕。

由于两家都是上市公司，喜欢热闹的媒体开始爆炒这两个公司的官司，并给两家的官司冠以"富比之争"的唬人名号。

面对富士康这个巨人发动的攻击，比亚迪一开始即陷入被动之中，舆论也似乎倾向于富士康一边。

富士康在诉讼中口诛笔伐，称比亚迪从2003年就开始吸收富士康的骨干人员，富士康从事手机设计、制造等业务的多个部门的400多名员工，陆续跳槽到比亚迪，其中包括富士康花费几十万元派往欧洲培养的高级技术人才和高级管理人员。为了挖富士康的人才，比亚迪甚至为此成立了挖角办公室，挖走了富士康在日本的研发高级核心主管，并连带一项冶金提炼合成技术。

那么，为什么富士康的人会跳槽到比亚迪呢？而不是反过来呢？

对于跳槽一事，王传福的理解与别人不一样。有记者曾经问他："你不怕花精力培养好的员工也跳槽走了吗？"

王传福一笑，说道："我培养的员工跳槽走了，别人培养的也会跳到我这里来，所以这是平等的，这不是什么大不了的事。不能说我培养的人就不能走，这显然是不现实的。"

按理说，在现代市场经济条件下，跳槽是无可厚非的，正如水往低处流一样，人一定是想往高处走的。至于哪里是高，哪里是低，员工们自然是心里明亮亮的。但是，如果比亚迪真的窃取了富士康的商业机密，这就是违反了商业准则了，这是一个可以上升到法律层面的问题。

争斗，似乎永远都是人类的主题。"富比之争"爆发之初，由于具体的内情尚不清楚，众多媒体一度议论纷纷，莫衷一是。

3. 中国商业秘密第一案

说实话，比亚迪一点都不怕打官司了，跟三洋与索尼的博弈，不但没有让比亚迪遭遇滑铁卢，还成为比亚迪的中途岛战役。在漫长的官司生涯中，比亚迪也已经积累了大量的反诉讼经验。

即使富士康负责诉讼的高管也说："比亚迪对规避法律责任很有心得，

随着近年来官司的增多，他们几年前就成立了一个一百多人的'知识产权团队'，就是专利规避团队。"

业内一些人士对于富士康的攻击能否有效也持怀疑态度，因为王传福对于专利技术的公开藐视，在国内好像无人能出其右，与三洋作战的胜利则表明了比亚迪在这方面已经成为一个高手。王传福的那句"一种新产品的开发，实际上60%来自文献，30%来自样品，5%来自原材料等因素，自身的研究实际上也就5%左右"的名言，即曾让各大汽车厂商颇为头痛。

现在的情况是，富士康来势汹汹也欲一剑封喉，比亚迪则以静制动并伺机反击。最终鹿死谁手，还未可知。

2007年10月，由于被告的主体变了，富士康撤除香港的起诉，把官司的战火烧到了内地。这样一来，国内媒体更为关注了，随即也把"富比案"称之为"中国商业秘密第一案"。

很快，这事就闹到最高人民法院去了。高院接案后，仔细研究了案情。同年11月6日，最高人民法院委托北京九州世初知识产权司法鉴定中心对"富比"诉讼案进行司法鉴定，其中听证会就是一个重要的环节。由于事关重大，这场司法鉴定听证会引起了国内多家媒体的关注。不仅媒体关注，政府有关方面也高度重视，听证会不仅由深圳中院的主审法官与最高法院的两位法官共同主持，还邀请了最高检、公安部、国家知识产权局及国台办等相关知识产权业务部门的人士作为听证嘉宾，规格之高可谓罕见。

此情此景，让富士康与比亚迪更是严阵以待，双方也都明白，此次听证会对当事双方的重大意义，最终的结果将影响到两个手机代工巨头的重大利益和未来的市场格局。

这场前所未有的司法鉴定听证会在北京民族饭店二楼会议室举行，由15人组成的专家组参加了这次听证会，富士康、比亚迪也各派代表参加。现场气氛异常凝重，加上11月的北京寒意渐深，听证会上没有一个人笑容展露。

这次听证会有以下主要事项：原告所称的商业秘密是不是自己独有的；对被告使用跟原告相应的技术资料研究系统文件和原告的商业背景关

第十二章
惊艳的"富比之争"

系是不是相同。

听证会上,富士康集团的代表团一个个都胸有成竹地坐在那里,然后有条不紊地拿出准备好的文件、证据,递交给检察官。他们对检察官说:"我们递交的资料里,基本都是商业机密,但是这些商业机密却流到了比亚迪,并且被他们用于生产。"

富士康的机密资料堆了一堆,鉴定人员开始紧张地鉴定他们所说的商业机密文件。另外,还有之前被执法部门扣押的电脑硬盘,里面也存贮着大量资料需要进行鉴定。

这时,比亚迪的代表团也拿出一堆文件,其中有很多国家专利证书,有华为的手册,上海贝尔的 PCB 设计规范,还有网上下载的电路板生产流程常识资料。

比亚迪一名律师对检察官陈述道:"富士康所递交的资料中所说的商业秘密,基本都是可公开获知的资料,有很多在网上就能找到,我们在递交的材料中都有很详细的标注。"

富士康的代表团坐在那里,表情严肃而略显轻松。他们似乎对自己递交的材料很有信心。富士康在听证会上指控的材料中说,从比亚迪公开的年报数据显示,该公司 2006 年手机制造的营业收入超过 51.35 亿元人民币,比 2005 年增长了 169.3%,较 2004 年增长了 416%。2007 年上半年,比亚迪 86.2 亿元的营业额中,手机部件及组装业务获得了 51% 的业绩增长。一方面是富士康的员工不断地跳槽到比亚迪,带去一线的生产技术;一方面是比亚迪的手机业务实现爆发性增长。

在法院组织的证据勘验中,富士康的律师团看到,该硬盘中大约存有近九千份文件,既包括往来的电子文件、附件,也包括写有富士康文头的 Word 版文件。还有写着比亚迪文头的文件,也有 PDF 文件,有的文件上面有富士康公司的标志,下面还有富士康相关主管人的签字。

现在,当着听证会的这么多人,鉴定人员将对这些系统文件是否属于富士康公司的商业秘密进行全面的鉴定。

本案中的系统文件，就是富士康组织手机生产的操作、管理流程和规范。系统文件由流程加表单构成，其中流程是生产管理步骤的书面描述，而表单是根据流程制订出的表格，工人只需要根据表单逐项填写其所完成的工作，就可以有效保证生产的有序进行。

富士康的律师向检察官介绍说："为了编写工艺流程系统文件，富士康悉心总结、提炼二十余年来代工生产的经历；为了编写灾害防治系统文件，富士康把亲身经历的9·21大地震、SARS期间的惨痛教训精炼成文；为了编写实验系统文件，富士康花费千万美金从诺基亚、摩托罗拉购买机要的设备。这些文件的编写是经过很多年经验的累计，花了很多心力做出来的。"会场越来越安静，谁轻咳了一下都能清晰地听见。

听证会进行过程中，针对富士康的指控，比亚迪的代表却说："富士康提交鉴定的这套体系文件是公开信息，比亚迪没有直接使用这套公开信息，比亚迪的体系文件完全是自己制作的，是根据国家相关标准和客户的要求，大量参考其他的公开文献制作的。"

比亚迪的代表还说："富士康起诉比亚迪的根本目的，在于排挤竞争对手，获取垄断地位。"

双方都为自己的利益辩论了起来，后来越说越激动，主持听证会的法官也不得不说："好，请大家静一静，你们所说的我们都会研究考虑，但是我们要先看完你们递交的材料，做好鉴定才能作出答复。"

双方的证词都很充分，公说公有理婆说婆有理，这也让执法部门的鉴定人员感到了巨大的压力。

面对一些文件上写着"保密协议，不得披露"的字样，比亚迪一方没有回应听证会上一位专家的质询。

听证会结束后，媒体对此进行了讨论，称"富比之争"代表了产业竞争者之间市场份额的争斗，而日趋激烈的市场竞争亟需建立诚信的企业文化以及诚信的竞争文化。

第十二章
惊艳的"富比之争"

舆论还讨论说，目标远大的公司如何参与建立良好的商业秩序？如果比亚迪和富士康能相互站在对方的立场上考虑问题，这场轰轰烈烈的"富比之争"就可以休止了。两个具有国际竞争力的中国企业，都应当知道什么是"鹬蚌相争渔翁得利"，斗到最后两败俱伤，将后悔莫及。

媒体还引用了美国著名的思科公司曾经在美国起诉中国的华为公司侵犯其知识产权一案。这一跨国案件最终以和解告终。思科公司和华为公司在处理两个公司业务上的重合、竞争和知识产权问题方面，是富有建设性的。它们为什么不能成为比亚迪和富士康的榜样呢？

然而，富士康与比亚迪的和解只是媒体的一相情愿，水火不容的富士康与比亚迪还是走到了剑拔弩张的地步。

2007年春分刚过，比亚迪出于对扩大规模的考虑，决定将第六产业部的手机模组及元件制造以比亚迪电子的名义上市。这样一来既可以融资，又可以激励士气，高管还可以获得更多的股权激励。

由于有过一次上市的经验，这次比亚迪电子上市就从容多了，流程进行得很快。

但是，已经交恶的富士康这时候是不会放过比亚迪的。夏至的时候，富士康又给比亚迪的上市计划泼了一盆冷水，在香港起诉比亚迪。根据有关条例，正在上市的公司就得搁置下来，先把问题处理好。这样，比亚迪电子拆分上市的构想就暂时被搁置了。一时坊间流传着富士康要与比亚迪大战的传言，弄得人心惶惶，比亚迪的股价也是上上下下，像一条风浪中的小船。

之后，比亚迪几次出来，一再强调与富士康的诉讼不会影响其手机业务分拆上市的计划。但是一向听风就是雨的股民并不相信，尤其是富士康起诉比亚迪侵犯商业秘密一案的司法鉴定听证会消息传出后，无论是股民还是媒体，都觉得比亚迪2007年内实现手机业务分拆上市的可能性不大了。

一位股民甚至在网上愤愤然地写道：

"这场旷日持久的富比战争，什么时候才能结束？没有人知道。但是所有的人都知道这场战争对他们任何一方来说都是至关重要的，无论结果如何，都会给双方造成极大的打击，属于两败俱伤的事。中国人就是这样，窝里斗，烦，没发展！这一点要学习日本的公司，团结作战，瓜分天下。"

这位网友的心里是善良的，希望两家公司一起联手作战，但是市场的规律是优胜劣汰，归根结底，这是公司之间的利益之争。自从比亚迪涉及手机业务，富士康就把它视为卧榻之虎。比亚迪手机代工业务从无到有直至迅速壮大，只花了短短 3 年多的时间，这种超常规发展引起了富士康的戒心。而富士康更是从自我的角度认为，比亚迪之所以有这样迅速的发展，是借助了跳槽人员从富士康获取的大量系统文件。如果没有这些文件，比亚迪也就无法获得这么快速的成长。更何况，郭台铭不能不想：比亚迪的成长是不是就意味着富士康的萎缩。

4. 决战业霸"富士康"

2007 年秋天的时候，富士康从香港撤诉，转到内地。比亚迪见富士康撤诉，又向联交所提出申请，当大家都为此事高兴的时候，富士康又递上了一纸新的诉状，并且以相同的事实和案由重新起诉，并索赔 51 亿港元，而这次比亚迪上市的计划是融资 59 亿港元。这也就是说，如果富士康真能够索赔成功，比亚迪差不多就等于给它融资了。

于是，两家巨头就陷入了"撤诉—重新起诉"、"搁置分拆申请—重新申请"的内耗循环之中，颇有猫捉老鼠的感觉。

当双方的战争越演越烈的时候，业内人士一边看热闹一边评论，很多人觉得富士康阻挠比亚迪拆分手机业务上市的计划难以成功。退一步看，即便上文所说的鉴定报告在侵权部分对富士康有利，也只是增加了富士康胜诉的机会，对阻挠比亚迪拆分上市并没有决定性的作用。

事实确实如此。一波三折之后，比亚迪电子终于上市了。2007 年 12

第十二章
惊艳的"富比之争"

月,比亚迪电子公司在香港联交所主板挂牌上市,代码为0285.HK,盘价是10.74港元,当时共发行5.5亿股上市,融资59亿港币。

然而,比亚迪电子上市的首日表现却平平,当天上市仅涨2.3%,收于11元,比招股价微升0.25元。香港的股票评论员认为,表现平平的原因主要是受官司的拖累,北京九州世初知识产权司法鉴定中心公布的结论对比亚迪不利。

2007年12月初,鉴定中心的第一批官方鉴定书就出来了,鉴定结果表明比亚迪获取的相关文件中,确有大量文件构成非公知信息。鉴定报告出来后,比亚迪马上作出了反应,认为鉴定报告及相关附录的大部分系富士康单方面呈交的,公司对此毫不知情。

富士康看到形势对自己有利,心里非常高兴,准备加大打击力度,把民事案件上升到刑事案件中去。如果由民事变成了刑事,对于比亚迪和王传福来说将极为不利。

这无疑是一个很危险的信号。

山雨欲来风满楼,比亚迪感觉到与富士康不可避免地要有一次决战了。

2008年3月13日,富士康在香港正式对外发布公告,称诉比亚迪侵犯其商业秘密一案,由民事诉讼升级为刑事诉讼,深圳市公安局宝安分局已对涉案嫌疑人展开刑事调查。公安机关经审查现有证据后,认为嫌疑人有犯罪事实需要追究刑罚,现已就比亚迪涉嫌进行单位刑事犯罪活动立案侦查。

这一纸公告,掀起了"富比决战"的序幕。富士康的发言人言之凿凿地说:"根据国内相关法律,我们掌握的证据表明比亚迪公司有刑事犯罪嫌疑。公安机关已初步认定比亚迪有犯罪事实,所以展开立案侦查。如果认定比亚迪的犯罪事实,比亚迪相关负责人会受到惩处,这样比民事诉讼更有力度。"

一时间,民众都把目光投向了比亚迪。虽然比亚迪表面上看并没有什么反应,然而,它的内部却正在经历着一场震荡,只是不为外人所见罢了。

面对富士康咄咄逼人的进攻，怎么办？一个大大的问号沉甸甸地挂在了王传福与比亚迪所有高管的脑中。公司彻夜开会，开始认真研究对策。

然而事情的进程并不能让人细想。3月20日，王传福的创业伙伴，比亚迪前执行董事兼副总裁夏佐全被拘留了。紧接着24日、31日，被捕入狱的司××和柳××先后被判处1年零4个月和4年有期徒刑。

4月7日，为了避免因夏佐全事件影响公司的发展，比亚迪不得不发布夏佐全辞去公司副总裁职务的公告，由执行董事调任为非执行董事。4月10日，富士康向外界透露夏佐全被警方拘留的消息。

一时间，比亚迪陷入了一场危机之中。这是经商以来从来没有遇到过的事，考验着王传福的智慧。

很快，自救便成为比亚迪2008年4月的主题。在比亚迪的努力下，4天后，夏佐全因证据不足被释放了，比亚迪再次发布公告：

> 本公司谨此证清，夏佐全先生于2008年3月21日至24日被深圳公安局拘留，只因协助调查，且由于缺乏证据，夏先生已于2008年3月24日获深圳公安局释放。根据本公司中国法律顾问的意见，按照有关中国刑事程序法律，一名人士在中国被公安局正式逮捕前，会被拘留调查，而该人士只会在被正式逮捕后始会被中国检察院起诉。此外，被深圳中级人民法院定罪的柳××先生及司××先生为本公司前雇员。其与本公司的雇佣关系已于其被定罪前终止，且彼等任职本公司期间均非高级管理层成员。彼等是个人被定罪，故本集团无须因其被定罪而负责。董事相信，本集团整体业务、营运或财务状况，不会因任何上述事件而受重大不利影响。

这样的结果自然不能让富士康满意，富士康欲谋求更大的动作对付比亚迪。

第十二章
惊艳的"富比之争"

很快，富士康在香港提起民事诉讼再次攻击比亚迪。郭台铭曾牢骚满腹地对《IT时代周刊》说："王传福是深圳市人大代表，对深圳中级人民法院法官的任免有重要的投票权，从这一点上来看，富士康就完全落于被动。另一方面，比亚迪是土生土长的深圳企业，当地法院倾向本地企业，在国内见怪不怪。""我们不得不选择香港，在深圳打不赢官司，就像到赌城去，他一边跟你赌，一边自己做庄。"

正在"富比决战"的时候，股神巴菲特出现了。

2008年，在金融危机最深重的时候，关于比亚迪的消息传来了重大利好，世界股神巴菲特力挺比亚迪，入股2.3亿美元收购了比亚迪10%的股份。受此消息刺激，比亚迪股价开始飞涨。

比亚迪股价的飞涨并不让郭台铭紧张，因为与富士康的市值相比，比亚迪的市值还是一个小盘子。但是比亚迪背后的是股神，是世界数一数二的大富豪，他不仅是雄厚资本实力的象征，更是商业诚信的标志。就此来说，这是谁也不敢小觑的。郭台铭认为，巴菲特与比亚迪紧密纠结在一起，这将极大地削弱自己辛苦建立的道德优势，甚至可能因此改变官司的走向。

所以，当郭台铭听到巴菲特入股比亚迪后，马上容颜大变，怒斥股神是非不分，在记者招待会上，连放三炮，隔空轰击巴菲特。他气呼呼地说道："巴菲特一直标榜只投资有诚信、长期经营的公司，为何要投资窃取商业机密的比亚迪？巴菲特敢不敢驾驶比亚迪汽车上下班？巴菲特是用何种专业知识判断比亚迪的潜力的？"

三炮轰过之后，郭台铭又指责道："如果第一个问题不回答，我就买一只巴菲特公司的股票，去美国，以股东的身份当面质问巴菲特。""世界没有什么股神，也请小股东们相信，不要听到巴菲特的名字，就吓呆了。"

最后，郭台铭余怒未消地说："论竞争力，它绝对不是我们的竞争对手，我也不把窃取商业机密的公司当对手。比亚迪在模具等众多产业领域中，连我们的1/10都不到，如果我输了，我就从这里跳下去。"郭台铭一边怒气冲冲地说话，一边指着后面的落地窗。他一直认为，比亚迪的崛起是因为窃取了自己的商业机密，为此富士康显得很受伤。

对于郭台铭的质问，巴菲特与王传福都没有给予理会。

2009年5月2日，巴菲特用自己的实际行动反击了郭台铭的三问，比亚迪的新车在伯克希尔·哈撒韦公司召开的年度股东大会上秀了一把，做了现场展示。造车人王传福的名字，也跟着在美国金融圈中流传开去。

倒是巴菲特的黄金搭档、伯克希尔·哈撒韦公司副董事长芒格站出来为比亚迪公开撑腰，他非常激动地说："我与富士康的观点不同，不认为比亚迪有什么道德问题。富士康的指控并无根据，无法取信于人。""王传福正在做伟大的事！"芒格所说的话，其实基本上代表了巴菲特与伯克希尔·哈撒韦公司的态度。

在芒格看来，富士康是因为丢掉了在手机代工领域的优势，被比亚迪迎头赶上，才怀恨在心，而比亚迪的迅速崛起是不可阻挡的一个趋势。

芒格的话不无道理。事实上随着市场的成熟，一个企业的垄断地位很难保证，更多的是体现在竞争上，在竞争中进步。此外，诺基亚、摩托罗拉也不喜欢看到一家独大的情况，这也是为何比亚迪能迅速崛起的重要原因。

正如一名分析员所说的，代工手机本身就是产业链的末端，利润稀薄。企业间尔虞我诈，换来的结果只能是上游品牌企业更多的压榨，更微薄的利润。在这场纷争中没有哪一方可以笑到最后，最大的赢家应该是那些坐观事态发展的、趁机压价下订单的国际大客户。所以，漫长的"富比之争"，其背后是一场跨国公司的"定价权"保卫战，最后惠及的一定是诺基亚式的国际巨头。

比亚迪与富士康打的就是价格战，比亚迪通过研发，使得成本低了20%。价格上的优势，让比亚迪获得了众多手机厂商的青睐。很快，它就成为诺基亚、摩托罗拉、索尼爱立信、松下等厂家的主要供应商了。一些手机企业也在有意扶持比亚迪，用来牵制富士康，以巩固它们在产业链上的定价权。

第十二章
惊艳的"富比之争"

2008年的金融危机，使得整体订单减少，加速了"富比"之间的平衡趋势，更多的订单开始流向比亚迪。摩托罗拉于是将以往交给富士康的代工订单也转移到了比亚迪，而三星、飞利浦等也都加大了对比亚迪的订单投放。

2008年8月28日，富士康统计出半年业绩报告，情况很不乐观，上半年销售收入为395亿元，而净利润仅为11.6亿元，同比下滑逾50%，创下了富士康发展以来的历史新低。受此影响，富士康的股价也是委靡不振。

自从巴菲特的入股开始，似乎即暗示了"富比之争"有了微妙的转变。此时的王传福决定转守为攻了。

2008年12月3日，比亚迪方面反将一军，称公安机关已撤销针对比亚迪的调查，北京九州世初知识产权司法鉴定中心常务副主任赵×及另外两名负责人涉嫌毁灭、伪造证据和收受贿赂，被公安机关逮捕。此外，比亚迪前员工张××涉嫌接受富士康方面的贿赂，为其非法窃取保密文件，被公安机关逮捕。

消息一出，情况立即有了新的变化，媒体惊呼比亚迪要反击了。富士康也感觉越来越被动。业界也认为，这有可能是比亚迪转守为攻的重要标志。而此时，比亚迪和王传福决定见好就收了。他认为，做生意还是要以和气为主，只要能相安无事就不必惹是生非。

BIYADI
BIYADI ZHENXIANG

第十三章

股神的赞歌

　　对于现代企业来说，资本就如同人体里的血液。而能受到资本青睐的企业，必然是具备成长价值，所从事的事业有着巨大发展空间的经济体。

　　世界首富巴菲特更以其独特的价值投资理念独步全球，几十年来的资本运作经历，也为他本人赢得了"世界股神"的美誉。除了上述的必备因素之外，巴菲特也同时看重一个企业领导人的人品与胸怀。2008年9月，在全球金融危机最深重的日子里，"股神"巴菲特令人惊异地向比亚迪伸出了资本橄榄枝。

　　自此，当世界首富与中国首富紧紧连在一起的时候，又会发生些什么呢？

1. 资本投手巴菲特

2008年9月27日，就在富士康与比亚迪激战的时候，世界第一富豪巴菲特通过发言人向外界宣布，巴菲特旗下的中美能源控股公司将用2.3亿美元拿下比亚迪10%的股权。

一时间，美国华尔街的投资家们眼睛都圆了。比亚迪是什么公司？比亚迪是做什么的？怎么从来没有听说过？于是，他们都不由自主地纷纷搜索关于比亚迪的资料。

这则消息也像一枚强心针，刺激了比亚迪的股价。在短短的四个交易日内，比亚迪股份股价飙升，上涨幅度达60%，旗下子公司比亚迪电子的上涨幅度更是超过了100%。

对于巴菲特欲投资比亚迪的消息，比亚迪的高管们也很高兴。就连比亚迪的员工们，听到这个消息后也立刻欢呼起来。

有一个女职员没能抑制自己的兴奋："他给我们投资多少啊？"

"2.3亿美元。"

马上有人拿着计算器在换算，最后惊讶地说："天啊，18个亿啊，这个人真有钱。"

一位高管得意洋洋地说："2.3亿美元对于这个超级大款来说只是一个零头的零头，他管理着400多亿美元的资产，如果用人民币计算将近三千亿元人民币。起初老巴是想收购我们比亚迪25%的股权，但是王总觉得25%太多了点，于是就婉言谢绝了。"

巴菲特不仅比王传福年长，而且他的经历也带着浓厚的传奇色彩。

巴菲特出生于1930年8月30日，当时正是美国闹大饥荒的时候，全国经济凋敝。

第十三章
股神的赞歌

巴菲特从小就极具投资意识，整天想的都是怎么挣钱，5岁时就在家乡摆地摊卖口香糖。稍大一些，他就和伙伴们去捡有钱人打过的高尔夫球，然后以相对较低的价格转手，这样的小生意还颇为红火。

11岁的时候，巴菲特拿自己存了一周的零花钱去购买了平生第一张股票，没过多久，就尝到了甜头，从此钟情于这种投资。年轻的巴菲特在17岁便以优异的成绩考进宾夕法尼亚大学，开始刻苦地攻读财务和商业管理。毕业后，他又考进哥伦比亚大学的商学院，师从著名投资学理论家本杰明·格雷厄姆。他将毕生所学倾囊相授，希望人们能通过分析企业的本身状况及前景等因素来评价股票。在格雷厄姆的教导下，巴菲特对投资知识的渴望从不满足。很快，富有天分的巴菲特就成了格雷厄姆的得意门生。

27岁的时候，巴菲特将自己掌管的30万美元全部用于投资，结果年底就让这30万美元变成了50万美元，以至于他的父母走在哪里都向人们夸奖自己的儿子是多么的优秀。十年之后，巴菲特掌管的资金已经达到惊人的6500万美元。随后的一年，巴菲特公司的股票增长了46%，远远高于道·琼斯9%的指数增长。而此时巴菲特掌管的资金已上升至1.04亿美元，其中属于巴菲特个人的就有2500万美元。

1968年5月，当所有的股市都在狂飙突进的时候，巴菲特却给他的合伙人泼了一盆冷水：他要隐退了。随后，他逐渐清算了巴菲特合伙人公司的几乎所有的股票。第二年夏，股市急转直下，渐渐演变成了股灾，一年之间，每种股票都比上年初下降了50%以上。38岁的巴菲特在一年前就预感到了这些，有人认为这真是一个奇迹。那么，巴菲特到底是怎么看出这一切的呢？

两年之后，美国股市一直跌到最低谷，持续的通货膨胀和低增长使美国经济进入了"滞涨"时期。然而，此时的巴菲特却暗自欣喜，因为他再一次预感到他的时代就要到来了！

1973年开始，巴菲特开始介入《华盛顿邮报》，自此该报的利润大增，每年平均增长35%。10年之后，巴菲特投入的1000万美元就翻了20倍！

1980年，巴菲特用1.2亿美元、以每股10.96美元的单价，买进可口可乐7%的股份。到1985年，可口可乐改变了经营策略，开始抽回资金，投入饮料生产。其股票单价已长至51.5美元，翻了5倍。短短5年的时间，巴菲特就往自己包里装进了6亿美元。这样的数字无不令人瞠目，令后来的投资人既敬又畏。

"他是有史以来最伟大的投资家，他依靠股票、外汇市场的投资等，成为世界上数一数二的富翁！"一位美国人曾这样评价巴菲特。

2008年，巴菲特击败比尔·盖茨，荣登世界首富的宝座。

从本质上看，巴菲特倡导的投资理念是价值投资。所谓价值投资，就是在价值低估的时候买入股票，在价值高估的时候卖出股票。举例来说，如果一件衣服成本是100元，遇到经济形势不好时降价处理，以50元出售，那么，有经济头脑的人一看这个价格往往就会购进，因为价格低于成本。反之，如果一件衣服很畅销，标价200元，那么有经济头脑的人在发现价格远高于成本时，就不会再买了，但是卖衣服的人则会赚钱了。这就是价值投资最核心的原理。

巴菲特平时的工作就是看企业财报，他所关注的就是一个企业有没有成长，并以此来计算这家企业的价值，找到他认可的合理的企业。

巴菲特是一个幽默的投资家，他有很多名言在股市中传颂。如："只有当潮水退去的时候，才知道谁在裸游。""当别人贪婪的时候，你要恐惧，当别人恐惧的时候，你要贪婪。"

巴菲特投资眼光长远，不太在意眼前利益，往往一只股票持有十几年。尤其值得一提的，他只投资自己能把握的企业，这是他一贯的风格。这期间，最典型的莫过于巴菲特不投资网络股的决策了。

1999年到2000年，纳斯达克网络股开始疯狂，涨幅达到100%，但是理性的巴菲特却不购买。与此同时，伯克夏·哈撒韦公司 1999 年的净利润也从上年的 28 亿美元骤降到 15.6 亿美元。业绩不好的原因是巴菲特的重仓股表现平平：Dairy Queen（美国最大的乳制品公司之一）、Geico Insurance（保险公司）、可口可乐、迪斯尼和美国运通等，这些股票在 1999 年的表现可以用难看来形容，在科技股疯涨的年代，它们竟然都在下跌。

这是巴菲特最难熬的日子。在股东大会上，股东曾直截了当地指责说："沃伦，为什么你不投资网络股呢？"

巴菲特不好意思地推推眼镜，面有难色地说："主要是我看不懂，我不懂网络科技股。"巴菲特的话是发自肺腑的，就是连好朋友比尔·盖茨所有的微软公司股票，他也没有买。

1999 年那个疯狂的夏天，《时代》周刊也曾公然在封面羞辱巴菲特不投资网络股，用了一个大大的标题写道："沃伦，究竟哪儿出了问题？"

2000 年 3 月 11 日，即纳斯达克到达其历史最高点的第二天，巴菲特给股东们写了一封信，承认今年的业绩不太理想。在信中他自我批评道："我唯一的功课是资本配置，而 1999 年我这门功课的成绩是 D。"

在他承认错误的一周后，疯狂的纳斯达克终于崩溃，一路狂泻。事实证明，巴菲特的投资理念是正确的，巴菲特持有的股票再次英姿勃发，《华尔街日报》和《时代》周刊也重新开始吹捧巴菲特为"股神"。

那么，巴菲特为什么会投资比亚迪呢？巴菲特真的理解了比亚迪吗？

2. "爱迪生和韦尔奇的混合体"

2008 年 9 月 29 日，比亚迪向港交所提交公告，向广大股民告知巴菲特投资比亚迪的消息。同一天，中美能源控股公司和比亚迪公司共同召开新闻发布会，中美能源的主席 David L. Sokol 亲临香港与王传福联合主持该新闻发布会，向媒体进行详细说明双方协议的内容以及本次认购的相关信息。

协议签订之后，巴菲特很高兴地对王传福说："能够作为比亚迪和中国人的合作伙伴，我们对此非常兴奋，王传福先生具备独特的管理运营能力和优良记录，我们盼望着和他的合作。"

David L. Sokol 先生也这样称赞道："非常高兴能有机会投资像比亚迪这样优秀的企业，他们的产品对于环境保护作出了杰出的贡献。比亚迪的创新技术在全球持续探讨的气候转变及环保方面的课题上，均担当了重要的角色。"

为什么巴菲特会投资给一个中国电动车公司，并相信这家公司的首席执行官呢？

最早发现比亚迪是一只成长股的是巴菲特的搭档查理·芒格。

查理·芒格（Charles Thomas Munger）是沃伦·巴菲特的黄金搭档，是伯克夏·哈撒韦公司的副主席。当芒格发现比亚迪之后，像是发现了一个宝藏，他兴高采烈地对巴菲特说："嗨，沃伦，我发现了一家中国的好公司。我从来没见过这样的事儿。这家伙简直就是爱迪生和韦尔奇的混合体，可以像爱迪生那样解决技术问题，同时又可以像韦尔奇那样解决企业管理上的问题。"

爱迪生和韦尔奇的混合体？

巴菲特一听就来劲了。爱迪生是世界上伟大的发明家，韦尔奇是世界著名的 CEO，如果能把这二者混合，这可是一个很了不起的人。于是，巴菲特认真地听着他的老搭档介绍比亚迪。多年的搭档让巴菲特深知，芒格这家伙是不会轻易向自己推荐公司的，须认真对待。

芒格介绍完后，巴菲特分析了一下比亚迪，心里还是存有疑惑，于是派自己的得力助手 David Sokol（索科尔）专程赶到中国，考察比亚迪在中国的工厂。

第十三章
股神的赞歌

王传福听说是股神巴菲特的人来了，非常高兴，亲自带着 David Sokol 参观自己的车间。在陪同参观的时候，王传福对 David Sokol 说："我们的电池是绝对环保的，无毒，并且至少可以充 2000 次电。"

随后，王传福倒了两杯电池的电解液，端起一杯喝了一口，然后皱着眉头说："味道不是很好。"

看着王传福把电解液一饮而尽，David Sokol 顿时目瞪口呆，简直不敢相信眼前的一切。半天没说出话来。

王传福举起杯子，用英语对 David Sokol 说："要不要试试？"吓得 David Sokol 连连摇头说"NO！NO—"。王传福哈哈地笑了起来。

这个场面太震惊了，David Sokol 不由得对王传福佩服得五体投地。回到美国后，他向巴菲特汇报比亚迪之行，并说道："这家伙不可思议，你一定得见见他。"当说到王传福喝电解液时，还特别强调"no joke（不是开玩笑）"。

自然，David Sokol 也赞同芒格的判断。就这样，巴菲特同意了芒格老兄的提议，决定入股比亚迪。

在这次交谈中，David Sokol 提到一个值得注意的问题，他对巴菲特说："他（王传福）是整个组织和运转的幕后灵魂。他需要更迅速地建立起一个管理团队，我想他知道这些。不过，他才 42 岁。"言下之意，王传福最终是要靠团队的强大来发展比亚迪。

有趣的是，就在巴菲特入股比亚迪之前的一周，一帮香港基金公司的分析师到比亚迪调研，得出的结论是，这是个破烂公司，根本没有投资价值。一些基金经理甚至极端地认为，比亚迪的股价应该跌到 2 港币，以至于又有基金经理打电话给王传福，威胁要抛空比亚迪的股票。

入股比亚迪之后，芒格在伯克希尔股东大会上称："我对比亚迪公司和公司领导人王传福都毫无疑虑。我知道人们普遍认为沃伦和我投资比亚迪看起来像是疯了，但我不认为是这样。你看到比亚迪的汽车，就会明白那是一种什么样的汽车。我认为他们做出的一切：汽车、玻璃、轮胎……

都是非常出色的，这非同一般。我认为对于伯克希尔来说，与比亚迪的合作是一项非常重要的合作。比亚迪可能还是一个小公司，但是它有着很大的野心。如果比亚迪不成功，我将非常惊讶。与比亚迪的发展和合作，我感到是有生以来最大的荣幸。"

如此热忱地推荐比亚迪，可见芒格对比亚迪的厚爱。巴菲特也总是乐呵呵地对人说："投资比亚迪是芒格的主意。当芒格遇到天才，并且看到此人把企业经营得不错时，他就由衷地感到高兴，并想和天才一起工作了。"

巴菲特入股比亚迪的事过去后，证券与金融分析人员开始更理性地研究巴菲特为何会投资比亚迪，背后的深层次原因到底是什么呢？

这里可以将当时的主要分析结果进行归纳，大致有如下几个方面：

一是巴菲特原想持有25%的比亚迪股份，但是王传福不愿意卖出超过10%的股份，这让巴菲特意识到王传福是一个视企业如生命的人。巴菲特曾这样对《财富》杂志的人说："这是个不想卖出自己公司的人，这是个好现象，我喜欢和这样的人合作。"

二是比亚迪的电动车涉及到新能源的问题，如果一切顺利，无疑是符合当前全球为解决能源紧张而共同努力的时代趋势。比亚迪在电动汽车领域具有优势，可以早在通用汽车、本田和丰田之前就开始销售带有备份汽油发动机的电动汽车。如比亚迪新近推出的F3DM品牌轿车，在一次充电后能行驶62英里，远超过其他电动汽车；该车售价仅为2.2万美元，远低于丰田普锐斯和大肆吹嘘的通用Chevy Volt品牌的成本。由此可知，尚不够知名的比亚迪，在制造能够买得起的电动汽车的竞赛中，已经超过了许多大型竞争对手，前途不可限量。巴菲特相信比亚迪通过生产电动汽车，最终会成为世界上最大汽车制造商，并成为快速增长的太阳能工业的领袖。

另外，还有一种说法值得了解。

爱丽斯·施罗德是高盛的研究员，巴菲特传记《滚雪球》的作者，经

第十三章
股神的赞歌

常与巴菲特打交道，交谈超过 2000 个小时，对巴菲特非常了解，所以巴菲特授权她撰写自己的传记。2009 年 5 月，《大众证券报》采访爱丽斯·施罗德，问：为什么在上一轮网络泡沫中，巴菲特没有投资网络股？而这次，巴菲特却大手笔地投资了比亚迪这样的新能源股，这是否意味着巴菲特投资思路的改变？

爱丽斯·施罗德说："新能源是人们生活的必需品，巴菲特投资的理念和选股标准 50 年来一直没有发生过变化。他只投资于那些他非常熟悉的领域，而且这些公司长期都有非常良好的经营状况，公司的产品是人们生活的必需品。他目前投资的包括新能源在内的尖端科技类的公司，都是符合他的选股条件的，他很熟悉这个领域，人们对能源的需求会一直存在。而且，这些公司已经产生了利润，历史表现也不错。巴菲特当年之所以没有投资网络股，是因为当时有成千上万的网络公司、新科技公司做着同样的事情，产品形态和架构也非常相似，他无法判断哪些公司能幸存下来，哪些能赚钱，哪些会倒闭。"

爱丽斯·施罗德进一步分析认为，有一些财经评论员批评巴菲特投资比亚迪是违反之前的投资原则，他原来的投资原则是只投资自己熟悉的领域，比亚迪的生意他并不是很清楚。事实并非如此，能源投资与生活必需品投资一直是巴菲特的长项，原来入股中国石油就是一个典型案例，只不过那是传统能源罢了。

后来，巴菲特自己也道出了一些投资比亚迪的内情。他坦承自己既不懂手机，也不懂手机电池，更不明白汽车的制造，但是他相信芒格和 Sokol，认为他们俩都明白比亚迪的生意。而舆论甚至认为，事实上巴菲特对王传福个人的兴趣要远大于对比亚迪公司产品的兴趣，他相信一个优秀的人一定能领导一家优秀的企业。

3. "带一堆女孩回来"

2008年9月，北京奥运会刚结束不久，美国华尔街就引发了金融危机。9月15日，金融海啸开始席卷美国，道琼斯指数暴跌504点，创"9·11"事件以来单日最大跌幅，世界著名的三大投行之一雷曼兄弟公司股票狂跌90%，随即宣布倒闭。混乱的华尔街仿佛成了世界末日，一位在华尔街工作了近20年的基金经理一边抹着眼泪一边说："这是我在华尔街近20年来见到的最恐慌的时刻。"

雷曼兄弟的倒闭产生了连锁反应，美国各大金融机构连连告急，金融风波迅速传遍全球，引起全球股市跌声一片。受此影响，世界经济也停止了前进的步伐，不少国家更是陷入衰退之中，一场大震荡开始在全球酝酿。

这样的经济环境，也让王传福提心吊胆起来，他也不能肯定今年的业绩到底会如何。虽说巴菲特入股提振了士气，但是最终还得看公司业绩。

2008年，为了让比亚迪更好地走过危机，已成为比亚迪董事的索科尔领着王传福参加美国车展。王传福的行程从汽车城底特律开始。

底特律是美国的汽车城，底特律车展也是全球五大车展之一，具有公认的号召能力，一向有着全球汽车业"世界杯"的称号。每次车展期间，世界汽车厂商都会来这里展示各自新型车系，或者新的汽车技术。在美国汽车市场鼎盛时期，底特律车展单是全球首发的新车型就有百辆之多，遥遥领先于其他各大车展。

然而，在2008年下半年由华尔街引发的金融危机影响下，底特律的车展显得寒意深深。这次的车展中，保时捷、法拉利、路虎、劳斯莱斯、尼桑、英菲尼迪、三菱、铃木等都没有来参展。没参展的不肯花钱，而参展

第十三章
股神的赞歌

的也拼命省钱。劳斯莱斯公司首席执行官汤姆·伯伟斯无奈地说:"日子不好过,得精打细算了。"

车展期间,连降大雪,漫天飞舞,美国媒体把刺骨的寒意与萧条的车展联系起来,称这次车展是"看不到希望的车展"。

然而,对于王传福来说,这场大雪是"瑞雪兆丰年",给比亚迪带来了洁白的希望。参展的时候,巴菲特与芒格都过来给比亚迪助阵了,股神相助,自然格外引人瞩目。与别人的萧条相比,比亚迪的展位上人气十足,备受关注。

在王传福带领比亚迪参展团队刚到美国时,巴菲特还特意询问了一下Sokol:"王先生刚来美国,身体适应吗?都安顿好了吗?"

Sokol 回答:"王传福身体挺好的,是一个苦孩子出身,喜欢生活从简。他和其他工程师一样,住在比亚迪公寓楼中。他唯一的奢侈品是一辆奔驰和一辆雷克萨斯汽车,这两辆车存在的一个实际目的是他可以把发动机拆下来,研究其工作原理。公司本身也很节俭。管理层出差一直搭乘经济舱。这次来美国,他们同样坐的是经济舱,到美国后,他们在底特律的郊区租了一套民房,800 美元,如果是住酒店的话,800 美元一个人都不够。"

一席话说得巴菲特笑了起来,说:"叫他别太省,不过,把钱交给这样的人我很放心。"

Sokol 接着还说:"告诉你一个有趣的细节,在美国访问期间,他曾经试图拆下载着他到处走的一辆丰田车的座椅来研究车的结构,随行的人都对这一举动惊叹不已。"

巴菲特与芒格哈哈大笑起来,觉得王传福这个人太有意思了,真是个技术狂。

在 David L. Sokol 的引荐下,王传福第一次见到了巴菲特与查理·芒格,对于这两位慈祥而精明的老人,王传福心存感激。由于王传福英语不错,对话没有问题,巴菲特、芒格、王传福三个人交谈甚欢。

比亚迪真相
BIYADI ZHENXIANG

巴菲特问王传福说："到目前为止，比亚迪相对于竞争对手，有什么竞争优势？"

王传福答道："我们的竞争优势是基于自有知识产权的建立。"

巴菲特又问："你们将如何保持领先优势呢？"

"我们永远不会停下创新。"王传福说。

芒格问道："你在美国设了公司吗？"

王传福点点头，说："比亚迪目前在美国的业务还不大。大约20个人在伊利诺伊州靠近摩托罗拉公司的Elk Grove村负责销售和营销工作，另外有20人在旧金山靠近苹果公司的地方工作。有了您的入股，我们将会更顺利地走进北美市场，尤其是加快电动车在北美的投放，我们的目标是更好地促进世界环境的清洁，让大家拥有一个美好的蓝天。"

巴菲特与芒格赞赏地点点头，向王传福伸出了大拇指，觉得王传福这个人不仅能力优异，作风也很实在。巴菲特喜欢踏踏实实做事的人。

开展当日，巴菲特又来到比亚迪的展位上表示对比亚迪的支持。股神的出现吸引了大批的媒体记者，围了一圈又一圈。

当时，有趣的巴菲特拿出一个精致的黑色钱包递到王传福的手上，王传福也拿出早已准备好的礼物——F6双模电动车模型双手赠给巴菲特。两人高兴地拥抱起来，巴菲特带着"BYD"的标志和王传福亲切握手，而四周的镁光灯也闪烁个不停，为两个富有十足个性的人的合作表示祝贺。

对于当时的场景，媒体给予的解读是：巴菲特已成为比亚迪的一分子。他送钱包的意图很明显，我投资给比亚迪了，你小心管好我的钱包，为他增值；王传福的礼物也可以视作回答，放心吧，我用电动车为你的钱包增值。

之后，巴菲特坐在比亚迪F6汽车上，仿佛有了全新的感受，也让他看到了未来的新能源环保汽车的希望。

为了感谢巴菲特的投资，展会结束后王传福把车展上的车子送给了巴菲特。巴菲特和老搭档芒格开着车子驶出车展的时候，回头对王传福开玩笑说:"我开车走了,我会带一堆女孩子回来。"

望着这个老顽童一样的人,王传福哈哈地笑了,他也兴奋地挥起了手。

从美国回来,王传福跟身边的人描述了在底特律和巴菲特一起的场景。他鼓励大家,比亚迪一定要打入北美市场,不仅如此,还要将这样先进的环保车推向全世界,造福于世界。

BIYADI
BIYADI ZHENXIANG

第十四章

如此张狂为哪般

　　人们常说，时代能够造就人也可以毁灭人。同样的道理，如今的市场既可以成就伟大的企业，也可以瞬间毁灭无数的企业。

　　就本书的对象来说，比亚迪的发展是顺应了时代的要求，做电池、做汽车都踩准了时代的节拍；而在能源紧张的当下，比亚迪又开创了自己的电动车时代。所以，当王传福向全球推出第一款双模汽车的时候，他已经可以自豪地向世人宣告：

　　"电动车的时代到了！比亚迪的时代也到了！"

1. 宁波再吃"中纬"内幕

一个炎炎夏日，王传福得到这样一个消息，浙江宁波的大企业中纬濒临破产，将以拍卖的方式处理其所有资产。王传福觉得这又是一个机会，可以有效地弥补比亚迪的不足。他一个人坐在办公室里，静静地思考了很久。

宁波的中纬是一家半导体制造企业，成立于2002年2月，注册资金为8.5亿元人民币，致力于6英寸芯片的制造与服务，公司投资总额达到了21亿元人民币。

中纬曾是中国内地为数不多的芯片工厂之一，当时被视为浙江半导体产业的希望，属于政府重点扶持的对象，宁波市政府更是对中纬寄予了厚望，也给予了大力支持。如特批了13公顷地让中纬使用，宁波保税区为其准备了二、三期的投资空间，以备中纬发展大了有空间建设新厂房等。

中纬的创始人冯明宪和蔡南雄两人是留美博士。中纬初创的时候，他们觉得应该摒弃不符合中国国情的高档项目，而且重视成熟且经济效益好的低端市场。为此，他们在创业的时候就引进了一条已经略显过时的6英寸芯片生产线。这个策略是见效的。因为虽然芯片低端，但市场还是较大，效益也不错。见效益不错，中纬再次引进了一些老的设备，有的已经使用了近20年。而半导体生产线的使用寿命通常是15年，超过这个期限所花费的维护费用便是相当惊人的，每天都在2400~3600美元之间。

由此观之，中纬已有的两条生产线基本算是进入了老龄阶段，经常需要修修补补，生产线的产量并不能保证，最终导致原定的生产计划全部落空。

然而，宁波中纬的项目可行性报告却说，工厂预计年产6英寸芯片24

第十四章
如此张狂为哪般

万片，实现产值 8400 万美元，其中 50% 将用于出口。事实是直到宁波中纬破产时为止，其效益最好时的月产量也仅为 1 万多片，远远低于预期。

设备问题很快就导致了资金出现问题。由于设备落后，没有及时更换生产线，运行后远远达不到预期的收益，整体开支又大，使得中纬的资金经常捉襟见肘，可谓"寅年吃了卯年的粮"。

更可怕的是，这种状况与日俱增，中纬的财务亏空越来越大，如同雪球一般越滚越大，很快就陷入了恶性循环之中。

进入 2008 年，中纬到了举步维艰，深陷沼泽的状态。此时，北京奥运会的即将举行，国人沉浸在一片欢快和自豪的气氛之中。然而中纬的人却一点劲都提不起来，他们仿佛感觉到了企业正走到生命的尽头，即使是普通的员工似乎也能预感到灾难性的事件即将到来。

不久，当美国金融危机开始蔓延开的时候，内外交困的中纬被彻底击垮了。2008 年 9 月，宁波中纬终因资不抵债，宣告破产，并向外界宣布将相关资产打包拍卖，拍卖一切可以拍卖的东西。巧合的是，宁波中纬的破产跟雷曼兄弟是在同一个月份。

被拍卖的消息宣布后，中纬的资产价值就开始被公众评估了，一些媒体带着嘲笑的口吻刻薄地说："宁波中纬还有什么可以拍卖的？除了那块 13 公顷的地皮外，宁波中纬没有值钱的东西了。"

2008 年 9 月 19 日上午 10 点，宁波中纬的拍卖会在北仑金陵富春国际大酒店举行。拍卖会上来了很多人，但大多都是打着捡便宜货的目的。在拍卖会上，最引人注目的是贝岭和方正，这两家都是国内有名的大公司，它们的角逐也成了这次拍卖会上唯一的看点。

不过，当拍卖师报出了中纬的底价 2.1 亿元，参与拍卖的要交保证金 2000 万元的时候，贝岭与方正一听就泄了气，连举牌的兴趣都没有了。

早在拍卖之前，这两大公司就对中纬进行过实地考察，请资产评估师进行了全面评价，所以他们心底里都有了一个底价。但当他们听到拍卖师的叫价后，发现这是一块连肉都没有的骨头时，也就希望能早点散伙走人了。

很快，这场拍卖会最终因标价太高，以流标的尴尬局面收场了。

拍卖会的失败，让宁波有关方面与中纬意识到了自己的估值过高。于是，他们不得不进行根本性的调整，终于把一根骨头变成了一块肉。

第二次拍卖的时间定在10月6日，其他信息没有发生什么变化。

既然是一块肉，来争抢的人自然就多了，比亚迪便是其中的一个大块头。

为了能够成功，比亚迪股份做了充分准备，进行了细密调研，不但查清了中纬的实际价值，还分析了方正等公司的方针与策略，最后制订了属于自己的对策。

是日，拍卖会上热闹非凡，有媒体的人，业界的人，参与拍卖的人，每个人都怀着各自的目的。拍卖师开始报价："宁波市中纬半导体公司拍卖现在开始，起拍价1.66亿元人民币，每次加价幅度是100万元，要出价竞拍的请举牌。"

比亚迪举出了自己的牌子，拍卖师马上高兴起来，大声叫道："比亚迪股份出价1.66亿，还有出1.67亿的吗？"

方正也举牌了，拍卖师说："好，这边的方正出价1.67亿，还有出1.68亿的吗？"

经过一轮角逐，拍卖价升到了1.7亿元，气氛开始紧张起来。

"方正微电子出价1.7亿，还有出1.71亿的吗？"拍卖师环顾四周，场上异常安静，很多人的额头上已经浸出了层层细汗，只有拍卖师在卖命地叫喊。

当拍卖师叫到第三声的时候，比亚迪又举牌了——1.71亿，大有志在必得之势。拍卖师马上喊道："比亚迪股份出1.71亿！"

安静顿时被打破，现场的人开始窃窃私语，这个价值吗？

"还有出1.72亿的吗？……1.71亿一次，1.71亿两次，1.71亿三次！成交！恭喜比亚迪。"

就这样，中纬被比亚迪揽入了怀中。比亚迪顺利拍得了中纬厂房、设备等资产，其中房产建筑总面积 34315.72 平方米，土地使用面积 131054 平方米。

此次收购，距离股神巴菲特入股比亚迪股份还不到一个月的时间。也许大家都觉得不可思议，因为比亚迪主打的是电池和汽车，怎么又突然接手这样一个自己没有涉足过的 IT 企业呢？难道在收购秦川后疯狂造车，这次收购中纬后又要疯狂造芯片？这样的举动，别说外界的人不可思议，就是对于比亚迪的内部人员来说，也形同一团雾水。这一次，王传福又想搞什么呢？虽然一时弄不明白，但是，他们已经熟悉了王传福，熟悉了他这种令人费解的做法，并且相信自己老板这样做是有理由的，也是对的。

一段时间过后，结果明白了。比亚迪在收购宁波中纬以后，不再以晶圆片代工为主要业务，而是融入整个比亚迪的产业链当中，再次体现了王传福垂直整合的理念。

这就像哥伦布发现新大陆一样。当他决定一直向西走的时候，谁也不知道前面会有什么东西在等候。然而如果他畏惧海洋的艰险，或者满足于海洋的茫茫无边，他又怎么能给蛮荒的美洲带去文明的种子呢？

2. "双模车"是个什么玩意儿

2008 年，国际资本爆炒油价。

2008 年 7 月 14 日，纽约市场原油期货创出每桶 147.27 美元的历史高位。美国斯蒂芬·李柏博士在《即将来临的经济崩溃》中严肃地说："油价的持续攀升会给我们带来挑战，这种挑战的严重程度要超过我们记忆中的任何一次危机，甚至比大萧条和第二次世界大战还要严重。迅速临近的石油短缺可能是自工业革命以来人类文明和世界经济所面临的最大考验。"

比亚迪真相
BIYADI ZHENXIANG

石油真成了"疯狂的石油",甚至有人断言,油价在未来要攀升到260美元一桶。还有人幽默地说,也许再过10年,每桶100美元的油价就会成为美好的回忆了。到时候,你再告诉你的孩子或孙子,说你在2008年的时候花3美元就能买到1升汽油,他们也许会觉得不可思议,难以置信了。

2008年5月,英国伦敦爆发了最大规模的反高油价示威。一位货车司机气呼呼地说:"高油价已不是危机,而是真正的灾难。"6月,德国法兰克福的一名30岁失业者出于对油价不断走高的愤怒,将自己的黑色3系宝马车浇上汽油付之一炬。失业者声嘶力竭地对前来扑火的消防队员说:"我每天要驱车80公里上班,每月汽车耗油就要250欧元,我无法忍受,只好辞工不干,汽车也不要了。"

同样,中国的出租业、运输业和汽车制造业也深受高油价之害。

2008年夏天,哈尔滨市《生活报》的王记者出门打车。一上车,他就感觉到车内的闷热扑面而来,汗水马上从脸上沁出来。以前的夏季,的士车都是开空调满街跑的,王记者不悦地说:"司机大哥,能不能开开你的空调?"

司机一面擦汗一面说:"车跑起来就有风了。"然而当车开起来的时候,还是感觉没有风,即使有点风也是热得让人难受。就这样,王记者很不舒服地坐车返回家中。

王记者以为这只是个别现象,想不到第二天打车的时候还是如此,开车的司机干脆说空调坏了。出于职业的敏感,王记者意识到这里面有些问题,就问司机为什么不愿开空调。司机于是给他算了一笔账:"今年油价涨到近5元一升,不单是我,大家都舍不得开空调。现在日均里程300公里,要用去30升油,如果开空调每天就得多用掉4升油,多支出10多元钱,每个月的'空调费'就得四五百元。在油价大涨、利润锐减的情况下,这笔费用是个不小的负担。"

最让司机闹心的,是堵车的时候,车一寸一寸地挪。"耗油啊!那感觉就像猫爪挠心一样难受。"

第十四章
如此张狂为哪般

显然，高油价的运行已真真切切地影响到国人的日常生活，且有越来越严重的趋势了。

正是在这个石油疯狂的时代，2008年的12月，比亚迪在深圳推出了全球第一款F3DM双模轿车，并举行了盛大的宣传仪式。在仪式上，五彩的礼花落在白色的轿车上，充满了喜庆色彩。比亚迪的双模汽车如同一缕清凉的风吹动了车界，令大家看到了让高油价下跌的希望。

那么，什么是双模轿车？

双模汽车是在一辆轿车上可以分别采取用电或油的两种动力模式，可以用220V/110V的交流电直充，充满电后可以驱动汽车奔跑100公里，汽车时速可以达到160公里/时；双工作模式可以在纯电动和混合动力输出之间灵活自由切换，单次加满油可以行驶400公里，售价14.98万元。

双模轿车出来后，得到了国家有关部门的赞扬，国家工业和信息化部的负责人在新闻发布会上评论道，F3DM双模电动车的上市，是中国企业第一次在世界汽车技术领域扮演领跑者的角色，在中国乃至世界的新能源汽车领域具有里程碑意义。

媒体也认为比亚迪汽车公司研制的双模汽车足以让人们为之兴奋。时下能源紧张，油价攀升，燃气污染环境，致使传统的燃油汽车在人们心中越来越与生活不协调。事实上，很多汽车生产厂商都意识到了这个问题。在比亚迪研发这款汽车的同时，世界各大汽车厂商也开始研究燃油汽车的换代产品了，也不断有一些新能源的汽车问世。但多半因功率小、时速低、造价高昂等原因，让人们失去了兴趣，导致其投入使用的范围和数量都受到了限制。比亚迪的出现可谓是改变了这一切，而14.98万元的售价显然也是可以接受的。

对于社会来说，双模汽车最大的好处就是节约能源。随着经济社会的发展，能源紧张已成为当前全球性的突出矛盾。如果不是必须的，使用双模轿车可以尽量多的使用电力驱动，这将是缓解燃油紧张的有效办法。如果从经济的角度分析，按照现行电价和油价计算，如果跑长途，使用双模轿车的费用大约是使用燃油汽车费用的1/3。

在比亚迪双模轿车研制成功以前，曾经也有过混合动力汽车面世，但是以电和油为混合动力的汽车必须是油电混合使用，用电是靠燃油发动机发电，不能用外来交流电充电，而且机用蓄电时间短。

比亚迪公司对自己发展电动汽车充满了信心。王传福在一篇发言稿中说道："如果说国际油价上涨和环保压力是'天时'的话，那么社会意识就是'人和'。整个社会对环保、节能意识空前高涨，加上对石油的恐慌，电动车将迎来最佳的历史发展机遇。"

比亚迪的F3DM历时五年的研发，现在终于面世，这将意味着汽车产业开始进入不用油的电动时代，对全球汽车产业的发展具有划时代的意义。

尤其值得注意的是，比亚迪的电池采用了高容量的铁电池组，比亚迪把它称之为"铁电池"。这种电池相比燃油更有利于环境保护，无污染，无安全隐患，可以回收，即使放在火里烧也不会爆炸。这种电池可以让汽车的续航里程超过100km，且碳排放为零。如果是纯电动状态下，每一百公里耗电仅为16度，如果按民用电0.5元一度算下来，相当于百公里耗费8元钱，综合耗能是燃油耗能的1/3。

试想一下，如果城市的出租车全部更换为双模电动车，乘客出行就会比原来乘坐油动力出租车便宜多了。这样的低耗能、零污染将会给这个社会带来多大的收益呢？电动自然双模轿车的生产使用必将催生环境保护的春天。

一个买了双模轿车的顾客曾用充满诗意的语言写道："在用电驱动的时候，老婆抱着熟睡的孩子坐在旁边，我都能听到小baby有力的呼吸声。"

后来，比亚迪汽车公司表示，2008年DM双模轿车全面走向市场后，2009年还会重装推出纯电动汽车，提前20年实现世界汽车工业的里程碑式梦想。

第十四章
如此张狂为哪般

当前，在同行业的竞争者还在努力生产传统汽车的时候，比亚迪推出的双模电动车已经在市场上占据了不小空间。而且，这股势头就像春风一样吹过了中国大江南北，必将在很短的时间里悄无声息地让各个城市焕然一新。

正如一些新的思想不可能瞬间就被社会接受一样，比亚迪给世界带来感动的 F3DM 电动车初始也受到了冷遇。2009 年 9 月，比亚迪在统计销量的时候，结果让人大吃一惊，自 2008 年推出 F3DM 双模轿车，截至 2009 年 8 月底，比亚迪 F3DM 电动车的销量不足百辆。这意味着 F3DM 双模轿车是失败的产品吗？这样的数字会让业内的人们怎样看待王传福和比亚迪的这款电动车呢？

问题在哪里呢？对策又在哪里？比亚迪的管理团队头都大了，他们不得不反复地思考这种汽车销量不佳的问题。

根据业内相关评析资料，以及比亚迪内部的相关报告，F3DM 电动车所面临的考验主要体现在如下方面：

首先是比亚迪汽车的充电问题。按照比亚迪的轿车技术，比亚迪汽车是双模动力车型，可以用油，也可以用电，家用充电 9 个小时完成，专业充电站可以 10 分钟完成，但是充电站不可能像加油站一样，随处都是。

有人据此认为，这项工作靠比亚迪自己是无法完成的，需要包括政府等有关部门协助努力，才能在全国各地建立起充电站。消费者也正是考虑到这一点，对于双模汽车才会心存疑虑，希望配套设施成熟以后再试着购买此类产品的。

其次是比亚迪汽车的价格问题。比亚迪的 F3DM 价格为 14.98 万元，属于中档级别，而且尚处于试车阶段。相比之下，上海生产的混合动力车"君越"，技术也很成熟，虽然节油没有比亚迪的厉害，但是产品很成熟，外观和操控性与普通"君越"没什么差别。即便如此，"君越"的表现也不尽如人意，上市一年有余，销量也不足千辆。

对"君越"进行分析，有助于理解比亚迪的 F3DM。

比亚迪真相
BIYADI ZHENXIANG

混合动力"君越"的价格比普通"君越"贵2万元左右，差价不算大。以普通2.4升"君越"的综合路况油耗百公里10升为标准，混合动力"君越"节油15%的话，它的百公里最终油耗为8.5升。就是说，混合动力"君越"每百公里可以节省1.5升汽油。若以每升汽油6元钱计算，可节省9元钱。100公里节省9元钱，10万公里才能节省9000元，若想节省2万元，则必须行驶20万公里以上。对于普通的城市家庭来说，自驾车要开20万公里以上，一般得花上10年时间。10年才能赚回来2万元，这里还没有考虑通货膨胀的因素。

正是出于这些顾虑，消费者们有了自己的小算盘，普遍觉得还是贵了，购买的愿望自然很弱。

此外，如下问题也困扰着比亚迪的研发团队：充电次数越多，充电时间越长吗？如果行驶过程中开空调、大灯等大功率用电器，续航能力还能达到100公里吗？冬天发动机不工作了，暖气该如何解决呢？如此等等。

然而，开弓就没有回头箭，即使是困难重重，王传福和比亚迪团队也要把电动车做好，不抛弃不放弃。

2009年7月1日，我国首部《新能源汽车生产企业及产品准入管理规则》经国家工信部正式颁布实施。其中将新能源汽车划分为起步期、发展期、成熟期三个不同的技术阶段。不同时期的产品受到不同程度的限制。按照规定，比亚迪的铁锂电池被定为发展期产品。这意味着耗用众多研发资金的F3DM并不能为比亚迪贡献现金流。对于比亚迪来说，这不是一个好消息。

不久，在国家公布的第一批新能源车采购目录中，比亚迪居然是榜上无名。业内人士分析说，科技部对比亚迪的电动轿车怀着慎重的态度，等成熟一些再考虑纳入到新能源车采购目录。

如此一来，除了技术，现在横亘在比亚迪电动车面前的大山又多了一重，那就是政策的约束。

2009年11月17日，中美两国政府发表联合声明称，双方将制订开发电动车共同技术标准。尚无法准确揣测这一声明背后的意图，但是，现已成为美国"国有"企业的通用汽车，恰恰就是比亚迪在电动车领域最大的竞争对手。

还是在 2008 年的日内瓦国际车展上，王传福就放出豪言，比亚迪的电动车技术不仅领先通用和丰田，还将颠覆全球汽车工业格局。他相信所有技术难题都可以得到解决，只要把技术问题解决了，那么比亚迪汽车一定会大放异彩的。

正如比亚迪公关部的人所说："国内要推广新能源车，F3DM 所面对的问题是大家所共有的。比亚迪不过是先行者，技术逐步成熟有个过程，更要面对商业推广和充电设施建设等难题。有些问题不是汽车企业单方面能解决的，需要全社会的参与。"

如此态势，也似乎预示着一场新能源汽车的大战会在未来的几年里迎面冲来。那么，比亚迪能否从中胜出呢？尚不得而知，但依然值得期待。

3. 未雨绸缪再收"美的"

2005 年的时候，美的集团豪情万丈地进军汽车业，收购了有 54 年历史的三湘客车厂，成为美的集团旗下一家集客车整车和客车底盘研发、制造、销售、服务于一体的专业化制造型全资子公司。公司下辖长沙、昆明两个制造基地，管理本部设在长沙。

湖南省三湘客车集团有限公司曾是湖南的骄傲。该企业最早叫长沙客车制造总厂，始建于 1952 年，是湖南省唯一国家定点的大中型客车和客车专用底盘生产骨干企业，具备装配和制造十米以上大型客车底盘的能力。公司拥有自营免检进出口权，自 1993 年首次向斯里兰卡出口 400 辆中型客车以来，曾是中国最大的客车出口基地。

收购之后,美的集团轰轰烈烈的造车计划开始启动。按美的集团当初的想法,计划在3~5年里可以占领国内主要市场,但是刚刚进入第三年的时候就扛不住了。之所以如此,原因可归纳如下:

首先,美的集团的产品没有什么特色,在收购之后还是生产原来的车型。尤其是2005年以后,国内的客车生产商基本已经将市场瓜分完了,且竞争越来越激烈,市场也接近饱和。在这种态势之下,美的集团插足此一领域显然是不明智的,至少不占有任何先天优势。

其次,美的集团在整合上出现了问题。最初美的集团想精简机构,对人员进行大换血,这种休克式的疗法遇到了极大的阻力,导致美的集团不得不放弃。而收购后的"三湘"管理机构的臃肿程度,甚至超过了原来的老国企三湘客车,其管理和运转能力之差可见一斑。

最后,也是最重要的一点,美的集团一直无法建立一支强势的汽车营销队伍。随着竞争形势的日益严峻,美的客车的渠道越来越少,导致产品市场无法顺利打开。而没有市场,对于任何一个企业来说都是致命的。

对美的集团汽车之梦实施最后一击的,是一次合同毁约事件。2008年夏天,美的客车承接了一笔来自沙特的客车大订单,在未收到预付金的情况下,美的集团就开始组织生产了。当下半年的金融危机爆发之后,沙特方面临时撤单,致使美的客车大量拖欠供应商货款;再加上此前的亏损,终于导致美的汽车资金链崩裂,不得不作出停产的决定。

如此多方面原因,也就注定了美的客车的短暂之命。

2009年初,湖南美的三湘客车全部停止运营,所有部门都在进行善后处理。5月初,美的集团就释放出相关信息,表示因经营不善有意转让"三湘客车"。

美的集团抛出转让消息后,众多车企开始评估三湘客车的价值。

起初,厦门金龙有专家团过来考察,但是因为价钱谈不拢而告吹。苏州金龙股份很想收购三湘客车,但是在谈判桌上却固守着5500万元,而不愿意多出500万元。对于这样的小气公司,美的集团不屑一顾,认为连

第十四章
如此张狂为哪般

500万都不愿意出的买家，以后更不会治理好公司的。最终，比亚迪股份以其雄厚的财力，用6000万元现金全盘接手美的三湘客车。

2009年7月24日，比亚迪股份有限公司旗下附属公司深圳比亚迪汽车和佛山威尚签署股权转让协议，收购湖南美的客车制造有限公司的全部股权。

根据比亚迪和王传福的相关设想，此次收购旨在进军新能源客车领域，而比亚迪的管理层也已拟订计划，新能源客车计划于2010年投产并实施。同时，比亚迪也将在湖南基地进行乘用车生产，计划生产车型C3、C6、F2等。这样布局，将使得比亚迪为自己的汽车在南方市场的投放多了一个更接近市场的基地。

对于比亚迪的此次收购，业界一致看好。舆论甚至认为，比亚迪这次捡了个大便宜，因为这笔收购不仅使比亚迪一举获得客车生产准生证，也将大大增加比亚迪在汽车领域的综合竞争能力；同时，此一收购也意味着比亚迪在新能源汽车领域实现了轿车和客车全车系、全方位的发展态势，实现从乘用车进军商用车领域的产品扩张。而电动大巴的制造，必然会让比亚迪在新能源汽车领域拉大领先其他车企的距离。

一句话，对于美的三湘汽车的收购，完全符合比亚迪的整体利益。

比亚迪收购三湘之后，将生产比亚迪牌客车。与美的客车最大的区别在于，比亚迪客车将使用"电动驱动系统"，比亚迪客车将美其名曰"新能源客车"。

喜事果然接连而来，得知比亚迪收购了三湘客车，深圳市政府很快就向比亚迪发出了首批订单，超过一千多辆，王传福得知消息后大喜。

从双模汽车和新能源客车可以看到，王传福是一个认为创新才能解决所有人类难题的人，这其实就是他所认为的技术可以改变世界这一思想的又一实践。只是，中国现在所缺乏的，正是这样一群富于创新精神、有十足信心去开拓新领域的人。

顺带提一笔。2009年10月31日，北京下起了小雪。我国科学界元老钱学森与世长辞，享年98岁。他逝世前的一句追问成为困扰中国人的一大难题。

钱学森问温总理道："为什么我们的学校培养不出杰出的人才？"

这位科学泰斗的话引起了广泛争鸣，尤其是钱老逝世以后，他的追问更是成为当下社会中一个热点话题。

钱学森认为："创新型人才不足是现行教育体制的严重弊端，也是制约我国科技发展的瓶颈"，"要更加关注教育改革和发展，注重培养具有创新能力的人才"，"中国现在没有发展起来，一个重要原因是没有按照培养科技发明创造人才的方式办学，没有自己独特创新的东西，培养不出杰出人才"。

如今，再回头来看王传福这样的人，人们不由得会自然联想起钱老的上述追问。而王传福通过创新，成功化解多年不遇的金融危机，则确确实实地在用自己的努力为中国企业破浪于金融风暴大潮提供了一个鲜活的样板。所以，王传福在2009年春的时候对记者如是说："如果没有创新来支持比亚迪的发展，比亚迪早就过不了金融危机这一关了。"

4. 首富"绿色人类"之梦

中国古语说："有志者，事竟成，苦心人，天不负。"这话在王传福身上得到了最好的诠释。

到了2009年，王传福已是荣耀满身了。一个从小就是苦孩子的人，凭借着自己的勤奋与智慧白手起家，不仅在商界打下了一片天地，更是可以在业界呼风唤雨了。

也就在这一年的1月，王传福得知自己当选为"2008 CCTV年度经济人物",并荣获"2008 年度经济人物年度创新奖"。

不妨简单了解一下。中央电视台一年一度的经济人物评选,是由经济学家、商业精英和中外权威财经媒体总编组成的百人评委团推荐出来的,正如奥斯卡奖项代表了当今电影业的最高成就一样,中央电视台的经济人物评选也代表了中国商业人物的最高水准。而王传福能获此奖项,也是中国商学界对他本人在管理和电动汽车技术领域成果的充分肯定。

2009 年 1 月 20 日,王传福赴京参加颁奖典礼。他穿着黑色的西装,白色的衫衣,胸前还佩有一朵礼花。等王传福上台的时候,主持人声情并茂地宣读了评委的评语:

"企业家精神的核心价值观中应该包含开拓创新的精神,勇敢坚毅的勇气,而且要有卓尔不群的理想和远见,还应该有社会责任感的担当。立志引领比亚迪争当'2015 年全国第一,2025 年全球第一'的王传福,也许在很多人眼里是近乎疯狂的,但恰恰是这样的远见和魄力,才造就了比亚迪今天的辉煌。"

然后便是王传福的领奖、致谢,接着是演讲。

站在中央电视台宽敞的舞台上,王传福面对着在场的商业精英,保持着技术人员特有的冷静,发表了简短的演讲。虽然简短,但是从他的演讲词中可以看出,句句都经过斟酌。如同他感慨地说:"技术是可以改变世界的。我们比亚迪想用电池技术加汽车技术,打造出电动车技术,用电动车的技术把地球变得更蓝,来实现人类绿色的梦想。"

王传福的话激起了现场阵阵掌声。

2009 年 11 月 5 日,王传福又赢得一个喜讯,备受关注的 2009 年福布斯中国富豪榜出炉了,王传福以 396 亿元身家首次坐上中国首富宝座。自此,他的生命中又多了一个令人眩目的头号——中国首富。

事实上,王传福对于财富的多寡并不太在意,他本质上也不是一个爱财的人。他更在意的是"绿色人类"之梦能不能为全球接受，自己的汽车能否畅销全球。这就像他自己说过的一句话，当个人的财富有几百万元以后，钱就成为了一个符号。有趣的是，世界级富豪比尔·盖茨也说过同样的话，即"当你拥有一亿美元以上的时候，钱就只是一个符号了"。

短短10天之后，更让王传福心动的事情发生了。

2009年11月16日，匈牙利国前总理久尔·查理携夫人一起来到比亚迪考察。考察团对比亚迪拥有专利技术的"铁电池"产生了浓厚的兴趣，欲引进"铁电池"应用于该国电动汽车中。比亚迪也想通过匈牙利的市场，将"铁电池"在欧洲市场推广。这标志着王传福的"铁电池"开始走向世界了。

至此，比亚迪股份公司除了进军电池和汽车产业外，新能源将是比亚迪第三个进入的领域。这也似乎表明，新能源正在成为比亚迪又一个新的希望。而未来的比亚迪，将会成长为集电池、汽车、新能源三位一体的"比亚迪"。

从更深层次上看，新能源对比亚迪的意义已经不言而喻。而启动的A股回归计划也透露了比亚迪在新能源汽车上的大手笔投资。2009年9月召开的股东特别大会上，比亚迪通过了向中国证监会申请发行A股并于深交所上市的决议，募集资金主要用于发展新能源汽车及相关的附属研发，包括锂离子电池生产、深圳汽车研发生产基地以及太阳能电池等。

在深圳，比亚迪建了一个带有实验意味的"未来村"。之所以叫"未来村"，其实就是融合了各类先进科技，如整个屋子都使用了风能、太阳能，并将雨水收集起来净化成各种生活用水，屋子里还设有人脸识别等智能化电子系统，而汽车自然就使用新能源汽车了。

……

或许，那就是王传福设想的未来吧。

当2009年渐行渐远之时，对于王传福来说，不仅具有人生总结的实际

第十四章
如此张狂为哪般

意义，也是他事业之途中一个新的台阶。正是在这一台阶之上，王传福不仅想与未来的产业对话，更期待着与世界的对话。

回顾2009年，比亚迪汽车销量超过了40万辆，同比增长速度高达170%，让业界为之震惊。但舆论也大多认为，虽然比亚迪在不知不觉中已经深入人心，不知不觉地在世界扬名了，然而，要想实现"2015年之前发展成为中国最大的乘用车制造商"这个目标，王传福和比亚迪还需要更加努力。而要把比亚迪这个品牌塑造得更完美，为世界普遍认知，要走的路就更长了。

而就个人来看，王传福的人生可说是苦尽甘来。他的命运不仅与比亚迪紧紧地绑在了一起，他一手创办的企业也已经和世界首富绑在了一起。

尽管有了这样的新的台阶，那比亚迪就能成为世界级的品牌吗？王传福就能成为世界级的富豪吗？

其实，这并不一定。因为，这还只能算是一种预言。它的实现除了与比亚迪团队和王传福的努力有关外，更跟我们所处的时代环境有关，跟中国的整体崛起趋势有关。

但人们也依然有理由相信，一切皆有可能……

BIYADI

BIYADI ZHENXIANG

第十五章

中西通吃的"道法"

《千年商道》一书在总结徽州商帮的特点时说:"徽商能从商人群体中崛起,其中的一个关键是将儒家精神融入到商业活动中。"

回过头来细细品味比亚迪的前半段创业历程,将现代管理精细化可谓达到了极致,但依然可以清晰地看到,王传福明显地继承了徽商将儒家精神融入商业活动中的特点。不仅如此,作为生于中国,长于中国的王传福,他的管理方式也具有浓厚的中国味——刚柔相济,儒表法里,阴阳结合。

或许,这种适合中国国情的管理之道,才是比亚迪传奇的核心之谜,更是未来比亚迪实现中西通吃的核动力!

1. 刚柔兼并的"双体系"

"企业家的职责是为企业注入生命。"王传福曾经如是说。从 1995 年初创比亚迪，到比亚迪成长为电池业大王，王传福和比亚迪花了七年的时间。那么，王传福又为比亚迪注入了一种什么样的生命呢？

2004 年的比亚迪，已与华为等名企一起，成为深圳市的宠儿，成长为一个标志性的企业了。也就是在这一年春天的一个日子，一位记者应邀走进了比亚迪，每年的春天是比亚迪厂庆的日子。厂庆的这一天，比亚迪张灯结彩，布置虽不奢华，却也简单热烈。

记者看到，在比亚迪的厂房里，十余座宿舍楼的阳台上挂满了衣服。这些色彩各异的服装就如同庙会时的彩旗，在亚热带的海风中飘动，飘舞在拥有 1.7 万名产业大军的大本营里，看上去非常壮观。

按照比亚迪的惯例，厂庆次日是一年一度的运动会。

参观完比亚迪的运动会后，记者又去看了比亚迪的车间，回到住处，这位记者写道：

"运动会场上，比亚迪的工人按照事业部分区就坐，每人头上都带着红色的棒球帽，整个会场看上去是一片红色的海洋；而坐在主席台上的比亚迪高层领导则统一穿着紫色罩衫。主席台下，依序走过 15 个事业部的方阵，在自己修建的体育场内，王传福俨然是一位将领，检阅着眼前经过的'千军万马'。而当远道赶来的秦川汽车的方阵走过主席台的时候，队伍中打出了一幅横幅——王总，辛苦了！

"其实，厂庆的表演并无太多新意，甚至有几个节目重复着

第十五章
中西通吃的"道法"

韵律体操的形式，但出场的规模都要达到四五百人，进行到高潮的时候，音箱里传出女广播员动情的声音：比亚迪，我爱你；我爱你，比亚迪！

"运动会结束后，出现了戏剧性的一幕：部分工人因为参加演出下班没有打卡，在演出之后，来出入口补打，与散会的工人一同拥挤到只有4米多宽的出入口。因为疏导不利，出入口形成了堵塞。当王传福路过时，虽然声嘶力竭告诉工人今天不必打卡了，但没有人听从他的命令。回去的路上，王传福碰上负责后勤的领导，他用严厉的口吻责令其赶快解决出入口的问题，那位领导连连称是。"

文章结束的时候，记者追问道：王传福在比亚迪究竟意味着什么？这样庞大的工厂究竟是如何构筑的？管理架构又是怎样？通过什么力量来维持体系的运行秩序？支撑比亚迪急速膨胀的核心动力又是什么呢？

其实，这位记者的话也道出了很多人想问的问题。事实上，比亚迪也远非记者看到的那么些人。王传福曾说："现在，我们有10万名操作工，未来要发展到30万到40万人。这个队伍在哪一个国家都不得了，这是中国的优势。"

10万生产大军用什么样的方式进行管理，这是任何一个企业家都可能感觉到困惑的问题。而要让10万大军像一只高速旋转的陀螺运转，就更是任何一个企业家都头痛的事了。有人说，王传福借鉴了任正非的管理模式，但是，在任式管理的基础上又明显体现了许多王传福自己的管理思想。

如果用心地把王传福的管理思想拆解开来，就不难发现比亚迪的管理思路呈现出基层与高层两种不同的管理体系。

在基层管理上，其思想核心是"刚硬"。主要表现在如下方面：

一是比亚迪的车间采用"福特式"流水化与机械化操作。当你走进比亚迪的电池生产车间时，可以发现，比亚迪没有一条完整的流水线，每道工序之间都要用塑料箱来运输电池胚。这看起来有一些原始，但就是这些看着原始的生产方式，却创造了极高的生产效率。这显然是与人的因素密不可分的。

此外，比亚迪在很多关键的环节都自制了设备。比如一个电池的大小，放入一个设备中，能放入就是符合大小，不能放入就不符合大小。因此，比亚迪的工人无须经过复杂的培训，只要能够掌握一两个关键性的技巧便可上岗。

二是比亚迪的员工管理强调班组监督的力量。采用人机混合的模式，就必须加强监督，否则会流于散漫。比亚迪每个员工的效率提升，主要是依靠班组的监督力量来实现的。每个生产工序的前方都是班组办公的地方，坐在前面的组长可以清楚地看到每个工人的工作状况。每个班组的办公桌上都堆满了报表，每个工序都要按时按量完成任务。正是看到了这种模式的巨大效用，珠江三角洲地区的众多厂家都纷纷借用了比亚迪的这种管理和生产方式。

三是班组管理实行高竞争制，多劳多得。比亚迪的一线竞争非常激烈与残酷，实行三班倒，这三个班的竞争不亚于一场战争，没完没了。一线分为三班，A班、B班、C班。如果一月下来，A班的产量是50000个电池，B班的产量是40000个电池，C班的产量是30000个电池。那么三个班的班长的工资可能分别为4000元、3000元、2000元。而工人的工资是看着班长的工资了，班长工资不高，这一个班的工资就不高。那么三个班工人的平均工资可能为3000元、2000元、1000元。工人为了获得高工资会催班长，班长要想在竞争中获胜，拿更高的工资，就会不断地催着干活。三个班为了争夺产量，班长和工人拼了命地干。以至在交接班的时候，因为是流水线作业，也掐分掐秒，弄得如同F1赛车比赛换油时一样紧张。

这种竞争也贯穿在班长之间。今天领导提一个人当班长，这个班长就得想方设法把本班的产品搞到第一，搞不到第一很快就换人，失去了提升的机会。这也进一步促进了比亚迪生产效率的提高。

四是员工生活上实行军事化管理。数量众多的员工，如果没有严格规

第十五章
中西通吃的"道法"

范的管理体系,会乱成一团糟。在生活方面,比亚迪实行封闭式的军事化管理。比亚迪的职工宿舍8人一间,左右两边四张上下单人床,床与床之间只有一个很窄的过道,没有桌子。房间内没有任何插销,电器不允许使用,晚上统一熄灯;在车间内,水杯摆放得非常整齐,吃饭到厂区中心的万人大食堂就餐。

此外,工厂还规定若无特殊事情,不允许工人离开厂区,因为曾经有过女工出门后被骗钱财的事情发生。在休息日,比亚迪尽量安排工人加班,除了保证安全外,还会让工资有所增加。比亚迪的工厂里面也配备好了医院、学校、超市,如无特殊需要,工人们也似乎很少外出。

而在管理层方面,比亚迪采用的管理模式则有了很大的不同。这里可以通过一个真实的人物来说明这种不同。

陈刚出生于1977年,毕业于北京大学化学系,1997年毕业后来到了深圳。他在找工作的时候,看到比亚迪在招人,于是问了一下比亚迪的情况,比亚迪的招聘人员介绍说:"比亚迪是一家以生产电池为主的企业,1995年创办,当时是20个人,经过两年的发展,现在公司已有1600多人,比亚迪发展很快,我们欢迎你的加盟。"

陈刚听了招聘人员的介绍,心里想,这家公司还是小了点,不足以施展自己的才华,还是希望能到一家大些的公司。

几个月后,快到农历1998年新年了,陈刚一次办事路过比亚迪,他记起了自己曾应聘过这家公司,于是好奇地到比亚迪实地探访。他发现,公司现实的人数已增至2600人,这让他非常吃惊,马上意识到这是一家发展很快的公司,如果选择这样的公司,自己也能获得很好的发展。

由于拥有令人羡慕的学历,陈刚很快就进入了比亚迪中央研究院工作。刚进比亚迪的陈刚没有找到合适的定位,每天干的工作并不是自己很喜欢的,也不由得感觉到了迷茫。

但是,比亚迪有关方面很快就发现了陈刚的才能,并马上纠正了自己用人方面的错误,把他从比亚迪中央研究院调到刚成立不久的锂离子电池

比亚迪真相
BIYADI ZHENXIANG

厂品质部。很快，陈刚就遇到了公司的大事——拿下摩托罗拉这个大客户，在这场攻坚活动中，陈刚与王传福一起工作，表现出了卓越的能力，得到了王传福的赏识。

2000年9月，陈刚升至经理的位置，这一年他仅有23岁，可谓是少年得志。更让年轻人羡慕的是，陈刚是比亚迪34个持股管理层中的一员。比亚迪香港上市后，陈刚手中持有的比亚迪股份市值已达500多万港元，他也是个几百万的小富翁了。

比亚迪总是毫不吝惜地给予年轻人重要的管理岗位，与陈刚类似的青年人在比亚迪也并不少。比如公司董事会秘书邓国锐也年仅30岁，这位清华大学的管理学硕士1999年加盟比亚迪，第二年就升至市场部负责人，曾在比亚迪上市时的全球路演中担当过大任。

从陈刚在比亚迪成长的故事中，可以归纳出比亚迪在管理中层与高层干部时的如下特点。

一是充分尊重人性中的需求，满足人的发展欲望。

有一个记者曾经问王传福："你创业几年以来，觉得什么最难？"王传福很干脆地说："如何发挥人的主动性。"

那么，如何发挥人的主动性呢？首先一点就是满足需求。在人的需求中，最常见的需求就是对财富的需求，王传福是这样激励公司中高层管理人员的：2002年底，筹备事业部时王传福这样许诺："任何一个事业部如果能做到营业额30亿元、净利润5亿元的话，就可以从比亚迪股份中拆分出去，单独上市，团队成员将得到巨大的股权激励。"这对于中高层人员来说无疑是一剂强心针，原始股一旦上市将会成批地制造富豪。

王传福还引用著名的社会心理学家马斯洛的层次学说。他认为：人有五个不同层次的需求，不同的人更有不同的需求。对于普通员工，我给他们稳定的收入，安全、美丽如画的环境；而对高级管理人才，则要满足他们更多的需求，这样就能将优秀的人才留在自己的身边了。这从上文提到的陈刚与邓国锐的身上即可得到印证。同时也可以看到，比亚迪的发展机制,为那些有能力的员工铺就了一条人生发展的康庄大道。

二是比亚迪借鉴了丰田汽车"造物先造人"的管理思想。

所谓"造物先造人",是指企业再机械化,也有许多地方离不开人。经营管理中重视人,才有可能激发变革,顺应变革。在丰田公司内部,即强调要让每个人都能自己解决自己的问题,目的就是培养这种具有自己解决自己问题的人才。

王传福曾经承认比亚迪的管理模式接近于丰田。他说。"我们公司推崇的是'造物先造人'这么一个概念……你所有的体系都要靠人这个节点来执行。"

"造物先造人"的实质就是人本管理,王传福也一直在实施着这个理念,表现在中高层人员的管理上更是如此。也有人就此总结了一句话:尊重人才,给下属机会,并尽最大可能给员工创造发展的平台,以人为中心,实现人与技术相互结合的路线,就是比亚迪运用到实践中的管理之道。

造物先造人,造人先育人。比亚迪在育人上也是花了大价钱的。如比亚迪每年在上海外高桥保税区花数千万元购买全球最新的车型,然后让年轻的大学生们来拆,拆完之后要写总结、写报告,而车子则报废了。这其中,不乏宝马、奔驰、保时捷等世界级的名车。有时候,一些年轻的研发人员不敢轻易拆卸新车,特别是名贵车型。王传福知道后,走到车间二话不说掏出自己的钥匙就把进口的新车划破了,然后对着面面相觑的技术人员说:"现在你们可以拆车了!"

不妨再看看比亚迪内部的管理人员。王传福的万人工程师队伍,大都是刚毕业不久的年轻大学生;王传福直接领导的7个副总裁中,绝大部分是从学校一毕业就进入比亚迪的。

对于比亚迪的用人观,王传福非常得意。他说自己不迷信海归专家,也不喜欢请"空降兵",他更喜欢用自己培养的大学生。他曾经大手一挥,对那些来劝他聘请海归的人说:"中国的学生多聪明,他们缺的只是机会。"

三是建立文化上的认同感。

作为本身就是搞技术出来的人，王传福深知技术人员的心理需求，必须建立文化上的认同感，这些高管们才会真正地走在一起。王传福说过的两句话颇有意味：其一是：在比亚迪，人是每一个关键节点、每一种战略打法的最终执行者。对工人，高压、高薪的结合可以对效率起到立竿见影的作用，但对于知识结构高、价值观和自尊心都很强的工程师们，这一套是不管用的。只有通过建立文化认同感，让他们追随你的理念。其二是：企业家对于技术人员要有耐心，不能我今天投入以后，6个月就要收到利润，这是做不到的，技术还要通过一个产品来表现，你要给他一定的时间和耐心，同时要理解技术人员的工作。因为技术人员有很多缺点，不会拍马屁，经常给你挑毛病，不会受压，你给他高压，他说我在哪儿找不到饭碗，为什么一定要在你这儿做？技术人员跟一般的工人不一样，工人你给他高收入，天天给你干。技术人员要是认同你这个人和公司的理念，钱再少也跟你干。

　　四是树立个人权威。

　　如果把比亚迪比成一个规模巨大、结构严谨的蜜蜂窝的话，那么王传福无疑是蜂窝里的蜂王，而成千上万只的工蜂都在忙忙碌碌，围着比亚迪运转着。

　　王传福一直很佩服华为任正非的管理，他认为任正非的军事化管理执行力强，发展迅猛。更令人惊讶的是，在华为任正非犹如卡夫卡《城堡》里面传说的最高长官，多年来只见其一直在背后运筹，却难得见其身影。一些媒体据此认为，任正非深刻地理解了中国几千年来形成的官僚文化，他把官僚文化中腐朽的一面化成了神奇，以强大的统治力量左右着华为的运营。

　　企业家树立个人权威好不好？这个问题历来就有很多争论。

　　反对者认为，企业不是单靠个人英雄主义所能领导的，领导者个人只能决定企业的过去，但无法决定企业的未来，如果企业家英年早逝或者退休了，那么企业也就垮了；而如果企业家建立了绝对的权威，企业高层管理人员往往难于获得成就感与尊重感。

第十五章
中西通吃的"道法"

认同者则认为，企业家树立个人权威有利于企业变成一个军团式的组织，具备极强的执行力，上下一心，进退自如，反应快速，作风凌厉。尤其是靠人力取胜的制造业，更需要这样的管理模式。

在这一点上，王传福与任正非极为相像。他是比亚迪的领袖，有着至高无上的权力，比亚迪的每个重大决策都要王传福拍板。有时进行决策时，他甚至不用与其他高层领导商议，也不在乎其他股东质疑，也全然不顾香港基金经理的劝慰之词。有一次，他对香港基金经理说："从比亚迪发展的道路上来看，我的决策有98%以上是正确的吧！""厂里还有谁比我懂比亚迪呢。"

犹如《城堡》里面的人都知道行政长官的名字一样，几乎比亚迪的每个工人也都知道王传福，但就是难得看到真实的人。不过，如果你问一问比亚迪的工程师，谈到王传福时绝大多数都面露钦佩之情。

除了如上所述的中高层干部管理与基层员工管理的区别，王传福在比亚迪建立起来的管理模式，还集中体现出了一个共同的特点：始终为员工营造一个家的环境，营造出一个其乐融融的氛围。

有舆论认为，王传福推行的这种情结跟他幼小时家庭的不完整有一定的关系。所以，当他成年之后，当他有了能力建造一个幸福的环境时，王传福便希望给所有职工一个充满阳光、充满温暖、气氛宽松、利于创新和安身立命的家园。正如王传福自己所说："一个企业，一定要让职工有家的感觉。你是企业家，就像家里的老父亲和老母亲事事为儿女着想一样，事事要为职工着想。你只有将他们照顾好，他们才会照顾好你的公司，进而照顾好你的利润。"

为了让职工过上幸福安定的日子，王传福在比亚迪修起了亚迪村，作为那些在比亚迪工作5年以上的员工福利房，比亚迪公司从自己的利润中为每平方米补贴1000元钱。

此外，比亚迪还为职工建起了亚迪幼儿园、亚迪小学，甚至还和深圳中学联办，建立了亚迪分校。王传福说，这些孩子也可以说是比亚迪人的后代，他没有理由不让他们受到良好的教育。

为了丰富比亚迪的企业文化，加强员工教育，王传福要求公司拨了一笔专款，办起了图书馆，竖起了黑板报，并办有各类技能学习班。甚至，在王传福的鼓励下，比亚迪员工们还成立了文学社、书画社、艺术团、英语协会等。王传福有时还亲执教鞭，毫无保留地向员工传授高科技知识。

如此这般，家的概念早已融入了比亚迪的管理体系，更已成为王传福特色的管理之道。这又何尝不与徽商重儒重教、重家族观念息息相关呢？

2. "非复印式"的事业部制

比亚迪的发展由小到大，从做电池到为手机做配件，从电池之王扩展到新能源汽车，由单一产品到多种产品齐头并进，从一个20多人的小部门扩张为10多万大军的大团队……其间，比亚迪的架构虽然越来越庞大，运转却一直灵活、高效。王传福打造出来的如此局面，也一直为业界所好奇。

其实，自比亚迪开始快速成长之初，王传福就开始苦苦地思考着适合比亚迪的组织架构了。这期间，他默默地、持续地观察了解其他大企业的组织，分析它们的优缺点；他主动摆脱知识分子某些稍显僵化的思维，恶补大量的管理知识。最终，经过反复地论证与分析，并结合比亚迪的实情，王传福选择了事业部制。

在管理学上，事业部制并非是新名词，从出现到现在有近90年的历史了。事业部制的正规名称是联邦分权制（federal structure），它的雏形出现于1920年皮埃尔·杜邦对公司的改组，正规诞生于1922年斯隆在通用汽车公司的全面实践，广泛推广于1950年以后通用电器公司的组织革新，在实践中取得了很大的成功。正因为事业部制的经典模式是由斯隆创立的，人们也把它称之为"斯隆模式"。

王传福之所以选择事业部制,看重的正是事业部的特点与比亚迪的现状相吻合。

总体上看,事业部制的特点主要有三点,这三点属于三个层次,层层递进,不可分割。第一个特点是由总部负责投资和决策,但不从事具体经营;第二个特点是各个事业部必须是能够独立核算的实体单位,从事相对独立的经营活动;第三个特点是事业部下属的基层厂部负责组织和管理具体的设计、生产和销售业务。

事业部制主张在分部门的时候可以根据企业产品来分,即一个产品一个部门,这适合产品丰富的企业。同时,也可以根据地域来分类,一个地域一个部门,很多跨国企业就是如此管理自己的部门的。

从比亚迪的模式看,王传福是根据自己产品来分部门的。比亚迪的事业部共有22个部门,主要的有18个,分别如下:

第一事业部:镍镉/镍氢二次充电电池、柔性印刷线路板、手机充电器等。

第二事业部:锂粒子充电电池,基本都是手机充电电池,主要客户是诺基亚、摩托罗拉。

第三事业部:分拆上市的比亚迪电子的主体;主要产品是手机机壳和手机按键,主要客户是诺基亚、摩托罗拉、三星、索尼、华为等,笔记本及个人电脑结构件是新方向。

第四事业部:涉及LCD制造、背光制造等。

第五事业部:手机ODM研发中心,主要从事手机应用软件和整机方案设计业务。

第六事业部:微电子业务部门,产品包括电池相关芯片等。

第七事业部:光电子业务部门。

第八事业部:笔记本制造。

第九事业部:SMT及手机组装部门,服务于诺基亚和摩托罗拉的生产线以及进行自主整机组装。

第十事业部：汽车总装部门。

第十一事业部：汽车覆盖件生产部门。

第十二事业部：汽车内饰件生产部门。

第十三事业部：电力科学研究院，电机、电动车及电力网络研发部门。

第十四事业部：汽车电子部门。

第十五事业部：车身结构件、底盘悬挂、汽车产业用线制造等部门。

第十六事业部：发动机研发、制造中心及机床研制部门。

第十七事业部：化工产品研制，油漆、橡胶等。

第十八事业部：客车生产部门。

事业部制是比亚迪基础性的架构，其优点很明显。一是有助于企业最高领导层摆脱日常的行政事务，集中精力研究和制定企业发展的各种经营战略和经营方针，最大限度地下放管理权限到各事业部，使他们能够依据企业的经营目标、政策和制度，完全自主经营，充分发挥各自的积极性和主动性。例如，通用汽车公司当初按照斯隆模型改组后，各事业部出售的汽车在公司规定的价格幅度内，除此之外，事业部是完全自治的。

二是各事业部实行独立核算，意味着市场机制引入到了企业内部，大大激发了事业部领导人的积极性。同时，又能让部门与部门之间呈现出竞争的格局。

三是事业部领导人虽然只是负责领导一个比所属企业小得多的单位，但是，由于事业部自成系统，独立经营，相当于一个完整的企业，这有利于总部培养全面的管理人才，为企业的未来发展储备优秀干部。

然而，正如一枚硬币有正反两面，事业部优点明显，缺点也是明显的。主要集中表现在如下方面：

一是由于各事业部利益的独立性，容易滋长本位主义；二是层级的增加，也导致了管理费用的增加，而且因为采用独立核算，内耗很严重，很

第十五章
中西通吃的"道法"

多资源不能共享；三是优秀事业部的领导人一旦成长起来，成为企业利润主要来源的部门领导人，往往容易居功自傲，甚至带来失控性事件。

为了最大化地发挥事业部制的优势，也为了让自己的事业部既有分工又团结协作，王传福让自己创业团队的人掌管比亚迪事业部，通过股权的方式把这些高管们捆绑在一起。如比亚迪中，王传福的个人持股仅占28%，其他34位高管则获得了高达22%的股份。2006年底，比亚迪又出台一个一次性股权奖励计划，将比亚迪电子公司的9%股权以馈赠方式转让给比亚迪电子35名高级管理层及核心业务部门全职雇员，涉及金额约8600万元。

在发挥事业部制的优点时，如何克服事业部制的弱点呢？王传福采用了一种称之为"非复印式管理"的办法。

什么是"非复印式管理"？用王传福的话来说就是："如果指令一层层地下达，就像一张第五次被复印的纸，等信息传达到它时，已经和原来的意思大相径庭了。"

"非复印式管理"如果非得上升到管理的角度来看，其实质就是组织扁平化，崇尚简单而流畅的管理流程。对于一些重要的部门，如研发和市场部门，王传福认为这是比亚迪成功的两翼，直接管理没有任何中间层。这种垂直管理使得王传福可以随时把握市场脉搏和技术走向。此外，他还可以随时了解员工的心态，处理员工突发的事件。

如比亚迪为之奋斗六年的"铁电池"技术项目，投资近10亿元，由王传福亲自挂帅，被称之为"总裁项目"。在这个项目里，一个重要的工程师因为在六年里都没有作为，没有突破的迹象，愧疚地向王传福提出辞职。王传福一看辞呈，将辞职信撕得粉碎，白色的碎屑飘了一地，王传福斩钉截铁地说："坚持做，没问题，有什么困难直接跟我说。在比亚迪，只要我不让你走，任何人不会让你离开。"

王传福态度之坚决，令人动容。这就是非复印式管理的好处，有事即办。

　　组织架构上，比亚迪也遵循简单扁平的原则，甚至到了近乎苛刻的地步。十几万人的生产大军，从生产线上的工人到总裁王传福也不过9级，28个事业部总经理，都向王传福一人汇报。这样的好处就是决策一旦下达，不用经过层层流转，很快就能够执行；遇到了问题，也能够马上反映到总裁那里，可以迅速群策群力地进行解决。

　　"非复印式"管理除了组织扁平化外，另一个特点就是简单。

　　海尔的张瑞敏曾说过："把简单的事做好就是不简单。"比亚迪也流传一句话："把简单的事做到极致就是绝招。"

　　在比亚迪从上到下，也遵循着简单。北京大学光华管理学院的副院长武常岐是比亚迪的独立董事，他就曾从管理的角度上说："没有哪家企业的董事会比比亚迪更简单，只有6个人，执行董事王传福，非执行董事夏佐全、吕向阳，包括我在内还有三位独立董事。由于人少，随时都可以召集大家开会，决策效率也非常高，很容易达成一致性，决策过的事，也能马上付诸行动。"

　　有一个细节也可以体现王传福崇尚简单的管理风格。比亚迪所有办公室都是玻璃墙，从外面可以看到里面的一切，就连高层领导开会的会议室也完全透明。对此王传福曾解释说：办公室没有什么需要遮人耳目的事。

　　由此亦可见，其胸怀之坦荡了！

3. 有多少"中国式"创新

　　2009年6月10日，在灯光璀璨的"2008CCTV经济年度人物"颁奖晚会上，王传福面对着媒体与台下的观众，发表了获奖感言。

　　他说道："比亚迪所能得的这一切都离不开技术和创新，比亚迪有个

第十五章
中西通吃的"道法"

理念叫技术为王，创新为本。比亚迪始终在做一道证明题，证明什么呢？证明技术是可以改变世界的。"

对于王传福的发言，台下给予了热烈的掌声。此时如果再回顾一下比亚迪的发展历程，就同样可以发现，的确有一条创新的线索陪伴着比亚迪的成长，创新的动力更是一直在推动着比亚迪的发展。

归纳起来，比亚迪的创新主要体现在如下几个方面：

一是坚持自主创新。

深圳是一个崇尚用技术来创造财富的地方，如华为、腾迅等众多近些年成长起来的高新技术企业。至于王传福，更是技术人员出身，后来更有了一个"技术狂"的称号，这也就注定了比亚迪必然具有一种明显的工程师文化，重视技术，重视创新。

对于自主创新，王传福曾说："创新是什么？说得直白一点，没有人做过的东西你做了就是创新。那什么叫自主创新呢？自主创新的标准又是什么呢？我认为自主创新是一个体系。企业作为自主创新的主体，要实现真正意义上的自主创新应该经过一个过程：首先是要具备条件，自主研发，自有的生产能力，然后是自主认证的能力；而目标就是培育自主创新的品牌，只有走过这一系列过程才是完成了自主创新。"

由此可见，王传福对技术创新的青睐之情。而且他尤其注意技术上的自主创新。这其实也要得益于前文所述的打压比亚迪的那些国内外竞争对手。比亚迪的竞争对手多为大名鼎鼎的企业，如三洋、索尼、富士康等，对于这些拥有技术专利的，善用专利来打压竞争对手的国际巨头，王传福从不敢掉以轻心，一直强调着自主创新的重要性。尤其是进入2004年至2005年后，比亚迪更是投巨资研发了众多新技术，积极申请专利。这种势头随后逐年增加。目前，比亚迪每年已有1000项以上专利申请，专利排名为全国第七位。

与之相对应的是，在比亚迪，研发人员是地位最高的群体。这也与王传福对于技术要素的重视紧密相关。王传福认为，研发机构是比亚迪的大脑与心脏，他自己更是常常待在那里，还经常与技术人员因为技术问题争得脸红脖子粗。

二是"中国式"的成本创新。

"中国式"的解释近年来呈现出多样化，但比亚迪和王传福的解释似乎更具代表性。用舆论界的一句话说，比亚迪最让对手恐惧的是采用了高性价比的战术。同样品质的产品，比亚迪的成本可以降低一大截，甚至便宜一半。依靠这一招，比亚迪在吸纳客户的时候曾大显神威。很多客户一看产品检测报告与产品价格，二话不说便决定把订单转交给比亚迪了，他们对于比亚迪的这一诱惑，实在想不出有什么理由可以拒绝。

综合分析，上述结果的达成，源自于王传福对于攻占市场的逻辑战略，即以超高的性价比将产品投放市场，打乱现有的市场价格体系，进而迅速占领市场。

这一战略看起来很简单，却也最有效。

要实现这个目的，成本创新就要做到位，把省钱的事做到极致。这其中，流程改程是比亚迪的一个绝招。典型的案例便是比亚迪生产电池时的"人＋夹具＝机器手"的模式。

1995年刚创业的时候，为了省钱，为了保证人工的操作可以像机器手一样精准，王传福与技术人员专门设计了许多夹具，成本只需几元钱，但作用却能达到与机器一样的精准度。比如在放螺丝的位置设计一个洞，人手只要把螺丝放进洞里就不会歪掉。有时遇到客户调整产品规格，比亚迪的反应比机器还快，对工人说一说增加多少毫米或者减少多少寸就行了。比亚迪据此认为，毕竟人脑反应要快，机器还得反复调试规矩。

正是这种"小米＋步枪"的半自动的生产模式，比亚迪摆脱了高昂设备使用费的限制，让自己的生产设备投入做到了最低，折旧成本也随之摊低。也正是依靠这种低成本优势，比亚迪以低于对手近40％的成本优势，短短几年内就夺取了全球第二大电池生产商的地位。

进入轿车领域以后，王传福也同样在思考一个问题：走别人走过的路

第十五章
中西通吃的"道法"

是无法和别人竞争的，关键是怎么想出新的路，和别人一模一样的打法，凭什么可以赢呢？

经过思考，比亚迪把在电池产业上的这一套策略应用到了轿车生产之中。经过几年的实践，目前这一战略已初步获得了成功，比亚迪也借此创造了一套与众不同的成本控制模式，即"成本＝售价－利润"模式。

"成本＝售价－利润"公式看上去平淡无奇，但是跟别的车企一比较起来就大不一样了。其他车企往往是"利润＝售价－成本"的思维，没有从开始就设定售价与利润，而比亚迪却是这样设定的。

显然，一个车企采用"利润＝售价－成本"模式，就会用更多的思考去开发新产品，也热衷于运用新技术开发新产品，从而谋求更高额的利润。而比亚迪的方法则是，让技术人员更专注于研究如何降低汽车生产成本，控制生产成本。的确，在现有的条件下，控制生产成本会让比亚迪做得更出色，产品更畅销。业内即有评论认为，在当前中国民众对汽车品质要求还不是太高的国情之下，比亚迪的这一做法至少在今后的十年内是依然有效的。

在材料领域，比亚迪的成本创新也同样令人关注。一个典型事件就是用镀镍片替代镍片的事件。

生产镍镉电池需要大量耐腐蚀的镍片，而镍的价格每吨高达14万元。如果改用镀镍片则每吨只需1万元，可以节省13万元，但是如此一来品质又会受影响。为了解决这个技术难题，比亚迪研发中心专门研究改造电池溶液的化学成分，使镀镍片也不易被腐蚀。经过苦心攻关，比亚迪成功了。仅这一项改进，便使得比亚迪在镍原料上的月花费，由从前的500万元～600万元降至改进后的几十万元。而且，经研发改进后的电池性能非常好，与旧的产品相比有过之而无不及。

三是营销创新。

一个企业的产、供、销是一个链条，这个链条都需要创新才能超越他人，取得成功。在产品方面，比亚迪做了很多有益的尝试，但是营销方面却一度很被动。由于之前比亚迪一直是代工企业，没有很多营销经验。在生产轿车以后,这块短板更加明显了。不过,面对轿车行业的营销大战,比亚迪并没有示弱,而是迎难而上。

2005年新春刚过,夏治冰被提拔为轿车销售公司总经理。比亚迪第一款新车F3就要正式下线了,但关于营销却没有一个具体的方案出来。在开了无数的会之后,夏治冰与营销团队最终敲定采用"分站式营销"策略,这是夏治冰独创的一种营销方式。

所谓分站式营销,就是让新车在各地陆续上市,一个城市一个城市地攻克。这个营销策略被媒体评论为灵活运用了毛主席"集中兵力,各个击破"的兵法。从结果来看,这个营销方法很适合比亚迪汽车新兵的实际情况。当时的比亚迪资金并不雄厚,营销经验也不成熟,缺乏全国各大城市全面铺开的实力,集中兵力有利于作战,也有利于营销团队积累经验。

事实证明,比亚迪汽车正式下线后,F3在济南首发,经过不懈努力,取得了成功。随后,比亚迪的营销团队一个城市一个城市作战,从济南到杭州,从南京到上海,几个回合以后,他们已显得很熟练。而比亚迪F3的全面上市时间,则拉长到9个月之久。

就在F3上市之后,比亚迪的全球呼叫中心就忙开了。夏治冰让客服人员完成业务咨询的同时,对用户进行回访,收集详尽的资料。这些资料包括消费者家庭状况、车辆使用周期、家里人口状况,需要什么样的车或准备更换什么样的车辆等多个方面。一段时间后,比亚迪已收集到了数百万条消费者信息,形成了一个庞大的数据库。这为比亚迪的轿车生产提供了有益的数据,同时也为此后比亚迪的精准营销提供了数据支持。

后来,夏治冰曾对《汽车商业评论》说:"我们接下来的工作就是和用户进行一次互动性双向的沟通,就是从精准走向精准,效果就是更精更准。"

后来F6上市后,夏治冰放弃了分站式营销的方法,而是采用了精准营销的方法。

所谓精准营销,大意就是在精准定位的基础上,依托现代信息技术手段建立个性化的顾客沟通服务体系,实现企业可度量的低成本扩张之路。

第十五章
中西通吃的"道法"

精准营销的特点是精确、精密、可衡量、低成本，可以有效地激发潜在客户的需求。比亚迪是如何做到精准的呢？

市场中不同的消费群体，对产品的关注点也会不同，外观、颜色、风格配饰都能成为影响其购买的因素。对于比亚迪来说，要根据消费者的喜好设计不同的车型，用产品去与顾客沟通。如比亚迪的F3，外型大气，性价比高，价格便宜，赢得了中国众多家庭的喜爱。而比亚迪的轿车F6，则呈现出炫丽时尚的外形和富有活力风格的内饰，这对青年人来说是比较有吸引力的。

一个值得注意的细节是，在精准营销的基础上，比亚迪还变化了销售的花样。如2007年初，比亚迪通过增配不加价的方式，推出07款F3。这是一个很成功的策略，一举就将F3送进了月销万辆的平台之上。从这个细节可以看出，比亚迪在轿车营销上已经摸到了脉门，找到了感觉，不再是以前的新兵蛋子了。

尽管王传福说过比亚迪是技术为王，创新为本，但成本为王的理念却也是核心层次的。如果从准确性的角度来描述比亚迪的发展战略，就可以归纳为前文所述的"低成本创新"，这是一个比较贴切的用词。

比亚迪和王传福又是如何实现"低成本"的发展战略呢？

第一招：强烈的独立意识，凭自己的独立性降低成本。

纵观比亚迪的发展，它自始便走了一条独立之路。如从企业运营的角度来看，比亚迪的产权清晰，既不是别人的子公司，也跟别的公司没有什么千丝万缕的瓜葛。用业内的话说，由于一出生就干干净净，比亚迪没有那么多牵制，所以发展起来很轻松，也自然很快。同时，比亚迪的发展方向也很清晰，先是做电池，电池做到了行业的天花板，就转头开始做起了轿车。

在公司架构方面，比亚迪实行的事业部制也体现出了王传福崇尚独立的作风，摒弃了传统上的部门要依赖于总公司的从属制度。事业部制如同封建王朝的分封制，是"大独立"下面的"小独立"。

在公司产品开发方面，比亚迪也保持着独立的意识。虽然有人会批评

比亚迪真相
BIYADI ZHENXIANG

说比亚迪大量地模仿别人的产品,依赖于大客户,但是,有一个衡量标准是没有别人的产品,没有大客户,比亚迪照样能存活下来,这其中的奥秘就是独立。比亚迪绝不会做受制于人的事。最典型的事件,就是充电电池市场刚兴起的时候,众多厂家都愿意去日本订购生产线,但是比亚迪还是走"人+机器"的道路,没有头脑发热订机子。除了成本的考虑外,还有一个原因就是比亚迪担心会受制于人,丧失企业的独立性,最终不得不把命运交给别人掌控。

比亚迪的这种独立个性,似乎与王传福从小养成的独立个性有着很大的关系。也由于比亚迪的这种独立气质,使得比亚迪行走于商场之时显得孤独并傲气,甚至有时候还让人不可理喻。

那么,企业保持独立性有什么好处呢?

概括性地说,独立的企业可以像一匹没有任何负担的野马在商海中纵横,最大的好处是管理者可以自由地调控自己的企业,可以很好地控制自己的成本。试想,如果比亚迪用了日本人的生产线,那么王传福想要实行低价策略时难度就可想而知了,进而影响到比亚迪在市场竞争中的优势。

王传福在做轿车的时候,往往违反常规,放弃从其他地方购置汽车配件的做法,而是做整车生产。用比亚迪人的话说,就是"除了玻璃,其他都是自己生产"。所以,媒体才把比亚迪的这种做法称之为垂直整合。

这种违反常规,全面整合,自产自销的目的又是什么呢?一句话:剑指轿车生产成本。王传福要把轿车生产的成本降到最低,低到让国外轿车巨头大吃一惊的程度。

第二招:用研发的方法降低成本。

有时候成本控制与产品质量是一对互相矛盾的两面,如果把成本控制下来,往往也会导致产品品质出现下降;同样,如果要把产品品质提升上去,也往往会抬高成本。可对于比亚迪来说,要做的是既要降低成本,又要提高品质。

面对比亚迪的低价产品,也曾有人想不通是如何做出来的,一度质疑比亚迪。但是当产品检测报告出来的时候，又不得不心服口服，这确实是质优价低的好产品。其中的秘诀便是比亚迪的研发。

不妨细看一下比亚迪的研发。与其他公司相比，比亚迪的做法明显不一样。一些跨国公司的研发方向是怎样去改进产品，一般不会去做另一个方向，即怎么用研发来降低成本，但是，比亚迪的实践证明，用研发的方式降低成本，杠杆效应非常大。

王传福曾这样说："很多厂家可能也都在做成本，这里与研发有关。实际上一个企业的核心就在于它的研发上。比如我们的一些同行，像三洋，它们过去很多研发是朝高品质方向走，在我们比亚迪，研发有两个方向，一个就是和三洋一样朝高品质方面走，一个方向是在保证现有的品质下，如何向低成本去走。比如说我通过设计改变一个材料使成本下来了，或者说改变一个生产工艺，不用纯干燥室来做锂离子电池，在普通气温下做锂离子电池，一下把设备投资降低了，企业产品的成本一下也就降低了好多。所以说，并不是通过今天少出差，明天少坐飞机节省成本，关键是通过企业研发的构成，把研发的力量动用起来，在成本上下工夫。这样获得的收益，往往就有四两拨千斤的效用。"

王传福的这席话，可谓是把比亚迪的研发目的与作用说得通透了。

为了打造强大的研发能力，比亚迪在研究院建设方面倾注了很多的资金。2008年，比亚迪的研发投入为11.6亿元，比2007年增加了66%。经过不懈努力，比亚迪建立了三大研究院：一是设在深圳的中央研究院，这里主要从事专利及各事业部研究成果的搜集、分析与消化，给所有事业部提供技术支持；二是通讯电子研究院，这里主要从事汽车、生活领域的通讯技术和电子产品研究，应用在汽车上的产品包括多媒体系统、导航仪和手机部件；三是位于上海的汽车工程研究院，这里主要是负责整车的设计和开发。

三个研究院有1.2万多研究人员，他们日夜为比亚迪工作，王传福把这1.2万名工程师视作竞争利器。他曾说道："公司真正的资产是会计师和报表看不到的，是我们1.2万名工程师团队所开发的技术和各种商业模式。你们看到的是公司能赚多少钱，其实真正的推手是人，是技术，这是公司成长的真正动力。"

比亚迪研究院的研究成果商用化程度很高，产品是根据市场要求来开发的，研究出来的产品马上就能投入到应用中。这些研发为比亚迪降低生产成本，提高产品品质立下了汗马功劳。

比亚迪强大的研发能力，与王传福技术人员的出身似乎也有着很大的关系。王传福本人就是一个技术狂，更是把研发放在了一个很重要的位置。正如比亚迪的新闻发言人王建均说："王总裁在企业中只管两件事：一是研发，二是市场。他有一半的时间都泡在各个研究院中，另一半时间则在国内外市场上奔波，参加各种新产品展示会，获取最新的信息。"

第三招：用垂直整合配置各种资源，节约生产成本。

如果你有机会到比亚迪的技术博物馆去，可以看到里面陈列着比亚迪出产的各种产品，有电池、手机壳、车模、发动机、倒车雷达……这些产品诉说着比亚迪的历史，也展示了比亚迪的辉煌。同时，这些展示的产品也包含着比亚迪的一个经营战略，即通过垂直整合节约成本。

从目前比亚迪的战略来看，比亚迪的做法与其他的厂商完全不同，国际汽车产业讲究专业分工，讲究小而精，比亚迪则讲究垂直整合，讲究大而全。

垂直整合让成本降下来后，比亚迪的 F3 也在市场上大获成功，这促使王传福更坚信这种模式是可行的。2009 年 8 月 31 日，在香港举行的 2009 年比亚迪中期业绩发布会上，西装笔挺、底气十足的王传福对台下的股东与基金经理们说："F3 和国际同类品牌（丰田花冠）相比，价格是它的一半，为什么还有 25% 的毛利？因为我们的每一款产品都是自己开发、制造、销售。现在的垂直整合还只是表面的，随着公司进一步垂直整合，毛利会更稳定。比如发动机，现在我们只是做缸体、缸盖，还没有做曲轴、连杆，以后都可以做；变速箱现在只做变速箱壳，齿轮还是外购的，今后我们一旦有精力，都会自己做。越细分地进行整合，整体的毛利就越会往上走。"

第四招：把人力成本便宜的优势发挥到极致。

比亚迪的发展如此快速，成本能控制这么低，还明显地跟中国国情有着很大的关系。中国的劳动力成本低廉，需要就业的人又很多，王传福从一开始就看准了这一点，实施人海战术。正如他在CCTV《对话》栏目做客的时候所说："一个企业家，他目标很简单，就是要赚钱。现在实际上大家都用周边的一些资源。对中国的企业家来说，中国的资源是什么，实际上中国的资源我想无非是两方面：一方面就是人的资源，中国有大量的比较廉价的劳动力，这块资源可以说二十年不会变的。我们说英国是个制造中心，或者说日本是个制造中心，它很快就消失掉了，因为它的工资涨上去了。但是中国呢？这个制造中心可以再持续二十年。"

经过与国外的薪酬相比较后，王传福发现中国的高级知识分子也是非常便宜的，而且资源非常丰富。比亚迪请一个博士或硕士，几千块钱就行了；大学本科学历的人是3000到4000元不等。而在美国请一个博士，价格则会是中国的八倍，有的甚至达到十倍。但是，中国的博士却与外国的博士水平不相上下，甚至在一些领域做得会更好。

如此，比亚迪放开了手脚大量招人，用军事化的严格管理把员工打造成一个个斯巴达方阵，然后投放在市场上冲锋陷阵。

第五招：成本创新。这已在前文中有了详述，此处不再啰唆。

4. 德鲁克：创造性模仿

不是所有企业都喜欢推新产品，有些企业喜欢让其他公司领先推出新商品，然后观察产品在市场上的表现。若创新成功，市场认可，自己就跟随着创新的脚步加以模仿；如果不成功，就放弃。模仿策略符合著名的"二八"法则，这个法则告诉人们，创新有80%是不成功的，只有20%的创新才是成功的，喜欢模仿的企业选择的就是紧跟着那20%走。

比亚迪真相
BIYADI ZHENXIANG

在管理学上，产品模仿策略是一条走捷径的企业发展方法。它的好处是可以节省研发成本，可以将一个未经认可的产品的风险转移给其他人；而且由于模仿者具有较低的成本，使其面对市场领导者时拥有成本优势，往往容易击败对手。所以，产品模仿策略一直是企业家们津津乐道之事。

放眼中外企业，搞模仿策略的企业并不少。

如著名的韩国企业三星电子就曾模仿索尼，从而让自己在数字技术领域获得了认可，进而获得了非凡的成功；TCL集团曾模仿三星电子的全球化战略，联想曾模仿戴尔的直销模式，夏新电子模仿索尼，当当模仿亚马逊，百度模仿谷歌等等。

著名战略专家姜汝祥2009年一度感言说："模仿战略至少将是中国许多企业在未来3到5年内唯一的战略选择。"

比亚迪也走了这条捷径。通过模仿，比亚迪减少了研发支出，降低了成本。最典型的事例当属模仿丰田"花冠"的F3轿车，当然，王传福的模仿只是充分学习和借鉴，绝对不会去侵犯知识产权。

有意思的是，比亚迪在模仿的时候不但仿得车型酷似，连丰田公司的一个细节也与比亚迪酷似。

1966年的"花冠"轿车新闻发布会上，当时负责丰田汽车销售的神谷社长对着台下的记者说："'花冠'轿车月销售要达到3万辆，这是我们的目标！"

神谷社长的话让记者们吓了一跳，连当时开发该款车型的负责人也吓了一跳。当时，丰田的汽车还处于突破月销量1万辆的攻坚阶段，所以该负责人对社长制订的目标感到莫明其妙，觉得社长是在向全国吹大牛。后来，在丰田公司进行的一次内部说明会上，该负责人就直截了当地说社长"这是在说大话"。然而，一投入市场，"花冠"就开始火暴，两年后，花冠果真实现了月销售3万辆的目标。

比亚迪F3正式下线的时候，王传福也对着记者说："我有种感觉，国产汽车两年内就可以将与日本车的差距缩短为零。"

第十五章
中西通吃的"道法"

F3 下线后,各路媒体夸张地说,如果把比亚迪的 F3 与丰田的"花冠"轿车驶在一起,把车标去掉,可能连"花冠"的设计师也不一定能分得出哪个是他自己的产品。F3 从整体到局部,从正面看到侧面,包括发动机的机盖,车身线条,车灯,甚至转向灯都与"花冠"大同小异。

对于比亚迪新车 F3 酷似丰田"花冠"这个问题,王传福并不否认,他说:"日韩汽车企业造车,都是一开始 COPY(复制),接下来做局部的 CHANGE(改变),然后积累到一定的阶段,才开始做全面的 DESIGN(设计),最后都取得了成功。比亚迪也将吸取这些成功路径的经验。"

接着,王传福还说出了一个模仿的秘诀:比亚迪只会去模仿那些全球销售数千万辆的畅销车型,对于不畅销的车型不予理会。

除了 F3,比亚迪的 F6 也是模仿之作。比亚迪 F6 上市的时候,汽车行家发现 F6 模仿了广本的雅阁,这也是日本丰田的车系。一家报纸还描写了一个有趣的故事,一个汽车爱好者应比亚迪邀请去试驾 F6 的时候,他打开车门一坐进去,一下子就目瞪口呆了,他看到 F6 里面的内饰与雅阁很相似,几乎分辨不出来,不禁冒出一句:没搞错吧,这也太像了吧!但是试了一下后,这位汽车爱好者非常喜欢,不仅觉得性能不错,价格还很便宜。这说明比亚迪在模仿的过程中坚持了严格的"模仿对标",把"花冠"与"雅阁"当成是标本来模仿了。

然而,单纯的模仿就能成功吗?显然不是,失败的模仿者比成功的模仿者多多了。比如很多中国餐饮企业都想模仿肯德基与麦当劳,一度火热的"红高粱"和"荣华鸡"就是其中的典型。但是,直到目前国内模仿者仍无一成功案例,那些着迷于模仿的企业也被媒体称为掉入了"模仿的陷阱"。

可见,模仿里面也藏着很多玄妙的道在其中,单纯的模仿不但成功不了,反而会招来自我灭亡。

那么,比亚迪是怎么模仿的呢?它为何能够获得成功?

如果从企业经营的角度看,比亚迪的模仿模式套用管理大师德鲁克的话说，就是"创造性模仿"。这个词看起来有点矛盾，但是，又是最贴切的描述。

比亚迪的模仿创造性体现在哪里？一是比亚迪充分地把产品模仿和中国的国情相结合起来，把产品做了"中国化处理"，如比亚迪的定价与成本控制就很有中国特色；二是比亚迪的模仿考虑了竞争对手的实情；三是比亚迪的模仿比最初从事产品创新的人更了解这项创新的作用，尤其是在中国的作用。

从比亚迪 F3 的畅销来看，比亚迪通过创造性模仿成为了一个颠覆者。按照"颠覆性技术"的首创者、哈佛商学院教授克莱顿·克里斯滕森的观点，产品要实现颠覆，推翻原来的产品，就必须以更低的成本推出更简单、更好用的产品与服务，来满足已有的或者潜在的客户。显然，比亚迪做到了这一点，低成本扩张正是王传福们的拿手好戏，比亚迪推出的 F3 最低售价不到 6 万元。

比亚迪低价产品的出现改变了现有产品的定价标准。而且耐人寻味的是，F3 并没有因为成本低廉降低了品质，轿车产品的稳定性与实用性在实践中得到了广大客户的好评。

更为重要的是，如果从汽车产业发展的趋势来看，新能源汽车迟早会出现，比亚迪把电池与汽车相结合，无疑是颠覆了现有汽车产品的新能源技术，让自己可以与通用、大众、丰田等国际汽车巨头站在了同一条起跑线上。

5. 奇怪的"袋鼠理论"

从 1995 年到 2010 年，比亚迪已走过了 15 个春秋，爆发式的增长让民众和舆论刮目相看，很多人也试图总结比亚迪的企业文化与发展模式，纷

第十五章
中西通吃的"道法"

纷撰文写稿，发表自己的观点。

对于外界的观察与分析，比亚迪的汽车销售老总夏治冰一语道破了比亚迪的成长模式，并与华为的狼文化进行了比较。他说："在对比亚迪的发展历程进行反思和总结的时候，我们得出了一个理论，就是'袋鼠理论'。近两年来，很多企业都在倡导、学习狼性法则，而我们更秉承袋鼠模式。这是为什么呢？首先，狼隐含躁性，而袋鼠则更稳健。通过踏实的打造自己的长腿，袋鼠起跳得高且远。其次，相比较狼的凶猛，袋鼠则通过育袋，稳妥地培养小袋鼠，即新的产业或者产品，并由此达到了企业的发展与传承。最后，狼更强调对竞争对手的进攻，而袋鼠则习惯自我赛跑。在自己的跑道上，通过自我完善与进步，快速拉开与竞争对手的距离。"

华为的狼文化是媒体总结出来的，曾引起全国广泛关注。狼有三个明显的特点，一是敏锐的嗅觉，对于市场上的机会能敏感地感觉到；二是讲究团队作战的能力，反对个人英雄主义，所以华为的文化反对个人英雄主义；三是快速反应能力，华为的团队遇到事情之后，可以立即进行分析研究，马上解决。

然而，华为对于狼文化的表述看起来又有所不同。任正非在《致新员工书》中写道："华为的企业文化是建立在国家优良传统文化基础上的企业文化，这个企业文化黏合全体员工团结合作，走群体奋斗的道路。有了这个平台，你的聪明才智方能很好发挥，并有所成就。没有责任心，不善于合作，不能群体奋斗的人，等于丧失了在华为进步的机会。"

看了狼文化的特点与夏治冰的阐述，我们可以发现比亚迪的袋鼠理论也有三个要点：一是打造长腿；二是育新袋鼠；三是快速奔跑。

先看看"打造长腿"。

所有袋鼠，不管体积多大，都有一个共同点：长着长脚的后腿强健而有力。袋鼠以跳代跑，最高可跳到 4 米，最远可跳至 13 米，可以说是跳得最高最远的哺乳动物。那么，比亚迪又是如何打造自己长腿的呢？

首先是技术的长腿。任何一个企业都需要核心竞争力，具有核心竞争力的企业如同袋鼠一样拥有了长腿，可以自由奔跑，反之，就无法跑得远和快。基于这一点，比亚迪多年来一直坚持研发拥有独立产权的核心技术，比如拥有自主产权的锂电池技术，为企业保持百分之百的增长率作出了重要贡献。

还有一个典型事例，比亚迪F3汽车首次在广州车展亮相的时候，其优质的品质、低廉的价格吸引了业界专家的目光。在围观的人群当中，有一个来自英国罗孚的专家，他发现F3整个无焊一体的侧围是由整块钢板冲压成型，非常高兴，竖起大拇指称赞比亚迪的技术，很快就把模具订单交给了比亚迪操作。

除了技术的长腿，比亚迪还用心打造自己产品这一长腿。比亚迪从消费者的需求出发，利用产品的差异性，寻求市场的点点缝隙，然后再利用已经打造出来的技术长腿加以实现。

应该说，比亚迪的这个做法，很符合现代商场竞争充分化的实情。那么，比亚迪的F3又是怎么差异化的呢？

F3的含义是Faddy（时尚）、Faith worthy（可靠）、Futuramic（新颖），就是靠这三点，比亚迪把自己的产品与别人的产品区别了开来，从而造就了自己独特的性价比。所以，F3上市以来销量喜人。此外，F3还荣获了"上海国际汽车展新车大奖"、"最具性价比新车"、"CCTV自主创新奖"等68项荣誉，这些主要是靠通过差异化打造出产品长腿的功劳。

除了上述两个"长腿"外，比亚迪还着力打造营销领域的长腿。其实，营销本来是比亚迪的短板，经过几年的努力，现在却成为了比亚迪的长处。当初，比亚迪正是充分认识到自己的弱势品牌地位，无论是知名度，还是网络建设都不如国内外势大财雄的车企，所以，比亚迪采用了前文所述的"精准营销"策略，既节省了成本，又能取得较好效果。

仅在2008年，统计数据表明，比亚迪的F3是全国销量排行第二的车型，仅次于悦达。

再来看看比亚迪的"育新袋鼠"理论。

第十五章
中西通吃的"道法"

一个有趣的现象,所有雌袋鼠的下身都长有一个育儿袋,在这个袋子里面有四个乳头,小袋鼠就在袋里面长大,直到小袋鼠能在复杂多变的自然环境中生存为止。比亚迪培育新产业的过程与袋鼠的繁殖非常相像,夏治冰把这种现象称之为"育小袋鼠"。

育小袋鼠首先要表现出复制能力。汽车巨头通用就有着强大的复制能力,它可以很容易地在新的产业纵横驰骋;苏宁电器的扩张,也在于它具有很强的单店的自我复制能力;比亚迪的复制能力也体现在它复制成功的基因上,从做电池到做轿车,比亚迪都是依靠大量的廉价劳动力,以此来冲击市场,壮大自己。

其次是要反复地试验新产品,让新产品的质量达到标准。比亚迪进入汽车业后,首先考虑的就是先把试验平台打造好,避免出现不必要的悲剧。为此,比亚迪先后在上海和西安的基地分别建了一条试车跑道,还建设了碰撞实验室、道路模拟、淋雨、高温、综合环境、抗干扰等检测实验室。比亚迪的 F3 在上市前就做了很多测试,用于碰撞采集数据的车就达到了 500 多辆,分别进行了耐久性试验,在车里装上沙袋、石头,24 小时在试车场里跑……正是这样的笨办法保证了 F3 的品质,使其受到大众的欢迎,畅销一时。

最后是培育新产品的时候要有保护性的育袋。在比亚迪进军汽车业之前,有很多名企都尝试着进入了,如美的、奥克斯、波导等,但是这些企业都先后失败了,唯独比亚迪获得了成功。究其原因,主要就在于这几家企业都已处于完全竞争的行业,竞争激烈,压力很大。在原本的战线就很吃紧的情况下,又要发展汽车,使自己的力量无法集中,从而导致两线溃败。而比亚迪则不一样,它在电池行业处于绝对竞争优势,自己的电池毛利率很高,有足够的资金去玩汽车这个大块头,是摸到了行业天花板才想着去做汽车的。所以,比亚迪的成功概率自然大大提高。

还有一点不同的地方在于,比亚迪的各项业务之间可以产生聚合效应,互相补充。如比亚迪在电子器件上的经验,使生产的电池可以直接用到汽车上去；而比亚迪更是通过先握住某些具备核心竞争力的零件，再组成整车的集成优势，抢占了一般民企无法超越的制高点。

袋鼠理论的最后一个要点是快速奔跑。

比亚迪的快速奔跑是有目共睹的，每年都保持着高增长，还以高成长模式被波士顿咨询集团遴选为全球新兴企业百强，更是引起了股神巴菲特的青睐。

如今，比亚迪的员工都已适应了快速发展的成长，如夏治冰所说："回顾比亚迪的成长历程，我们深深感到，在实际市场打拼中，奔跑速度才是生存和发展的基础，而不是频繁地进攻。通过自我的奔跑，不损失'一兵一卒'就可以甩掉、打击竞争对手，这才是战略的上策。"

那么，如何快速奔跑？

育袋其实就是一种快速奔跑的方法，一边发展一边培育新的产业。当新的商业模式形成的时候，不要把旧商业元素彻底抛掉，而是将固有的商业元素与新的商业元素进行重新排列组合。如同比亚迪从电池行业向汽车行业的转移过程中，其核心能力等关键因素，都得到了很好的传承，这样的发展速度，自然要比别人快速。

而在选择行业的时候，追求快速成长的企业要选择那些处于爆发式增长前夜的行业。如比亚迪选择电池行业入手，就是手机刚刚开始普及的时候，王传福正是预见了手机电池的巨大发展空间；而比亚迪选择做汽车的时机，也可以算是汽车在中国即将普及的前夜了。

如今，当比亚迪已然成长起来，却似乎有越来越多的人开始批评比亚迪的垂直整合模式，质疑比亚迪的研发能力了。但谁也无法否认的是，成本战一直都是比亚迪屡建奇功的利器。无论是垂直整合，研发还是模仿也好，比亚迪都是为了降低成本。而王传福就是通过上述五招，严控成本，让比亚迪短时间内即在市场上实现异军突起的。

"2008CCTV 年度创新奖"演讲

我的中国梦

王传福

首先感谢 CCTV 及评委给我这个殊荣，也感谢改革开放给比亚迪发展的机会，同时也感谢 14 年来和我共同成长的比亚迪所有员工。

14 年前，在深圳成立了比亚迪这么一个以技术为主导的企业。在这 14 年里，我们从 20 个人发展到 14 万员工，从几百万的产值发展到几百亿的销售额，从单一的电子产品发展成为有手机零部件、汽车等系列性产品。

目前，我们锂电池全球的市场份额是第一位，全球每十个手机有三个手机的电池是比亚迪制造的。而比亚迪从 2003 年进入汽车产业以来，已用自己的技术和创新开发出了各种新型的车型。

比亚迪所取得的这一切，都离不开技术和创新。比亚迪有个理念，"技术为王，创新为本。"比亚迪始终在做一道证明题，证明什么呢？证明技术是可以改变世界的。我们比亚迪想用电池技术加汽车技术，打造出电动车技术，用电动车的技术把地球变得更蓝，来实现人类绿色的梦想。

这就是比亚迪所有员工的梦，我们的名称：实现梦想。

谢谢！

附　录——

王传福人生大事记

1966年12月，王传福生于安徽无为县一个农民家庭，父亲是党员，曾经担任大队书记的职务。王传福有五个姐姐、一个哥哥和一个妹妹。

1983年，王传福以优异的成绩考入位于长沙的中南矿冶学院冶金物理化学系，该校后来改名为中南工业大学。

1987年，王传福于中南工业大学毕业后考入中科院北京有色金属研究总院攻读硕士研究生，导师是著名专家李国勋。

1993年，王传福被任命为北京有色金属研究总院301研究室主任。这一年，北京有色金属研究院和内蒙古有关方面合资成立了深圳比格电池有限公司，于是王传福被研究院公派到深圳比格电池公司担任经理。

1995年2月，王传福下海，成立比亚迪公司，注册资本250万元人民币，员工20人左右。

1996年，比亚迪公司取代三洋成为中国台湾无绳电话制造商大霸的电池供应商。大霸是电信巨头朗讯的OEM（原始设备制造），比亚迪公司因此成为朗讯的间接供应商。

1997年，公司自主研发，开始生产镍氢电池，并且很快投入量产，比亚迪公司镍镉电池销售量达到1.5亿块，排名上升到世界第四位。

1997年开始大批量生产镍氢电池。此时恰逢东南亚金融风暴，比亚迪产品的低价在金融风暴中越发显得有竞争力，这让日本厂商很难与之竞争。结果这一年，比亚迪公司镍氢电池销售量达到1900万块，一举进入世界前7名。

1999年4月，中国香港分公司成立；同年10月，初步建立深圳工业园（葵涌）并开始投入使用；葵涌工业园是一座设计先进的现代化工业园，是比亚迪公司的总部所在地。

2000年，王传福投入大量资金开始锂电池研发，很快掌握核心技术，成为摩托罗拉第一个中国锂电池供应商；同年12月，成为摩托罗拉的供应商。

2001年，比亚迪公司锂电池市场份额上升到世界第四位，而镍镉和镍氢电池上升到了第二和第三位，实现了13.65亿元的销售额，纯利润高达2.56亿元。

2002年，成为诺基亚第一个中国锂电池供应商；同年5月，比亚迪获得QS-9000认证。

2002年7月，比亚迪在中国香港主板上市，创下了当时54只H股最高发行价记录，股票代码1211-HK。

2002年，王传福首次进入了《福布斯》杂志推出的"2002年中国富豪榜"。

2003年，镍镉电池产量达到4.0亿只，一举超过三洋（SANYO），达到世界第一。

2003年1月23日，比亚迪公司跨行业收购西安秦川汽车有限责任公司，成立了比亚迪汽车有限公司，又在西安市高新技术开发区征地100万平方米，修建厂房，营建西安生产基地。

2003年8月，上海工厂投产，开始动力电池和电脑电池的研发。

2003年，比亚迪收购北京吉驰汽车模具有限公司，同年，比亚迪在上海创建上海比亚迪工业园，同时又把汽车销售总部迁到了深圳，从而形成了辐射全国，包括上海、深圳、西安、北京的全方位布局。

2003年，被《商业周刊》评为"亚洲之星"。

2004年2月18日，深圳比亚迪微电子有限公司成立，同年锂电池市场占有率为20%，位居世界第二。

2004年7月17日，比亚迪上海汽车检测中心竣工，并成功完成比亚迪汽车检测中心的重点项目——碰撞实验室建成后的首次整车碰撞实验。

2005年9月，比亚迪的新车F3在山东济南分站上市，引起轰动。随后的统计数据表明，2006年一季度，F3夺得了"三冠王"：全国产量增幅冠军（1045.04%）、销量增幅冠军（877.91%）、国内单一车型中级家庭轿车的销量冠军（11213辆）。比亚迪F3也成为最快突破10万辆的自主品牌汽车，完成这一业绩仅用了20个月。

2006年12月17日，比亚迪凭借2006年掀起的"F3风暴"荣膺被誉为中国营销界"奥斯卡奖"的"2006年中国十大营销事件·人物盛典"，这也是自2003年该奖项设置以来，汽车制造企业第一次入围并获奖。

2006年，比亚迪汽车累计完成销量63153辆，同比增长472%，成为增长最快的自主汽车企业。

2007年6月18日，比亚迪汽车的第10万辆F3轿车在西安下线。意味着这款中级车精品自2005年9月以来仅20个月，累计产量就达到了10万辆，创造了自主品牌最短时间超过10万辆的产销新纪录。

2007年8月18日，比亚迪汽车在深圳举行比亚迪汽车深圳现代化生产基地落成暨中级轿车F6下线仪式，这标志着比亚迪汽车进军中高级轿车市场战略进入实施阶段。同时，集团总裁王传福在下线仪式上宣布了比亚迪的两大目标：2015年中国第一，2025年世界第一。震动了汽车界和舆论界。

2008年9月27日，美国著名投资股神巴菲特的投资旗舰伯克希尔·哈撒韦公司旗下附属公司中美能源控股公司宣布，以每股港币8元的价格认购2.25亿股比亚迪股份有限公司的股份，约占比亚迪本次配售后10%的股份比例，本次交易价格总金额约为港币18亿元。

2008年10月，凭借9月的销售业绩，比亚迪首登自主品牌汽车销量冠军宝座，比亚迪销量为 23500 辆，而奇瑞则为 17997 辆。

2008 年 12 月 15 日，世界第一款双模电动车比亚迪 F3DM 在深圳率先上市。真正让比亚迪站在历史潮头的还是比亚迪的电动车，开启了世界汽车领域的电动车时代。

2008 年底，比亚迪以近 15% 的全球市场占有率成为中国最大的手机电池生产企业，在国际市场上与日本三洋一决雌雄。比亚迪方面的数据显示，比亚迪在镍镉电池领域全球排名第一，镍氢电池领域排名第一，锂电池领域也是全球排名第一。这堪称中国制造业的奇迹，也堪称中国改革开放的奇迹。

2008 年 1 月 20 日，"2008 CCTV 中国经济年度人物"评选揭晓。比亚迪股份有限公司董事长兼总裁王传福获"2008 CCTV 中国经济年度人物年度创新奖"。

2009 年 9 月 29 日，胡润研究院公布，当年王传福以财富人民币 350 亿元成为中国首富，其财富较上年增加 290 亿元，排名从上年的 103 位上升到 2009 年的第 1 位。

后 记——

无名山丘起为峰

写作这部书稿后半部分的时候，北京迎来了2010年新年的第一场大雪。大雪覆盖了天地，整个北京成为冰封之城。中国自古就有"瑞雪兆丰年"的说法，这样的丰年不知又会以怎样的精彩写入历史。

站在写作的地方远眺西山，不禁想起了财经作家吴晓波先生在《激荡三十年》中的题记："当这个时代到来的时候，锐不可当。万物肆意生长，尘埃与曙光升腾，江河汇聚成川，无名山丘崛起为峰，天地一时，无比开阔。"

本书中王传福的成长史就是无名山丘崛起为峰的过程。

在几十个不眠的写作日夜中，我们对王传福的人生仿佛有了一种全新的认知。从作者的角度来说，我们更喜欢对一些违反常规的事进行理解，而王传福恰恰是一个经常违反常规、不按牌理出牌的人。

比如，他喜欢在自己的企业实行独裁，他对一位采访的记者说，有谁比他了解比亚迪？这个企业他说了就算。这明显是与当代的管理思潮相违背的。

那么，为什么王传福要在比亚迪实行独裁呢？

一个很肯定的原因，就是王传福觉得独裁很适合企业的发展，尤其适合他一手创立的比亚迪。如果独裁把企业搞得支离破碎，王传福肯定不会采用这种管理模式的。有趣的是，比亚迪的对手富士康的老总郭台铭也是一个独裁者，在企业说一不二，对于别人指责他的独裁问题，郭台铭曾瞪着眼睛反击"民主是最没有效率的管理方式"。一句大白话说出了一个管理的哲理。两个巨头都独裁，这是巧合吗？而一个不可否认的事实，比亚迪与富士康都在这两个独裁者的拓造下取得了巨大的成就。我们觉得这又是一个值得思考的问题。

有必要提到一句：2010年以来，富士康在中国的负面消息就一直不断，其中即有富士康员工相继跳楼事件的上演。这也算是从另一个方面，对本书中的相关章节给予了有别于本书主题的必要补充吧。

曾几何时，当王传福把日本的电池生产线拆解开来，把"知识密集型的产业"变成了"劳动密集型的产业"时，他一手打造的比亚迪即被业界戏称为"劳动密集型的高新科技公司"。但走到如今，又有谁能说王传福和比亚迪是不成功的呢？而这种成功自有它的合理性。

中国俗话说，适者生存。王传福和比亚迪成功的合理性，就是把中国的劳动力资源优势发挥到了极致。对此，也有评论认为，以后这样做肯定是不行的。不过，我们认为有必要值得提醒的是，那是以后，不是当下。而王传福肯定是明白这个道理的。他自己曾说过：20年内，中国的劳动力资源优势是不会变的。这意味着，20年后他会进行转变，比亚迪也会转入另一种全新的发展模式之中了。

现在，王传福做的事是把汽车的流水线也进行拆解，进行垂直整合，这也是违反常规的。那么，支撑王传福违反常规的动力又会是什么呢？

在书中，我们试图用自己的分析来理解王传福违反常规的做法，觉得这些对于读者来说更有启发意义。值得说明的是，这种分析不是依托管理学来进行，而是从客观、务实的角度出发进行分析。这是因为，当前已不能用常规的管理学知识对比亚迪指手画脚，而王传福也是一个对管理学著作没有一点兴趣的人，他的想法就是"我能把企业管好就行"。细想一下也确实如此，管理学的终极目的不就是要把企业管好吗？

后 记——
无名山丘起为峰

　　在此，祝福王传福与比亚迪，是他们带给我们感动与精彩；同时也祝福中国所有的民营企业，希望它们都能像比亚迪那样走向世界，在中华民族复兴的伟业中贡献自己。

　　最后，有一点需要说明，在本书的写作过程中参考了大量的资料，并进行了梳理与分析。这里特别感谢北京博中阳文化传播公司，是他们的全力支持鼓励着我们把这本书写好；感谢安徽的金德东、李忠刚、李雷欣，前面两位帮我们整理了不少资料，李雷欣则去王传福的老家帮我们采集了一些珍贵资料。还要感谢温延洁，她在我写作本书的过程中给予了我们支持与动力。

作者

2010 年 5 月·北京